Wiersze pierwsze

STANISŁAW PYSEK PRUSIŃSKI

Copyright © 2017 Stanisław Prusiński

All rights reserved.

ISBN-13: 978-1-970090-00-0

Gdyby nie Joasia śmiała
Książka ta by nie powstała
Mojej ukochanej córeczce Joannie
Za ogromny wkład z tego dzieła i pracę
                Dziękuję
Przesyłam bukiet czerwonych róż

              Teraz już.

Wiersze pierwsze

OD AUTORA SZANOWNI PAŃSTWO

Zwracam się do Wszystkich Państwa
Liczę na wszystkich że przeczytacie moją książkę
Piszę o wszystkim i do wszystkich.

Drogi Czytelniku
Gdy przeczytasz jedną stronę nie zawracaj drogi.

Przełóż kilka karteczek przeczytaj od środka
Może spotkasz małego kotka
Lub kosmicznego lądującego spodka.

Na ostatniej stronie czekają na Ciebie
Konie zaprzężone do złotej karety
A w środku dwa bukiety dla ukochanej kobiety
Spotkasz może i z matką malca
Którego autor wyssał z palca.

Powinieneś znaleźć coś dla siebie.

Pewna pani jak tylko dwie strony przeczytała
To nazajutrz w totolotka wylosowała.

Jeden czytelnik odzyskał spokój
Zrobił się pracowity pomalował kuchnię i pokój
Stał się śmielszy i weselszy.

Czasami czytanie na psychikę wpływa
I dobroć i miłość się rodzi prawdziwa.

Przepraszam za niepopularne słowa
Może trochę grubiańskie
Być może się szybko pisało
I z piersi złe słówko wyrwało.

Stanisław Pysek Prusiński

Wiersze pierwsze

ŻYCIORYS PYSKA AUTORA WIERSZY

Z metryki mojej wynika
Że jestem synem wykwalifikowanego rolnika.

Urodziłem się na wiosce
W maleńkiej lecz pięknej osadzie
Tam gdy słoneczko zachodzi
To cienie na ziemię kładzie.

Dziękuję że jestem człowiekiem
Zawdzięczam to Ojcu i Matce
Było to w 1955 roku
W maleńkiej słomianej chatce.

Było już nawet spokojnie
I dziesięć lat po wojnie.

Była to wtedy niedziela
Ale we wtorki był rynek
Tatko mój tak się ucieszył
Że w powietrze z karabinu
Wystrzelił cały magazynek.

Mama wtedy się wkurzyła
I zaczęła tatę gonić
Nie zostawił nawet sztuki
Czym się teraz będziem bronić.

Mam więc w maju urodziny
Jestem czwartym dzieckiem z rodziny.

Tato krzyknął *jest jest malec*
I ciotkę niechcący nadepnął na palec
Ale mama go nie biła

Ciotkę z tatą pogodziła.

Powojenne trudne czasy
Pełne zbójów były lasy
Tata z bratem się nie bali
I nieraz do rana strzelali.

Najbardziej to mama zadowolona
Urodziła mancymona
Na początku miał być Przemysław
Ale zrobił się Stanisław.

Miałem chyba ze dwa lata
Były latem właśnie żniwa
Miałem już sporawe włosy
Za mały byłem do kosy.

Właśnie której to soboty
Tato z mamą i dwie ciotki
Udali się więc na pole
Sprawdzić czy suche są snopki.

Mnie w kolebce zostawili
Niedaleko koło pola
Spałem smacznie ktoś mnie trąca
Pomyślałem chyba mama.

Ale coś tu nie pasuje
Twarz jest dziwna nie ta sama
Z buzi leci gęsta ślina
Tak to była dzika świnia.

Świnia w paszczę mnie chwyciła
Na krzyk już nie miałem czasu
I zaniosła mnie do jamy
Gdzieś do pobliskiego lasu.

W jamie ciemno i ryk taki
Dzikie zbiegły się świniaki
Jakiś świniak mnie potrącił
I w palec u nogi ukąsił.

Tak mnie mocno zabolało
Więc krzyknąłem z mocą całą
    Beeeeee!
I to mnie uratowało.

Mama z tatą mnie szukali
W każdy kącik zaglądali
Echo było aż na bieli
I wtedy mój krzyk usłyszeli.

Tato chwycił trzy granaty
I karabin wyrwał z szafy
Mama kosę i naboje
I nie było dużo czasu
Pędem pobiegli do lasu.

Ja także wyjścia nie miałem
Przed jamę się wyczołgałem
Tato oddał cztery strzały
Wszystkie świnie migiem zwiały
Jedna co się obejrzała
To kosą od mamy dostała.

Miałem właśnie cztery lata
I znów doczekałem brata
W sumie było nas pięcioro
Jak na taką biedę sporo
A już w wieku pięciu lat
Zacząłem poznawać świat.

I byłbym raz może nie przeżył
Bo konik mnie kopytkiem uderzył

I mi zrobił małe kółko
To dostałem prosto w czółko.

Tato pokazał lasek
I zdjął od spodni pasek
Przypomniał gdy nie będę słuchał
To będę w tym lasku mieszkał
I w zimę w rączęta dmuchał.

Robiłem więc różne numery
Reperowałem rowery
I zawsze miałem robotę
Do szkoły biegałem na piechotę.

Były wtedy trudne czasy
Nigdy nie wagarowałem
Tylko lekcje się skończyły
Krówek taty pilnowałem.

Nie chodziłem na majówki
Bo musiałem pasać krówki.

Zdarzeń było bardzo dużo
Że nie sposób ich spamiętać
Tak mijały dni powszednie
Kolejne lata i święta.

Więc siadałem na konika
Jadłem chlebek z piekarnika
Pomagałem jak umiałem.

Nie zapomnę o zdarzeniu
Jak jechałem na koniku
Siwy konik się poślizgnął
I na lodzie mocno gwizdnął.

I mnie przygniótł swoim cielskiem

Stanisław Pysek Prusiński

Widziałem zastępy anielskie
Lecz złamałem tylko nogę
Siwek wybiegł więc na drogę
Lecz z powrotem po mnie wrócił
I zębami na mnie się wrzucił.

Życie toczyło się było wesołe
Skończyłem podstawową i średnią szkołę
Skakałem z radości w górę
Nawet nieźle zdałem maturę.

Zawdzięczam to Ojcu i Matce
Za opiekę w maleńkiej chatce
Za kupno nowego motoru.

Potrzebowała mnie Polska
Zaciągnąłem się do wojska
Słuch mam dobry i wszystko słyszałem
Radiotelegrafistą zostałem.

Skończyłem z dobrym wynikiem
Bardzo szybko awansowałem
I zostałem pułkownikiem.

Nagrody wszystkie zdobyłem
Ojczyźnie się zasłużyłem
Więc do cywila wróciłem.

Ożeniłem się z piękną Tereską
Oj dużo oj wiele się przeszło
Były upadki radości
Ale przetrwałem w miłości
I radość w mym sercu wciąż gości.

To wszystko to właśnie dotyczy
Zawdzięczam kochanej kocicy
Zostało nam przypisane

Wyjechaliśmy w nieznane.

Tereska moja żona
To babcia a ja dziadek
Syn najstarszy Daruś i jego żona
Klaudia to nasza synowa.

Spłodzili syna wnuczka Dominika
Co rozrabia i bryka
Mamy wnuczkę Kaię
Co się już uczy chodzić
Dobrze się pod szczęśliwą gwiazdą urodzić.

Muszę się jednak trzymać mocno
I biedzie się nie dawać
Serduszko zaczęło mi stawać
Ale wyszedłem jak zawsze z opresji
I życie się ze mną nie pieści.

Marzę żeby razem z Tereską
Spokojnej starości dożyć
Chodzę z żoną nad rzeczkę
Sam nawet tworzę troszeczkę.

Kiedyś się nawet wkurzyłem
I to co napisałem spaliłem
I dziwna się rzecz wydarzyła
Część wierszy spalonych wróciła.

A kiedy na dobre zmądrzeję
Świat cały wierszami zaleje
I będę tak pisał latami
Dwa różne obiema rękami.

Tradycja

Gdy wielki wybuch ogarnął ziemię

Więc narodziło się na ziemi i plemię
Dużo się stało wiele się działo
Plemię ludzkości się rozwijało.

Coś z tej to niebieskiej sfery wyciekło
Nie chcecie nieba poznacie piekło
Więc tak pomyślał ktoś sobie z rana
Mam dość dobroci
     Ja chcę szatana.

Zło przyszło samo a tak to było
Piekło na ziemi tak się stworzyło
Myślenie diabła bo miał powody
Więc dolał więcej ognia do wody.

Wiek osiemnasty wielka tradycja
Robią alkohol chla opozycja
Chlał rząd gorzałę a gdy się upili
To pod Grunwaldem trzy dni się bili.

Szatan człowieka do nędzy bodzie
Pan Bóg się troska bieda w narodzie
Wódka jest wszędzie w sklepie w stodole
W restauracji na każdym stole.

A tak być musi bo to tradycja
Piją pisarze pije policja
Piją ubodzy piją bogaci
Księża biskupi i dyplomaci.

Dusza

Coś do myślenia często mnie zmusza
Chcesz się dowiedzieć co to jest dusza
Dusza to stworek jest do przyjęcia
Jest niewidzialny nie do pojęcia.

Dusza to jest to co się zachwyca
Mknie niepoznana jak błyskawica
Więc do myślenia zaraz się zmuszę
Powiedz mi bracie jaką chcesz duszę.

Są dusze sprytne dusze kochane
Są i leniwe i zatroskane
Dusze błądzące dusze pachnące
Rozkołysane gorące tętniące.

Gdy ci się w sercu stanie tragedia
Gdy cię coś boli i gnębią media
Gdy boss do pracy ciężkiej cię zmusza
Wtedy odzywa się twoja dusza.

Dusze po świecie wszędzie rozsiane
Tętniące energią są zatroskane
Świat kręcąc czasem i czorta wzruszy
Nie może istnieć gdy nie ma duszy.

Myślę tak czasem rano wieczorem
W południe w nocy nad duszy stworem
Dusza się nawet w pijaku rusza
A gdy ma kaca pali go dusza.

Dusza bogata i dusza nędzna
Dusza wariata i dusza księdza
Tak więc ogólnie stwierdzić dziś muszę
Każda istota ma swoją duszę.

Ojczyzna

Oddaliłaś się ojczyzno moja o lasy i góry
Pożegnałem cię kochana Polsko na czas bardzo długi.

Panie Boże nie dopuść by rozdarci rodacy
Byli głodni i bosi i nie mieli dziś pracy.

Boże popatrz z góry przyjrzyj im się blisko
Oni z kraju moich ojców zrobili śmietnisko.

Rozsprzedali Polskę na części czterdzieści
Naród traci ojczyznę w głowie się nie mieści
Każą nam zapomnieć o polskim istnieniu
Nic nam już nie zostało kamień na kamieniu.

Odmiana Pyska

Dużo rzeczy jest prawdziwych
Dużo ludzi nieszczęśliwych
Tą rzecz na prawdziwych faktach
Opisuję tu w dwóch aktach.

    Akt 1
Wspominając to zdarzenie
To się stało w mgnienie
A się stało nie do wiary
Byłem młody jestem stary.

Wczoraj rankiem w toalecie
Piękną twarz widziałem przecie
Przyglądałem się godzinę
Czesząc swą bujną czuprynę.

Jestem młody sprytny tata
Nikt nie fiknie mi u kata
Nikt ode mnie nie jest lepszy
Więc podziwiam swe bicepsy.

Bo wiem że los dla mnie hojny
Byłem piękny i przystojny
Śliczna żona samochody
Wiem że zawszę będę młody.

Konia kładłem jednym ciosem
W pracy zawsze byłem bosem
Przegryzałem twarde belki
Nie stroiłem od butelki.

Nie trzeba mnie było niańczyć
Każę tańczyć musisz tańczyć
Kto mnie dotknie więc nie przeczę
Niech go Bóg ma w swej opiece.

Tak się stało w mordę mać
Przez to że poszedłem spać
W nocy coś takiego było
                    Radość znikła
I skończyła się ma fraszka
Próżna gadka szkoda Staśka.

   Akt 2
Wczesnym rankiem jeszcze leżę
Ale oczom nie dowierzę
Zerkam w lustro nie do wiary
Wczoraj młody dzisiaj stary.

Myślę sobie w mordę mać
Po co chłopie szedłeś spać.

Kości trzeszczą głowa pęka
Podnieść się to już jest męka
Na swej ręce widzę blizny
Może ktoś mi wlał trucizny.

A z mej głowy zniknął las
Czy to pora czy to czas?

Że złe to swój los obarczę
Wstawaj ośle nie leż starcze
Żona rzekła w mordę mać

Do roboty a nie spać.

Nie dokuczaj bo się wkurzę
Jestem na emeryturze.

Wnuk ci przyniósł elementarz
Przeczytaj go i idź na cmentarz
Do przymusu mnie nie zmuszaj
Ruszaj dziadu ruszaj ruszaj.

Więc sam sobie się przyjrzałem
Wkurzyłem się i odmłodniałem
I skończyły się wywody
               Teraz znowu jestem młody.

Prawda Tereska pułkownik

Historia to najprawdziwsza
I dodam coś jeszcze
Zakochał się dawno temu
Stasiek w panience Teresce.

Marzyła ta dzieweczka o pięknym młodzieńcu
Pasąc gąski biało szare
Przy białym kaczeńcu niedaleko drogi
Moczyła dziewczyna swoje smukłe nogi.

Jedzie Stasiek na siwym koniku
Ujrzał nagle dziewczę młode przy rwącym strumyku
Chciał coś powiedzieć ale mowę mu odjęło
Skąd się tu w tej okolicy piękne dziewczę wzięło.

Krew w nim się wzburzyła choć był nie bogaty
Zacznę zbierać na pierścionek trza będzie słać swaty
Zatrzymał konika i o imię pyta

      Moje ty słoneczko chodź ze mną na stronę

Ja cię pragnę ja cię kocham
Chcę cię wziąć za żonę.

Tereska dziewczyna wszystko zrozumiała
Lecz z początku pułkownika za męża nie chciała
Poczekamy trochę może i niewiele
Przyjedź do mnie pułkowniku w następną niedzielę.

Nie chcesz mnie od razu
Nie musisz od zaraz
Będę się więc jeszcze mocniej
O twe względy starać.

Starał się Stasisko
I nim się połapał
Znowu spieprzył wszystko
Znowu se nachlapał.

Mocny Pan Bóg z góry
Spojrzał na to wszystko
Więc się dogadali
Będzie weselisko
Uwierzyła w obietnice
              Kocha mnie Stasisko.

Teraz gdy się dzieci urodziło troje
Opuścili dom rodzinny
              Pozostali we dwoje.

Tereska wypiękniała jeszcze większa dama
Stanley jej nie opuści nie zostanie sama
Mimo że wyjechali hen w świat daleki
Żyją razem szczęśliwi razem i na wieki.

Pułkownik się stara tak jak widać właśnie
Kocha swoją wybrankę serca miłość ta nie zgaśnie
Mądra fajna rozumna ciągle go zachwyca

Wspaniała dobroduszna przebiegła drapieżna kocica.

Światy

Raz spotkały się trzy światy
Biedny no i ten bogaty
Rozmawiały w kuluarach
O słabościach i przywarach.

Odezwała się perkusja
Na cóż wam głupia dyskusja
Biedny świat to ten z przypadku
Bo on powstał na ostatku.

Słabe państwo biedne czasy
Puste pola zwiędłe lasy
Biedny ojciec matka brat
Niech szlag trafi biedny świat.

A harmonia dla odmiany
Rzecze teraz wiem kochany
Mnie się widzi świat bogaty
Samochody chaty szaty
Wielkie miasta i roboty
Odrzutowe samoloty
Upasiony ksiądz i swat
Niech więc żyje ten mój świat.

Nagle wtrącił się świat trzeci
Wy kłócicie się jak dzieci
Jeszcze macie na to czas
Bez wojenek swar i krat
Stwórzcie lepiej nowy świat.

Wiele cnót jest na tym świecie
Wszyscy o tym dobrze wiecie
Miłość wierność i uczciwość

Dobroć prawda sprawiedliwość.

Są zalety i przywary
Jeden młody drugi stary
Pracowity i leniwy
Dobrotliwy no i chciwy.

Chciwość więc pochodzi z miasta
Że wieżowce aż przerasta
Znajdziesz tu chciwe ulice
Stare panny nie dziewice.

Wiek dwudziesty wiek chciwości
Nikt już nie zaprasza gości
Bez umiaru po kryjomu
Chciwie placek zjada w domu.

Żebrak idzie do kościoła
Choć bogaty o grosz woła
Jest przebiegły chciwy cep
Daj pieniądze a nie chleb.

Chciwość chciwość aż do bólu
Powiem bajkę wam o królu
Wielkich władców w dawnym świecie
W dziwnym kraju na planecie.

W tym królestwie tak bogatym
Chciwe rzędem stoją chaty
Chciwe płace i zarobki
Chciwa służba i parobki.

Gdy na ucztę król zasiada
Chciwie zerka na sąsiada
Chociaż je gorącą gęś
Chętnie zjadłby jego część.

Zatem panie i panowie
Mamy chciwość w mózgu w głowie
W rękach w plecach w oczach i w chałupie
Mieszka chciwość nawet w d....

Kościana Prawda

Przez pola i lasy czy jesień czy plucha
Gdy słońce przygrzewa i wiatr mocno dmucha
Niemiła okropna przebiegła zaborcza
Jak wąż się przewija i zawsze zabija
Jej czas nie przemija wciąż sieć swą rozwija
Niechciana przeklęta na błagania głucha
                                Jej imię Kostucha.

W kosmicznej przestrzeni w odległych przestworzach
Półkulach i lądach oceanach morzach
Swe piętno na żywych istotach wypala
I trony cesarzy królów na kolana zwala
Pojawia się za dnia w nocy nawet w święta
                              Śmierć biała przeklęta.

I szybko i wolno się czasem posuwa
Zacięta bezlitośnie swoją sieć wciąż rozwija
I wszystkie istnienia w swym czasie zabija.

W ludzkiej wyobraźni to jest wiedźma z kosą
Nikomu nie przepuści rano razem z rosą
Mocno dzierży kosę piękne życie skraca
A gdy komuś się uda dobić go zawraca
                              Bo to jest jej praca.

Pozbawiona miłości nie wie co to skrucha
Nie przepuści nikomu nikogo nie słucha
Od ciosu jej kosy pada nawet mucha.

Wie kto będzie następny jej ofiarą bez miary

Ginie bogaty biedny stary
Zabiera matkę od czworga dzieci
Białą nieprzejednaną kosą w oczy świeci.

Czasem gdy się rozjuszy na świat zniewolony
To zabiera nie setki lecz ludzi miliony
Lecz stwierdzenie jest proste i to przyznać muszę
Unicestwisz me ciało
                    Pan Bóg weźmie duszę.

Cnota niecnota

Dzisiaj się stało ciężka robota
Kot zniknął z domu a to niecnota
                    Zabrakło kota.

Pani się wścieka i głośno fuka
Cała służba dziś kota szuka
Zamęt i lament ale jest draka
Gdzie się podziewa wstrętna sobaka.

Czy znajdą kota jesteś ciekawy
Jak się potoczą te kocie sprawy
Dość tej udręki czas do roboty
Zostawmy kota trza szukać cnoty.

Zatem rozgryzam cnoty pojęcie
Mąż żyje z żoną a córka z zięciem
Cnotliwa panna ciężko zapłaci
I z wójtem gminy swą cnotę straci.

Panna się skarży coś ją uwiera
Cnota ją parzy trza kawalera
Chce jak najszybciej swą cnotę stracić
Trzeba miłością za to zapłacić.

Jest i kawaler to nie przelewki

Do młodej panny pali cholewki
Gdy się raz w lesie w nocy spotkali
To się oboje do cnót dobrali.

Cnotę mieć trzeba bo tak wypada
Cnotę ma nawet żona sąsiada
A gdy w ogródku robi robotę
To swym fartuszkiem zakrywa cnotę.

Mądra cnotliwa i sprawiedliwa
Czysta przejrzysta i cnota chciwa
Tę cechę mają nawet roboty
Bo jak żyć można gdy zbraknie cnoty.

Śni mi się cnota mądra odważna
Bo w każdym życiu jest cnota ważna
Cnota faluje gdzieś tam w przestrzeni
Prawdziwa cnota życie odmieni.

Cecha ma cnoty dużo roboty
Dziadek do Babci wzdycha w zaloty
Babcia mu wałkiem wybija cnotę
Lepiej się dziadu weź za robotę.

Dość mam cię cnoto ty wiedźmo głucha
Ty mnie nie słuchasz
    Ja cię nie słucham
Sama się owiń swą myślą złotą
Wróć do mnie złotko
    Kocham cię cnotko.

Ładek spadek

Wujek Ładek dostał spadek
Spadek mu darował dziadek
A po dziadku mianowicie
Dostał to co usłyszycie.

Cztery konie jak ogiery
Co trzymały się bariery
Gdy obroku się najadły
To do żłobu wszystkie wpadły.

Osiem krów
Lecz bez łbów.

Jedną kozę bez mleka
Co na kozła już rok czeka.

Koguta bez grzebienia
Co udaje wciąż jelenia.

Kota któremu ogon obgryzły myszy
Nie poluje bo nie słyszy.

Dwie duże słomiane chaty
W których stoją wietnamskie armaty.

Jeden wóz drabiniasty turecki
Nie wiadomo czy Polski czy Niemiecki.

Jedną owcę co się najadła żyta na rżysku
I zdechła na pobliskim lotnisku.

Cztery morgi włóki
O które do tej pory walczyły wnuki.

Szopę gdzie mieszkają złe duchy
I złe wstrętne karaluchy.

Dwa zakręty dla zachęty
Jeden w prawo drugi w lewo
Jak się zmylił walił w drzewo.

Duże małe kłódki
Do plombowania wódki.

Jedną szafę dwudrzwiową
Którą wietrzył co dwa lata
A w środku leżała szmata.

Portfel przodka
Na który narobiła ciężarna kotka.

Fuzje na pięć naboi
Raz tylko sołtysa postrzelił
A teraz się boi.

Maszynę do młócenia ziemniaków.

Dwa zawiasy
Które trzymają po wszystkie czasy.

Termos na napoje chłodzące
Którego odnalazł sto lat temu
Na sąsiadki łące.

Wielki zegar ścienny
Nie wiadomo czy nocny czy dzienny.

Jego powietrze
W całej okolicy najlepsze.

Sukę ubraną w korale
Której ciotka nie bała się wcale.

Trąbkę na dwa głosy
Aż ciotka straciła włosy.

Tolerancje na papierze i pudełko ciotki
W którym trzymała swoje plotki.

Dwa kilogramy wełnianej przędzy
By nie doznał nędzy.

Parobka do pomocy
Żeby spał z ciotką w nocy
Bo zaniemógł którejś nocy.

Policzył to wszystko wujek Ładek
Tak się zmęczył siadł na zadek
Co to będzie z wujkiem Ładkiem
Co on zrobi z takim spadkiem.

Kto mu dziś otuchy doda
Chyba że gorąca woda
Musi wszystko być gotowe
Trza gorąco dać na głowę.

Hopsa hops hopsa sasa
Wujek biega na golasa
A że było w jego modzie
Moczy się w gorącej wodzie.

Płacze ciotka płacze dziadek
Dupę sobie sparzył Ładek
I sąsiedzi narzekają
Aż od płaczu się taczają.

Kto dostanie po nim spadek
A to nie jeden w świecie przypadek.

Morał jest taki
Sadził kartofle zebrał buraki
　Uważaj bratku co bierzesz w spadku.

H2O to jest to

Zatem co to jest ta woda
Myć się próżno wody szkoda
Chcesz utrzymać życie młode
                Płać za wodę.

Woda szumi płynie szlocha
Woda pana bardzo kocha
Nigdy istnieć nie przestanie
Więc zadaje to pytanie
Jeśli zechcesz zawsze żyć
Musisz więc się co dzień myć.

Woda dobra jak kanapka
I dla babki i dla dziadka
I dla wnuczka czy też panny
Bryk do wanny.

Bywa również woda brudna
Zamulona wręcz paskudna
Zapylona zasmucona
Zatroskana zabrudzona.

Lepiej w brudzie jest marudzie
Po co więc się myją ludzie
Woda płynie z rury z dziury
I uszkadza ludziom skóry.

Kiedy stoisz pod prysznicem
Woda spływa ci na świecę
Ciepła para co podnieca
Wyprężyła ci się świeca.

Młoda panna ściska usta
Woda jej na cycki chlusta
I nieśmiało się wygina

W przód do tyłu jak sprężyna.

Wodo wodo moja wodna
Tyś cudowna i urodna
Patrzysz śmiało światu w oczy
Zatem nikt ci nie podskoczy
Ciebie zawsze jest bez liku
W morzu rzece czy strumyku.

Wodą się nie można upić
Wodę możesz w sklepie kupić
A gdy chcesz wodę wytropić
Szybko możesz się utopić.

Czasem woda chytra taka
Smutno patrzy na strażaka
Pędzi z węża i się śmieje
Wartko się na ogień leje.

Pożyteczną wprowadź modę
Zacznij więc oszczędzać wodę
Gdy przelewa się przez murek
                Zakręć kurek.

Woda nigdy nie jest winna
Czasem złota i dziecinna
Z wody lecą ciężkie gromy
Woda zmiata z ziemi domy
No i wszędzie czy w Grenadzie
Swoje bujne fale kładzie.

Tęskni woda do przyrody
Z wodą zawsze będziesz młody
A gdy już się znajdziesz w wannie
Myśl o wodzie jak o pannie.

Gwiazdy

Pytasz się dlaczego gwiazdy świecą
Odpowiedź prosta to ktoś w przestrzeni
Zapałki krzesze i świat chce zmienić.

Gwiazda istota cię zapamięta
Błyska czasami mocniej we święta
Stwór to niezwykły rzecz niepojęta
Nigdy nie zgaśnie jest nieugięta.

Gwiazda poranna błyska pomału
Każdy posiada gwiazdę z przydziału
Gdy przestrzeń rosła i świat powstawał
Pan Bóg po jednej gwieździe rozdawał.

Gwiazda maleńka iskrzy radośnie
Mruga oczyma błyszczy na sośnie
Spocona czasem z wielkiej uciechy
Świeci na spadłe z drzewa orzechy.

Cieszy się dzisiaj rodzina cała
Bo urodziła się Kaja mała
Która maleńką gwiazdkę dostała
I którą rankiem radośnie witała.

Gwiazdeczko droga naszej Kajuni
Przytul się błogo do swej matuni
Bo ta matusia to twoja matka
Poznasz niebawem babcię i dziadka
Rośnij gwiazdeczko w jedną godzinę
Rozwesel śmiechem całą rodzinę.

Niebo jest pełne różnych gwiazdeczek
A każda ma swoje imię
Krysia Violetka Basia Anetka
Świecąc płomiennie na wiosnę w zimie.

Ziemia się kręci wokół słońca
Gwiazd nie policzysz bo nie ma końca
Wielką nadzieje w gwieździe pokładam
Gdy się do spania na noc układam.

Gdy u dealera odbierzesz mazdę
To wracaj wolno bo stracisz gwiazdę
Bo ci na drogę jeleń wyleci
Zostawisz matkę żonę i dzieci
A gwiazda szybko z duszą uleci.

Świata ciekawy i mam nadzieję
Kupię nasiona gwiazdy posieję
Wyglądam rano rankiem i wiosną
Czy moje śliczne gwiazdeczki rosną.

Śpiąc śniąc pracując czy jestem w barze
Zawsze o swojej gwiazdeczce marzę
Długo ach długo trza się nachodzić
By się pod dobrą gwiazdą urodzić.

Honor

Złota maska tęga głowa
Wyszła sprawa honorowa
Pokój wojna trud kajdany
Wzniósł się wzwyż nieprzejednany.

Są na świecie dziwne stwory
Śliczne mądre i potwory
Hieny węże i zaskrońce
Wszystkim zaś przyświeca słońce.

Słońce świeci honorowo
Jasny płomień z dziwnej przędzy
Różnym frakcjom politycznym

I biednemu co jest w nędzy.

Drwiny kpiny próżna gadka
Honor to jest cecha rzadka
Wielkie sprawy małe wady
Bez honoru nie da rady.

Honor ma też wymiar trzeci
Jedna matka siedem dzieci
Ojciec uciekł kiwa głową
Trzyma flachę honorową.

I senator i służbista
Honor mają oczywistą
Słuchajcie nas wielkie tłumy
Dziś mamy powód do dumy
I prawdziwie i na nowo
Okradamy honorowo.

Zapragnęła kura taka
Mam ochotę zeżreć raka
Rak potulnie kiwa głową
Niech dziś zginę honorowo.

Społeczeństwa się zmieniają
Ludzie żyją wciąż na nowo
Wszyscy pragną żyć przykładnie
Lecz czy aby honorowo.

Honorowa panna stoi
Dać czy nie dać lecz się boi
Lecz gdy tak to on z honorem
Mogę zostać lecz z bachorem.

Honor wielki honor mały
Honorowy zatwardziały
Zamyślony i jałmużna

Ile jestem panu dłużna.

Sprytna wścibska i ambitna
Ledwie pan poruszył głową
Kula w piersi honorowo.

A na świecie jak w teatrze
Honorowo na to patrzę
Zrób więc wszystko żyj na nowo
Lecz najlepiej honorowo.

Na urodziny Asi

Wielkie święto dziś wypada
Czternastego listopada
Urodziła się Joanna
Nasza córka piękna panna.

Dzień to w roku nadzwyczajny
Urodziny są Joanny
Listki z drzewa opadają
Na Joasię spoglądają.

Dziwi się zieleń zazdrosna
Jak Joasia nam urosła
To jest prawda mocium panie
Panna jak na zawołanie.

Ładna zgrabna i do wzięcia
Poszukajmy dla niej księcia
Chłopca z bajki księcia z czarów
Z ogromnym workiem talarów.

To jest nasza prośba taka
My życzymy ci chłopaka
Wesołego narzeczeństwa
I udanego małżeństwa.

Dużo zdrowia pomyślności
Szczęścia w życiu i miłości
By się tobie powodziło
I wszystko co pragniesz spełniło.

Mama myśli w livingrumie
Przygotuje to co umie
Momentalnie jest gotowy
Placek na drożdżach serowy.

Tata chociaż grać nie umie
Ale zawsze cię zrozumie
I z pokoju a da radę
Zanuci ci serenadę.

Sto lat sto lat dwa tysiące
Kwitnij jak kwiatek na łące
Zawsze miej pogodną minę
Kochaj ludzi i rodzinę.

Z poważaniem i czułością
Obdarzamy cię miłością.

Zatem panie i panowie
Wznieśmy toast za Joasi zdrowie
Niech Asieńka żyje wiecznie
Fajnie skromnie i bezpiecznie.

                Rodzice dziedzice.

Specjalnie dla Państwa młodych

Panna Monika wychodzi za mąż
Jacek z nią się żeni
Musicie kochani pomyśleć
Że wam się odmieni.

Wiadomo że zaraz po ślubie
Życie was ozłoci
Młoda mężatka i żonkoś
Nieraz mocno spoci.

Wy postanowiliście się pobrać
Życzymy Wam dużo szczęścia i słońca
Żeby Wasza wielka miłość
Była zawsze namiętna i gorąca.

Po ślubie młoda żona
Na męża niech głośno nie krzyczy
Tylko spokojnie i rozmysłem
Kasę mu policzy.

Gdy już się pokłócicie
Od czego Broń Boże
Szybko oboje w kuchni
Pochowajcie noże.

Dobra rada to w łóżku jest się pomocować
Można się szybko wyperswadować.

Niech w tym waszym pięknym związku
Małżeńskim miło lata płyną
Szczęść wam Boże Kochani
Niech z każdą godziną
Bóg Was obdarza łaską
Niechaj tak się stanie
Bądźcie wyrozumiali dla siebie
Miejcie zaufanie.

To jest tylko jedyne i najważniejsze
W małżeństwie rozwiązanie.

Wspomnienia emigranta

Część I

Zerwane więzi to coś takiego
Co trudno określić trzeba to przeżyć
Ile przewija się bólu
Troski o przyszłość Kraju
Z którego dane mi było wyjechać.

Widzę w swojej wyobraźni las zielony
Szemrzący swoją historię mgłą opadającą
Rankiem falującą nad Narwią na tle nieba
Rozciągają się malownicze krajobrazy.

Za wielką wodą Ojczyzna mała
Za którą tęsknię sama została
Na trwogę biją tam głośne dzwony
Trzeba ratować kraj utracony.

To co się stało to ważne sprawy
Tyle dziś w Polsce tumultu wrzawy
Nienawiść zawiść sięga zenitu
Miało być lepiej a jest do kitu.

Część II

Ożeniłem się z Tereską
Sokołowskich rodu
Fajna była to panienka
I warta zachodu.

Opowiem pokrótce
Skąd są te maleństwa
I jak doszło do mamy
Z tatą narzeczeństwa.

Stasio kręcił kiedyś z Wiolką
Były o nich gadki

Wiersze pierwsze

A Tereska trochę z nimi
Jeździ na prywatki.

Pewnego wieczoru Stasia
Takie coś natchnęło
Kupił Teresce kwiatuszek
I tak to się zaczęło.

Zakochał się biedny chłopak
Co tu dużo gadać
Zaczął swojej pannie
Do nóżek upadać.

Pochodzili razem miesięcy niewiele
Były zaręczyny i huczne wesele.

Chociaż nieraz dużo spraw
Wyszło im na opak
Tereska wiedziała
To porządny chłopak.

Już dwadzieścia lat minęło
Czas ukoił rany
Tata chodzi połamany
Ale zakochany.

Gdy jej mąż przeskrobie
Tereska pokrzyczy
Lecz go również kocha
Z jego zdaniem liczy.

Gdy Tereska z pracy
Tak zmęczona wraca
To już mało mówi
Oczyma zawraca.

Choć ją od zginania

Nieraz w krzyżu boli
Stasiu jej przebaczy
Choć go o...

Zrobiła się szczupła
Powabna i zgrabna
Wszyscy mi zazdroszczą
Jakaż ona ładna.

Nie będę się chwalił
Że mi się udało
Na zdjęciu Tereska laska
I tata z łysą pałą.

Po co Teresko Tobie

Po co Teresko Tobie wiza taka jest
Toż w Polsce wam się żyje bardzo fest
Po co ten ból rozstanie te
Czy ci z teściową bardzo nie układa się.

I przyjdzie znów twój Stasiu zakochany
Co w oczach ma dolarów jasny błysk
Namówić cię wyjechać tam na stany
Pożegnać wszystkich na nowo zacząć żyć.

W tej Ameryce to dobrobyt trza wychwalać
Ale trzeba dobrze z...
Żeby tu żyć nie trzeba pić
Nie palić cygar o robocie trzeba śnić.

Tereska moja żona matka trojga dzieci
Je obiad różnie czasem co dzień trzeci
I chudnie tak że aż jej żal
Bo ona przyjechała tutaj zrobić szmal.

W tych stanach może bieda jest nie taka

Lecz kraj ten nie jest krajem dla Polaka
Najlepiej tu posiedzieć rok czy dwa
Zarobić grosza i uciekać gdzie Bóg da.

Dla Tereski na Walentynki
Za oknem zima śnieg obfity leży
Muszę wyznać mej Teresce
Co mi na sercu leży.

Na Walentynki dla dużej dziewczynki
Najprościej wraz z pękiem kwiatów
Napiszę wiersz o miłości.

Chociaż nie mam serca poety
Kocham i lubię Tereskę niestety
W to co piszę to również wierzę
Nikt mi kocicy mej nie odbierze.

Słowacki pisał wiersze dla Zosi
Tereska o nie wcale nie prosi
Sam z własnej chęci i potrzeby duszy
Piszę co myślę może to ją wzruszy.

Życie jak teatr toczy się i zwija
Lecz moja miłość do żony nie mija
Jest pełna zrywów mknie jak błyskawica
I ma pazurki ostre jak kocica.

Myślę tak czasem odnoszę wrażenie
Jak niedościgłe jest duszy dążenie
Do czegoś co jest proste choć zawiłe kręte
Jak spojrzenie na coś z góry niepojęte.

Obrazy spojrzenia i przyszłość nieznana
Jak dwa serca razem mocno skrępowana
Potocznie raz na wozie czasem i pod wozem
Ale nie rozerwanym miłości powrozem.

Dążyć do czegoś co jest piękne
Dla życia jest trudnym zadaniem
Wierzyć że ktoś cię kocha
Za prostym pytaniem.

Zarazem odpowiedź nasuwa się taka
Czy zrobisz coś dla mnie Walentynko
Jak kochasz to przygarnij i uściśnij mocno

Swojego
    Walentynkowego
        Chłopaka.

Wiza

Opowiemy wam historię
O pewnej biednej rodzinie
Która wizę wylosowała
Do ambasady pojechała.

W ambasadzie ich pytają
    Po co tam lecicie
    Opuszczacie ten kraj stary
    Chyba po dolary.

    Nie chcemy dolarów
    Choć nie mamy kasy
    Jedziemy od stanów
    Zwiedzać wasze lasy.

Konsul się uśmiecha
Widząc nasze miny
Dostaniecie wizy
Za cztery godziny.

Wszystko poszło dobrze

Wiersze pierwsze

Zebrali manatki
A na Nasturcjowej
Zostawili dziadki.

Stewardesy chodzą
Podają nam drinki
Samolot wysoko
Płyną nam godzinki.

Mieszkamy w dużym domu
U wariata Skóry
Z sufitu spadają karaluchy muchy.

Pewnej ciemnej nocy
Drzwi stały otworem
Wpada nasz gospodarz
I grozi toporem.

Rodzina kochana
Poszła na Indiana
Tysiąc siedem numer
Mieszka teraz sama.

Wszystko się ułożyło
Karaluchów się pozbyło
Wcale źle nie było
Dolarów się zarobiło.

Jednak to za mało
Apartamentów się zachciało
Żeby mniej płacić
Za dużo nie tracić.

Mama zeszczuplała
O dwadzieścia funtów
Pracuje na domkach
I nie robi buntów.

Tata rowerzyną
Pędzi do roboty
W ogromnym pośpiechu
Poprzejeżdżał koty.

Taka Ameryka
Dobra jest dla byka
Kto jest mądry w Polsce
Tutaj nie pofika.

Kto jedzie do stanów
Zarobić fortunę
Może się przeliczyć
I załapać gumę.

Kto nie lubi pracy
I jest na zasiłku
Polak za....
O jednym posiłku.

Rozmyślania

Po przyjeździe do Ameryki
Dariusz z Tomaszkiem nasze smyki
I patrioci bo Polacy
Ostro wzięli się do pracy.

Już godzina piąta rano
Zaraz nasi chłopcy wstaną
Wstają Czesi i Polacy
Bo ktoś musi wstać do pracy.

Podjeżdżają auta weny
Narzędziami zagraceni
Pierwszy Dariusz wsiada żwawo
Jego bryka skręca w prawo.

Za nim Tomasz wielkim susem
Będzie jechał białym busem
Auto w modzie a nie rower
Jadą na dużą budowę.

Dariusza już boli głowa
Och jak wielka ta budowa
Superwajzer głośno krzyczy
I minuty pracy liczy.

Na sajdingu nie tak źle
Trochę Dariusz spocił się
Trzeba robić dla swych rodzin
Przepracował dziesięć godzin.

Pewien Rusek wielki cwaniak
Co Dariusza wciąż poganiał
Co marudził robił miny
Sam sp... się z drabiny.

Wraca Dariusz z tej harówki
Z ciężkiej pracy twardej dniówki
Wypił wody siedem garów
Zarobił trochę dolarów.

Tomaszek na rusztowaniu
Już nie myśli o gadaniu
Choć majster rozmyśla głośno
Burchle mu na palcach rosną.

Słońce prosto z nieba grzeje
Trzeba tyrać pot się leje
Ściąga listwy wbija walec
Przywalił się młotkiem w palec.

Pierwszy dzień dziś pracy mija

Bolą nogi plecy szyja
Tutaj dniówki nikt nie skraca
Tomasz też do domu wraca.

W domu trochę narzekali
Zjedli obiad i w mig spali
Tu jak chodzisz do roboty
To nie w głowie już głupoty.

Muzyka- skoczna- niewidoczna- oberek- Polacy na budowlach
Scena- duży pokój
Wykonawcy- rodzina
Instrumenty- z Polski (saksofon waltornia skrzypce)

Zdarzenie

Nie ma już dla mnie żadnej pociechy
Złamałem nogę chyba za grzechy
Skazany jestem na te cierpienia
To co tu piszę jest bez znaczenia.

Szkoda się stała czysty przypadek
Złamane kolano miałem upadek
Bardzo bolało myślę wytrzymam
Jadę rowerem bo wyjścia nie mam.

Noc była straszna głowa mi pęka
Łzy z oczu lecą trochę też stękam
Ciśnienie skacze tętno opada
Chyba kostucha zabierze dziada.

Jednak przeżyłem musiałem brachu
W szpitalu też się najadłem strachu
Gdy ortopeda po prześwietleniu rano
Orzekł strzaskałeś sobie chłopie kolano.

Więc przypomniałem wszystkie swe grzechy

Robię pokutę szukam pociechy
Boże co będzie doktora racja
Czeka mnie chyba tak operacja.

I tak w rozpaczy swej pogrążony
Do specjalisty wnet zawieziony
Gdy doktor orzekł że będę chodził
Jakbym się po raz drugi urodził.

Dzięki Ci Boże zmalały bóle
Dali lekarstwo opaskę kule
Szybko nam zdrowiej życzą rodacy
Za trzy miesiące wracam do pracy.

Boże serdeczne składam Ci dzięki
Że dajesz siłę skracasz udręki
Zlituj się nade mną nie dopuść do nędzy
Żeby tu przeżyć trzeba pieniędzy.

Modlę się teraz to jedyna droga
Moje wyzdrowienie zależy od Boga
Tylko w Tobie Stwórco pokładam nadzieję
Spraw Wszechmocny Boże niech szybko zdrowieję.

Rozmyślam samotny w tej wieczornej ciszy
Może moje prośby Opatrzność usłyszy
Chociaż jestem chory i strudzony srodze
Mam nadzieję że będę chodził na zdrowej
Swojej a nie plastikowej nodze.

Zrozumieć życie

Jak zrozumieć życie
To pytanie sobie stawiam
Budzę się czasem rankiem
Czegoś się obawiam.

Skąd się to wszystko bierze
Myślę nieraz skrycie
Czy ktoś mi kiedyś powie
Jak zrozumieć życie?

Ta ciągła monotonia
Pytania wykazy
Czas biegnie do przodu
Pozostawiając skazy.

Co minęło to wiemy
Przyszłości nikt nie zobaczy
Powiesz mi dobry Boże kiedyś
Co to wszystko znaczy.

Stworzyłeś mnie panie Boże
Powiedz powiedz po co?
Żebym ciężko pracował
Śmiał się płakał nocą.

Śnił marzył o bogactwie
Czekał aż czas minie
I spotkał się kiedyś w przestrzeni
Z Tobą w ostatniej godzinie.

Proszę Cię Panie Boże
Który czynisz cuda
Niechaj mi się to życie
Godnie przeżyć uda.

Bym był zawsze zdrowy
Wesoły pogodny
A gdy umrę do Twego
Królestwa wstąpić godny.

Tyle już o Tobie Stwórco
Prawd na papier przelali

Poeci pisarze
I duzi i mali.

Zrozum przeto człowieku
Biedny bogaty stary czy młody
Nie jesteś choć się uważasz
Za Pana przyrody.

Jesteś tylko ziarenkiem
Piasku wielkiego wszechświata
Porównywalnym do listka
Co w powietrzu lata.

Myślę że tylko wiara w Boga
Cuda czyni we mnie
Gdy ufam Bogu to życie
Spędza się przyjemnie.

Pytasz dlaczego
Ja szanuję Stwórcę
A on żyje we mnie
Dopowiedz pytanie ode mnie.

Wybierajmy

Na wprost na wzrost
Zatroskany o świat czas
Dzisiaj dumni i rozrzutni
Jutro może nie być nas.

A więc dbajmy o te sprawy
Odmieniajmy ciągle los
Głosujmy z sercem i powagą
Liczy się tu każdy głos.

Naukowcy literaci
Reporterzy demokraci

Każdy kto już czytać umie
Demokrację dziś zrozumie
Duże małe zwinne stwory
Biegną dzisiaj na wybory.

Na kogo głosować pytam drogi panie
Obojętnie na kogo bo dostaniesz lanie
Głosuj biorąc kartę patrz na różne względy
Tylko do rządzenia nie wybieraj mendy
Wykreśl mendę z kartki bo to czarna owca
Nie stawiaj krzyżyka z nazwiskiem zamowca.

Zbliżam się więc i ja do wybornej sali
Zapisali nazwisko dziesięć kart mi dali
Każdy ma inny kolor i cóż nie mam wyboru
Postawiłem kreseczkę wrzucam do otworu.

Zagłosowałem na Pana Sołtysa
Mojego wuja z Pisa za dobre reformy
Mój głos dostał stryj z platformy
Według mnie na naczelnika gminy
Nadaje się kuzyn z żony rodziny
Przydadzą mu się do pomocy radne
Dwie moje wnuczki ładne.

Głosuje Antek i biała Mańka
Stefan badylarz i matka Franka
Przeszła rządząca mydlana bańka
Chrzaniła wszystko więc gospodarka
Upadła przez to i zmalał zysk
Co obiecali dostało w pysk.

W czasie wyborów twarde dyskusje
Padają słowa i rezolucję
Jeden się z drugim o coś tam wspiera
Jak tu głosować kogo wybierać.

Zamknięto urny więc do roboty
Zacznijmy szybko policzmy głosy
Prąd wyłączyli stracone głosy
Prezes se z głowy wyrywa włosy
A sekretarka drze w niebogłosy
Tak załatwimy kupimy głosy
Chyba wygramy mówią w niebiosy.

Tak więc się stało z Polską u kata
Rządzili przez długie lata.

Pan wojewoda żeby się nie dać
Nie popaść w długi musiał coś sprzedać
Sprzedał magistrat co się nie zdarza
A w kolejności hutę żelaza
Niemiec produkcje na lepszą zmieni
Wziął połowę forsy do swej kieszeni.

A że niegłupi bo po Oxfordzie
Kto się sprzeciwił dostał po mordzie
Trochę popija chodzi na bani
Nawet biskupa wczoraj ochrzanił.

Gdy ten wypełniał swą Bożą wolę
Niechcący stuknął w dużą topolę
Trochę za mocno aż ujrzał gwiazdy
Stracił mamonę i prawo jazdy
No ekscelencjo masz mocną główkę
Nie będziesz siedział jak dasz łapówkę.

I tak się stało bo trudne czasy
Klecha kapuchę wyciągnął z kasy
Bo ja do kicia wciągnąć się nie dam
Jak będzie trzeba parafię sprzedam.

Senatorowie posłanki panie
Po tysiąc złotych na przywitanie

Ciągłe wyjazdy i darem diety
Teraz są trudne czasy niestety
Kasa się kończy i do tej pory
Więc rozpisujemy nowe wybory.

Więc wtrącam słowo tak od niechcąca
Kłótni i swarów dziś nie ma końca
Popatrz wyborco karta na słupie
Ty nas wybrałeś mamy cię w d...

Demokracja

Twardy orzech do zgryzienia
Nie wiadomo kto ma rację
Usłyszycie teraz państwo
Jak tworzono Demokrację.

Demon diabeł i gracja racja
Sprawy trudne konsternacja
I psychicznie i fizycznie
Powstał stwór z potężną racją
Niezawodny przemijalny
I nazwany demokracją.

W dawnych czasach za Nerona
Demokracja tak stworzona
Rycerz co złotej jest przyłbicy
Wokół leżą niewolnicy
Świat przepiękny i liryczny
Prawie że demokratyczny
Gdyby nie niewoli zew
Niewolnicza niesie krew.

Piękne stroje panie stadła
Demokracja się przejadła
W konsekwencji powstał dym
Cezar Neron spalił Rzym

Kazał spalić czy miał rację
Chcąc budować demokrację.

Czas odległy nas daleki
Nastawały nowe wieki
Nowi ludzie nowe państwa
Demokracja chrześcijańska.

Chrześcijanie prawi ludzie
Nie przeżegna się nie pójdzie
Wierny ojciec matka żona
Demokracja tak stworzona
Miała przetrwać wieki całe
Gdyby nie zdarzenie małe.

Jezus Chrystus na tym świecie
Uczył demokracji przecie
Z tym się ludzie nie zgadzali
Więc Jezusa ukrzyżowali
Zwyciężyła Boska racja
Zmartwychwstała demokracja.

Czas przemijał świat się palił
Demokrację wciąż dźwigali
I uczyli się potomni
Żeby o niej nie zapomnieć.

Czas tatarski okres carski
Bonaparte ludzie racja
Wzniosła piękna niebywała
Legionów demokracja.

Demokracja Syberyjska
Hitlerowska ta aryjska
Stwarza nam obozy śmierci
Świat do góry się przekręcił
Powalone w gruzy miasta

Demokracja tak wyrasta.

Demokracja za Stalina
Długa i stalowa lina
Wszyscy wspólnie ciągną pług
Zdjęto krzyże gdzie jest Bóg.

Wszystko wspólne ziemia żony
Wstąp do Partii do czerwonych
Pracuj i milcz boś pod batem
Albo w Sybir na wakacje
Umieraj tam za demokrację.

Nowa era i za Gierka
Demokracja budowała
Domy bloki i zagrody
Mają kto jest młody
Więc zbudowaliśmy na nowo
Demokrację majową.

Fiasko padł układ Warszawski
Nowa era zmiana maski
I niedługo w zamian za to
Stworzyliśmy nowe NATO.

Czas już skończyć te wywody
Pan jest stary a ja młody
Pan popierał solidarność
Cóż więc pan wywalczył marność.

Przepadł obiad i kolacja
Niskie płace i zarobki
Pańska kasa moja racja
Znika w Polsce demokracja.

Pan kolasa pod Podolskiem
Pobudował nową Polskę

Zwinął kasę po kryjomu
Schował się do makaronu.

Zamiast chwalić demokrację
Trzeba zjeść coś na kolację
Bo jak głodny się utrudzisz
To się rano nie obudzisz
Teraz to się staje modna
Demokracja równa głodna.

Więc zbierajmy się niecnoty
Za ocean do roboty
Pracuj dobrze kto ma rację
Buduj własną demokrację.

Bądź uczciwy trochę skąpy
Nie rozrzucaj się za wiele
Osiem godzin tylko pracuj
Do kościoła idź w niedzielę.

By cię było na chleb stać
Musisz również z życia dać
Bo nie zawsze też masz rację
Zamilcz i wyjedź na wakacje.

Na wakacjach w kraju wiśni
Trzeba żonie buzi dać
Poduszkę do głowy przyciśnij
Nową demokrację wyśnij
I dobranoc pora spać.

Skuszony

Począwszy od Ewy poznajmy Adama
O stworzeniu świata synach Abrahama
Potomka Mojżesza potężnego męża
A na końcu szatana wijącego węża.

Skosztuj chłopcze jabłuszko kusi wąż Adama
Popróbuj kolorowego prosi młoda dama
Nigdy tego nie zrobię zabronił mi Bóg
Szybko bym go spróbował gdybym tylko mógł.

Ewa nie poprzestaje dalej prosić męża
Zrób to dla mnie kochany kuszona przez węża
A działo się to o świcie i w miesiącu maju
Tego dnia Pan Bóg zdrzemnął się na chwilę w gaju.

Szatan myśli przebiegle ja tak zrobić muszę
Zbałamucę Ewunię i Adama skuszę
Dołożę wszelakich starań jak bym tylko mógł
Poplączę pogmatwam to co stworzył Bóg.

Adam twardo odpiera ataki Ewuni
Przestań kochanie gęgać Pan Bóg się obudzi
My pierwsi rodzice więc żyjmy przykładnie
Zobacz jak tu wspaniale w tym ogrodzie ładnie.

Adasiu Adasiu piszczy Ewa cienko
Nie chcesz całego spożyć ugryź choć ziarenko
Mogę ci nawet pomóc nic nam to nie szkodzi
Źle w tym raju to nie jest dobrze się powodzi.

Więc o co ci chodzi czego dziewczę chcesz
Że jestem zakochany sama o tym wiesz
Wyrzućmy szatana bo to chytra sztuka
Czego ten niecnota w naszym raju szuka.

A że szatan nie przestał było to dowodem
Ewunia zastraszyła Adama rozwodem
Umyła jabłuszko by mężowi dać
Jeśli nie ugryziesz nie chcę z tobą spać.

Oddzielne sypialnie samotne wakacje

Przeżyli więc oboje roczną separację
Bezsenne godziny i noce bez żony
Adam się denerwuje i zrobił się szalony.

Nie wytrzymał człeczyna pęka mu serduszko
Pożądanie go zmogło dobrze zjem jabłuszko
Szatan klaska ze szczęścia gałąź się przegięła
I Ewunia złote jabłko dla Adama zdjęła.

Adam jeszcze się wącha to szatana sztuczka
Gdy tylko skosztuje to będzie nauczka
Może nic się nie stanie może zły duch nie kłamał
Wziął jabło złotawe ugryzł i szczękę złamał.

I stało tak jak musiało szum się podniósł wielki
Błyskawice nad rajem grzmi pękają belki
Nagle słońce zniknęło klimat się ostudził
Czar ogródka piękno znikło Pan Bóg się obudził.

Panie przyjm nas z powrotem Ewa Boga prosi
Adama bolą zęby z płaczu się zanosi
Biega i rozpaczliwie szuka ambulansu
Dentysta nic nie pomoże nie ma insuransu
Pan Bóg gdy ujrzał gołych tatusia i mamę
Prawą ręką biperem otworzył im bramę.

I stało się i prysła dostatności fama
Wygonił ich oboje a z nimi szatana
    Idźcie w świat daleki pracujcie na siebie
      Poznajcie zło i dobro
           Do zobaczenia w niebie.

Żebrak

Na skwerku podmiejskim przy długiej ulicy
Zgarbiony człeczyna spoczywa
Przykryty łachmanem i torbą na śmieci

To coś się żebrakiem nazywa.

To coś już od rana wyciąga rączęta
Błagalnie pożera oczyma
Ulituj się panie i wrzuć mi grosika
Bom głodny i trzęsę się z zimna.

Dlaczego tu jesteś ty cieniu człowieka
Być może twój los się odwrócił
A może zgrzeszyłeś i za tą przyczyną
A może ktoś klątwę nań rzucił.

Łza kręci się w oku i latem i zimą
Ten klęczy wytrwały posępny kosmaty
Wyrazy wyryte pomóżcie mi ludzie
A Bóg wam udzieli zapłaty.

Mój ojciec był hrabią majątek miał wielki
Wsi dziesięć hektarów bez miary
Przepisał majątek na mnie i na brata
I umarł bo bardzo był stary.

Sprzedałem więc wszystko wyruszyłem w światy
Był Wiedeń i Paryż i Wiena
Zwiedziłem kasyna przepiłem fortunę
Jak widać jam biedny nic nie mam.

Zmarnowałem wszystko rozwiodłem się z żoną
Zostałem bez forsy i fraczka
Dopadła mnie w końcu ta straszna choroba
Co zwie się króciutko żebraczka.

Żółtaczka żebraczka malaria padaczka
Jest chorób do diaska i juści
Gdy wszystko stracone i gdy cię dopadnie
To nigdy cię już nie opuści.

Żebraczka gdy zechce zarazi każdego
Miłego zdrowego chytrusa
Dogoni kolegę szwagra matkę króla
A nawet zwiędłego kaktusa.

Słoneczko gdy pali i wszystko ogrzeje
I piasek się trzęsie jak w febrze
I ziemia spękana pustynna i sucha
O deszczyk wręcz prosi i żebrze.

Dlaczego żebrzemy czas ludzie zwierzęta
I w nocy i za dnia w dni powszednie i święta
Koń żebrze o obrok teściowa o zięcia
Mężatka o szczęście w miłości
I Burek przy budzie w słonecznej utrudzie
Też żebrze o mięso i kości.

Żebrzemy bo życie do tego nas zmusza
Jak wietrzyk wiosenny co liśćmi porusza
O miłość wzajemność żebrze twoja dusza.

Żebrze cała natura zwyczajnie z prostoty
Głupi żebrze w szpitalu za swoją głupotą
Żołnierz żebrze na wojnie do kraju i z tęsknoty.

Ja żebrzę o jedzenie cztery razy dziennie
Żebrze się więc zwyczajnie czasami przyjemnie
Żebranie nie wszystkim na dobre wychodzi
Żebraj jak potrafisz gdy ci się nie powodzi
Użebraj i dla bliźniego niech w twym sercu gości
Pozytywna żebraczka rzuć więc grosz z litości.

Troska

Umyj buzię wytrzyj noska
W życiu ważna każda troska
Wszystkie troski są morowe

Lecz nie wszystkie jednakowe.

W oknie widać już od rana
Stoi babcia zatroskana
Głaszcząc ręką kota Mruczka
Z troską oczekuje wnuczka.

Gdzieś tam w ciszy czy mnie słyszysz
Co ty mówisz o czym myślisz
Gdy marzenie ci się spełni
Czy się twa troska wypełni
Damskich butów widzisz noski
Chodźcie do nas dobre troski.

Troska w chatce troska w studni
Gna do przodu brzęczy dudni
W polityce w komitecie
U dilera i w powiecie.

Troskliwości są dowody
Troszczy stary czy ten młody
Troszczy się i wiedźma wredna
Co złe duchy z lasu przegna.

Gdy się złościsz też się troszczysz
Nawet gdy dostaniesz w kość
Trosko przegoń wszystkie złości
Z troski mi wypadły włoski
Chociaż łysy ale gość.

W oceanie nawet ryba
Troszczy się o wieloryba
Wielorybie duży boski
Połknij mnie wraz ze mną troski.

Troska biedna błądzi marzy
Trosce może się przydarzyć

Nawet Putin choć się złości
Też o Ukrainę troszczy.

Troska teraz w naszym czasie
My troszczymy się o Asię
Mama już długie godziny
Zatroskane robi miny.

Troska teraz troska potem
Asiu lecąc samolotem
Wzbij się w górę z mocą boską
Poleć za nią nasza trosko.

Dobra sprawa żadna łaska
Troszczymy się o Tomaszka
By spokojnie tam i tu
Jechał wolno BMW.

Więc spotkajcie się dwa noski
I połączcie wasze troski
Wnet polecą tam we światy
Troska mamy no i taty
I w Chicago tak niechcąco
W dużą troskę się połączą.

Zazdrość

Zazdrościła babie przędza
Co wyprawia ze mną jędza
Żeby dodać se otuchy
Włożę w ciebie karaluchy.

Tydzień mija baba przędzie
Karaluchy łażą wszędzie
Nawet jej nie przeszkadzają
Wprost przeciwnie pomagają.

Baba przędze wyprzedziła
Na dywan wzory włożyła
Wszystkie karaluchy zżarła
Lecz wcześniej przędza umarła.

Chytry dwa razy traci przędzo moja miła
Dlatego żeś ty babuni wzorków zazdrościła
Zazdrość radości przeczy zazdrościsz a po co
Że sąsiad chodzi na piwko że złodziej kradnie nocą.

Zazdrość to zdrada tak nie wypada
Gdy pies z zazdrości pogryzł sąsiada
Sąsiad mu w zamian policzył kości
Więc psina umarł z wielkiej zazdrości.

Zazdrość na starość zazdrość za młodu
Zazdrościć żony czy samochodu
To nie wypada a czas to goi
Jednemu leży drugiemu stoi
Zazdrość i pycha to idzie w parze
Właśnie skończyłem i z beczki złażę.

Coś o kobietach

Powiedz mi drogi pisarzu wspaniały poeto
Co byś uczynił gdybyś był kobietą
Kobietą różyczką z tęczy nieba wstęgą
Zaczarowany pięknem wszechmocną potężną
Zapatrzoną w dal przestworzy i wodą
Lustrzaną zabarwioną nadzieją w tęczy barwnej zorzy
Co spływa korowodem i w pas barwny łoży.

Jesteś poetą piszesz wiersze u sławy rozkwitu
Myślę że i ty taki hardy umarłbyś z zachwytu
Poruszony szczerością i błyskiem prostoty
Wiedziony instynktem duszy upartej tęsknoty
Pisałbyś więcej i piękniej o wszystkim od nowa

Wspanialsze utwory doskonalsze słowa.

Zaiste moc drogi zakręconej
Świetlistym promykiem snującym się w kniei
Kobieta jest wytworem Boskiej wyobraźni
Przyjaźni miłości rozdwojonej jaźni
Wędrującym w przestrzeni pierwiastkiem powstałym
W fali czasu koronnym rydwanem
Zamkniętym wybujałym Pana stwórcy planem.

Zatem ofiaruj mi cząstkę swej duszy kobieto
Pragnę z tobą tęsknić wędrować przez wieki
Pokaż i pomóż mi wyjaśnić zrozumieć to co czujesz
Z Boską wyobraźnią ty miłość budujesz.

Chcę cząstkę tego co posiadasz obdarz mnie uczuciem
Pragnę tego skrycie
Zaufałem Tobie
    Stanisław
      Marzyciel.

Palenie szkodzi

Zelazna kurtyna w teatrze jak z bajki
Snują się kłęby dymu wypełniają fajki
Bezładne bez składne osowiałe lalki
Zamyślone blade twarze szeleszczące woalki
Obrazy szarobiałe wytargnięte z rymu
Żelaznego Dymu.

Dym powstał z ognia jest brzydki i szary
Ma w sobie moc trucizny wije się bez miary
Obejmuje bezlitośnie powietrze przyrodę
Podepcze panieńską ani przecudną urodę.

Żył krótko Ignacy palacz szara cera siwe włosy
Stracił młodzieniec zdrowie tak przez papierosy.

Ta historia jak każda daje do myślenia
Czy aby są korzyści z papierosów palenia
Że palenie pomaga przestań wierzyć w bajki
Czy w życiu są ważniejsze sprawy od palenia fajki.

Nadęty dymem ojciec nadmuchana matka
Podobali się sobie i spłodzili Władka
Mama kopciła faję tata jej podpalał
A Władzisko w zadymionym brzuchu mamy miechów szalał.

Władzio prosił mamuśka nie pal
Mama palić muszę
Dzidziuś skomlił potwornie
Matuś ja się duszę.

Cicho tam mały brzdącu
Dym ci nie zaszkodzi
Przeciwnie on ci pomoże
Szybciej będziesz chodził.

W życiu różne jak widzisz bywają przypadki
Władek miał rączkę czarną buzię i pośladki
Ojciec króciutko cieszył się urodnym synem
Oskarżył swoją żonę o romans z kuzynem
Nie wytrzymał nerwowo i tak mocno zbiesił
Że się wkrótce na klamce w komórce powiesił.

Do tej pory w tej wiosce wieść okrutna krąży
Jest to przestroga dla kobiet: precz z paleniem w ciąży.

Niech ciebie nałóg ten nie wodzi tak na pokuszenie
Nie truj swojego maleństwa rzuć żono palenie!

Palacz traci najwięcej zdrowie i urodę
Męczy się ciągnąc skręta wrzuca kasę w wodę
Na marlboro na sporty traci spory dochód

Zamiast palić i tracić spraw sobie samochód
Kup dziecku buciki nie wydaj na dym
Bilety kup na samolot i wyjedź na Krym.

Zastanów się teraz to przestroga taka
Możesz złapać po drodze okrutnego raka
Powietrza ci kiedyś zbraknie zęby ci wylecą
A płuc będziesz szukać za dnia ale już ze świecą.

Dym obejmie twe wnętrze będzie krążył składnie
Może i tak się zdarzyć członek ci opadnie
Nie zechce cię żonka bez członka głuptasie
Wyrzeknij się więc nałogu ale zrób to w czasie
Bo stracisz wiele i popłyniesz z falą
Bo cię wcześniej niż myślisz do ziemi zawalą.

Tak więc pomyśl i zrób to wymyśl jakieś czary
Niech tytoniem się w piekle karmi Diabeł stary.

Pali rzuca i cierpi lecz ode mnie wara
Niech zgnije od nałogu kreatura stara
Niech to sadza mu wnętrze rozwala
Niech choruje wyje i wszystko go boli
Wchłonie swój czad i się odpierdoli.

Unia europejska

Praży słońce wiatr powiewa
Rośnie trawa złota dumna
Świat się kręci naokoło
Bez pamięci wszyscy święci.

Każdy stara się jak umie
Lecz czy kiedyś ktoś zrozumie
Po co jest stworzony świat
Ten po prostu z nieba spadł.

Stanisław Pysek Prusiński

Pan Kopernik śledził niebo
Stwierdził świat nasz nie ma końca
W końcu dowiódł całą prawdę
Ziemia krąży wokół słońca.

Dla ówczesnych to był cios
Czekał heretyka stos
Cudem zaś uniknął śmierci
Udowodnił i rozkręcił.

Wytworzyły się godziny
I nauki podwaliny
Ja w tym czasie tam nie byłem
Ja się teraz urodziłem.

W moim czasie był realizm
Coś takiego jak socjalizm
Nowe szkoły mądre dzieci
Wielkie bloki wspólne śmieci.

Była praca i w tej skali
Wszyscy trochę zarabiali
Pan w czerwieni był jak brat
Ciasne buty długi bat
Ale jakoś to bywało
Byłem panem gęby całą.

Żeby znowu chcieć ulepszyć
Trzeba było coś rozpieprzyć
Stało zatem się a juści
Brat czerwony nas opuścił.

Więc powstaje z krytycyzmu
Nowa fala socjalizmu
Nowa prężna zwarta spójna
Europejska nowa unia.

Europie się zawzięli
Więc na pewno się podzieli
Dużą kasę i kredyty
Uwierz w unię będziesz syty.

Kocha Polskę i Rumunię
Więc Inwestuj w naszą unię.

Uwierzyłem w te pomysły
Wziąłem kredyt euroczysty
Zalesiłem moje pole
Odpoczywam i p...

Wykopałem w ziemi staw
Kąpie się w nim modry paw
Pomyślałem lepiej będzie
Gdy dokupię dwa łabędzie.

Jedną krowę i żyrafę
Do chałupy szklaną szafę
Biustonosz do spodni szelki
I szampana dwie butelki.

Więc dzłałalność swą rozwijam
Dadzą euro to przepijam
Odpoczywam mało gadam
Na śniadanko raczki zjadam.

Śledź na stole na obrusku
Żona szprecha po francusku
Dzieci świeże wykąpane
Uczą się zachodnich manier
I z radości chce się wyć
Dobrze to w Europie żyć.

Tak minęły cztery lata
Coś się dzieje co u kata

Azor po niemiecku szczeka
Zrozumiałem co mnie czeka
Doję krowę nie chcą mleka.

Nie chcą Euro kłaść do szafy
Dzieci boją się żyrafy
A dochodu cztery centy
Pożyczam z dziadkowej renty.

Tak wyglądam jak rozbity
Bez dochodu płac kredyty
Do pierwszego ledwo styka
Cóż wlepili komornika.

Stało się tak już skończone
Tracę pole dzieci żonę
Nawet płakać mi nie dali
Do aresztu mnie zabrali.

Bądź ostrożny drogi bracie
Możesz stracić nawet gacie
Tu się nic nie trzyma kupy
Ich reformy są do dupy.

Tak cię dranie wymusztrują
Wnet okradną i oplują
Musisz się przed nimi ustrzec
Z gołym tyłkiem w szklanym lustrze.

Coś mi szepcze ty się przełam
I uciekaj za ocean
Tutaj to już nie masz bycia
Poszukaj nowego życia.

Lecz nie wszyscy tacy podli
Ludzie uciec mi pomogli
I znalazłem tak los chciał

Nową ziemię nowy szał.

Nowa pieśń i nowa nuta
Chodzisz tu w podkutych butach
Śmierdzi gumą leci dym
Choć oddychać nie mam czym.

Wierzę w to że przejdą chmury
Doczekam emerytury
Nie zawadzę wnet nikomu
W maleńkim na Princeton domu.

Nadzieja

Zasłonięta chmurą czasu przesiąknięta dobrocią
Jak test zabłąkana epopeja
Odrasta na nowo wchłania przestrzeń barwną
Jak zorza polarna nadzieja.

Nadzieję mieć możesz gdy tylko zapragniesz
Nadzieja to światłość na miarę
A dobrą nadzieje rozwija się wszędzie
Czy nowe są czasy czy stare.

Nadzieję miej wtedy gdy coś nie wypali
Gdy żona po głowie trzepaczką cię wali
Bo musi spsociłeś kochanie
Przemożesz się bracie i uwierz
W nadziei na pewno na pewno przestanie.

Nadzieja zenitu wysokości sięga
Nie pomstuj gdy ciebie teściu do pługa zaprzęga
Nie psiocz i nie stękaj choć się wokół śmieją
Do wieczora to pole zaorzesz z nadzieją.

Zaufaj nadziei jeszcze przyjdą czasy
Gdy w twoim ogrodzie błysną ananasy

Słuchaj teraz co mówię a nie to wynocha
Trudno jest być pisarzem prezydentem merem
Mam nadzieję że w przyszłości będę milionerem.

Może i mnie biedaka dobre w życiu spotka
Któregoś poranka szóstka w totolotka
Postaraj się z nadzieją dobrze życie przeżyć
By dotrwać do końca musisz w to uwierzyć.

Choć serce wali głośno w kościach mocno strzyka
Nasze życie z nadzieją szybciutko umyka
Więc codziennie raniutko słonecznie czy wieje
Buduj w sobie wspaniałą przyszłości nadzieję.

Prawda to najprawdziwsza i nie do ukrycia
Nadzieja to najprawdziwsza matka wspaniałego życia.

Przy sobocie

Tydzień pracy przy sobocie
Zapomnijmy o robocie
Trzeba zatem poużywać
Rozerwać się poodpoczywać.

Teraz różne są rozrywki
I dancingi i przygrywki
Można sobie zdrowo pochlać
Również i po pysku dostać.

Jak to bywa w karnawale
Do gospody wieczór walę
Do kieszeni cztery dychy
Flaszkę bimbru do zagrychy.

Dwie cebule cztery szproty
Pożegnałem swoje koty
Bluzę w paski założyłem

Wąsa trochę podkręciłem.

Skaczę do swojego Fiata
A po drodze wezmę brata
Kumpla z pracy dwie dziewczynki
Rodowite Ukrainki.

Szwagra Zenka co nie pęka
Gdy go nieraz swędzi ręka
Brata wuja emigranta
Wesołego muzykanta.

Brata Felka z Jasnej Górki
I dwie już dorosłe córki
Dosiadł się i Józek Wyga
Ten na pewno nam się przyda.

Może komuś tam odbije
On go śmigłem w ziemię wbije
Chociaż Cyprian jest nie lepszy
Kto podskoczy też przypieprzy.

   Układamy się na sposób
   W sumie osiemnaście osób.

Na liczniku prawie stówa
Fiat po drodze się posuwa
Włączam klakson dla fason
Wciskam gaz aż do podłogi
Bardzo jestem zachwycony
Sp... wszyscy z drogi.

Wszyscy głośno rozmawiają
Nawet trochę polewają
Mnie częstują więc się sadzę
Poprzestańcie ja prowadzę
Stracę prawko przez głupotę

Będę chodzić na piechotę.

Więc ich trochę uciszyłem
Ale gazu przyłożyłem
Za zakrętem widzą stop
Wyskoczył na drogę chłop.

Och dostanę teraz karę
To niebieski gość z radarem
Jego to się musisz słuchać
Wyjął balon trzeba dmuchać.

Jesteś trzeźwy drogi panie
Mówi głośno sierżant władza
Prawo jazdy jest prawdziwe
Tylko szybkość się nie zgadza.

Cztery punkty ci ujmuję
Zasuwałeś to kosztuje
Nie ma się i o co kłócić
Ze dwie stówki musisz rzucić
Gdyż w przeciwnym razie panie
Spotkamy się na dywanie.

Ja na władzę się nie sadzę
Ja przepraszam oficerze
Ja rozumiem że na służbie
Funkcjonariusz każdy bierze.

To jest sprawa oczywista
Stracę dwieście nie czterysta
Sierżant żegna mnie z czułością
Rękę chwyta mą z radością
Panie Stasiu nie ma sprawy
Gnaj pan nawet do Warszawy
Ja nie jestem pańskim wrogiem
Za dwie stówy jedź pan z Bogiem.

Znowu na liczniku stówka
Po hamulcach jest gajówka
Ogrodzona płotem stajnia
Scena sklepik jadłodajnia.

I muzyka też na chodzie
Dziś majówki też są w modzie
Nie za darmo cóż niestety
Nabywamy więc bilety.

Trza do baru na ciepłego
Kotlecika schabowego
Strzelić lufę dla ryzyka
I może zacząć brykać.

Rozkręciła się ferajna
Rżnie muzyka kameralna
Zapełniona jadłodajnia
Panny w pląsach obertasa
Polka walczyk hopsa sasa.

Niech pan patrzy co pan powie
Wacek tańczy już na głowie
Jego żona tak się wściekła
Że do lasu gdzieś uciekła.

Już jej od godziny ni ma
Wróci może być zadyma
Nie wiadomo o co poszło
Antek wymachuje kosą.

Będzie draka rady nie ma
Zenek już sztachetę trzyma
Stop muzyka szum na sali
Wszyscy nagle oniemiali.

Na polankę wkracza Hania
Buzia śliczna roześmiana
Cała roznegliżowana
Za nią niczym ślicznie łanie
Rozebrane cztery panie.

Zaczynają się popisy
No bo modne dziś striptizy
Wygibasy wyginasy
Nic dziwnego takie czasy.

Towarzystwo rozbawione
Starsze babki są zgorszone
Kto to słyszał nago tańczyć
Jazda do domu wnuki niańczyć.

Czas dziś nowy postępowy
Idźcie do domu doić krowy
Po wieczerzy do pacierzy
Tyle to wam się należy.

Cóż podchodzi do mnie taka
Patrzy na mnie na robaka
Zgrabna w tali chude uda
Oniemiałem same cuda
Pięknie tańcząc schyla główkę
Wcisłem jej za majtki stówkę
Wycofałem się pomału
Żeby nie dostać zawału
Ratuj duszę szkoda gadać
To nie dla mnie muszę spadać.

I uciekłem po kryjomu
Nic nie mówiąc buch do fiata
Nie dogonią mnie u kata
Wybij ze łba te głupoty
Jutro rano do roboty.

Ksero

To chyba pomyłka być może utopia
Oryginał zaginął pozostała kopia
A to co się stało może kiedyś w baśni
Bo w naszej teraźniejszości trudno to wyjaśnić.

Ponieważ to przypadek i z moim udziałem
Łatwiej jest żyć na ziemi i być oryginałem
Właśnie o tym opowie ta przypowieść cała
Cieszę się że chociaż ma kopia została.

Czas to był powojenny na wsiach w miastach nędza
Oryginał się urodził wyrośnie na księdza
Bystry zgrabny powabny choć już nie pamięta
Dorobimy się może w kraju extra prezydenta.

Podobny był do ojca jak patrzeć to ulał
Sam się do kościoła na swój chrzest przyturlał
Uczyłem się nieźle dosięgła mnie łaska
Ukończyłem szkoły wyświęcili Staśka
Że byłem roztropny nie byłem przygłupem
Wysłali mnie za granicę zrobili biskupem.

I byłoby wspaniale moja dolo droga
Gdyby mnie się przypadkowo nie podwinęła noga
Wieczorem błysnęło zagrzmiało prawda
To nie fraszka ktoś ukradł oryginał podmienili Staśka.

Może kiedyś zgrzeszyłem przebrała się miarka
Na wielkiej sali stała ogromna kopiarka
Była taka potężna w głowie się nie mieści
Mogła na raz skserować osób sto czterdzieści.

Wszyscy patrzą nerwowo na swoje zegarki
Kogo wrzucą pierwszego do owej kopiarki

Stanisław Pysek Prusiński

A że ja byłem ze wszystkich tak najodważniejszy
Obejrzałem się za siebie i wskoczyłem pierwszy.

Kopiarka była zepsuta pałeru zabrakło
Tusz ktoś buchnął z obsługi zgasło wszędzie światło
W komputerze kopiarki panele wysiadły
Zniknęły ścieżki mnie szczury dopadły
I kable elektryczne na głowę mi spadły.

Rozbłysnęło coś podobnego jak noc świętojańska
Przestrzeń pioruny rozdarły i wrota otworzyły
Z wielkiej siły mnie precz wyrzuciły.

Popatrzcie co zrobiło ksero
 Łysy na zero dwie lewe nogi
 Krzywe kolana nos jak z banana
 W mózgu bałagan głowa jak sagan
 Paznokcie u nóg na cztery metry
 Na chudym tyłku metrowe getry
 Trochę z nosa kurzyło
 Członka też mi chyba pokręciło
 Zostało ze mnie niewiele złomu
 Więc wycharczałem wracam do domu.

Tak zrozumiałem ty łysa pało
Byłeś wspaniały ksera się chciało
Więc tak popadłeś w taką aferę
Zły był oryginał lepiej ci z kserem.

Długo o zmianę Boga prosiłem
Więc Bóg wysłuchał ja się zmieniłem
Na normalnego obywatela
Co nie udaje a zapierdziela
Nie boję żadnej więc się roboty
Pracuję nawet w wolne soboty.

Bądź oryginalny drogi hetero

Bo cię skserują ale na zero
Nie chcę być kserem lecz oryginałem
Brzydzę się braw oklasków wiwatów
Jestem zwyczajnym Stasiulkiem z Gnatów.

Kończąc ostatnią stronę niebieską
Chcę być na zawsze z moją Tereską
Z ze sił wszystkich i sercem całem
Żyć w naszym domku z jej oryginałem.

Machloja

To prawda nieprawda wijąca się zwoja
Trudno określić słowo co to jest machloja
Nieswojo przebywać na co dzień z machloją
A jednak machlojki się dwoją i troją.

To określenie nie proste więc trudno go złamać
Można po prostu zmachlować okraść czy okłamać
Oszukać pobić ot tak od niechcenia
Za machlojką można trafić również do więzienia.

Machlują więc wszyscy sędzia babcia wiosna
Zieleń kwiaty grzyb stary połamana brzoza
Czynność tę wykonujesz pijąc mleko kozie
Gdy ci buty ukradną i marzniesz na mrozie.

Kombinacje przekręty że broń Boże święty
Zmachlowany budżet senat urząd prezydencki
Prokurator generalny dotąd bez nagany
W bardzo krótkim okresie został zmachlowany.

Babunia nie wytrzymała zmachlowała wnuczka
Dokuczał jej bardzo no więc mój kochany
Sypnęła mu do mleka odrobinę maku
Pośpisz troszeczkę dłużej kochany.

Mogę teraz odsapnąć muszę podlać tuję
W międzyczasie być może sąsiadkę zmachluję
Tatuś zmachlował kasę chlał bez umiaru
Całą wypłatę w sobotę przekazał do baru
Nastała martwa cisza śpi dobrze się czuje
Ale gdy wytrzeźwieje mama go zmachluje.

Przykro nawet wspominać o tym drogi panie
Machlojki są na czasie nawet w złotym stanie
Opamiętajcie się drodzy Pan Bóg z góry woła
Robicie w konia wiernych to jest też machloja.

Nigdy w to nie uwierzę bo gdy na urzędzie
Sekretareczka śliczna na kolana siędzie
I w godzinach pracy taki to konowal
Nie będzie się po troszku z pięknisią machlował.

Więc na całym świecie machlojki są w modzie
Machlującego dobrze bieda nie ubodzie
Machlujący pan bogaty na wszystko go stać
Więc machlujmy z umiarem nie trzeba się bać.

Machlujcie więc z roztropnością to przypowieść stara
Gdy się podzielisz łupem nie spotka cię kara
Prawda to najprawdziwsza powiem gdy się skupię
Złodzieje i machlujący mają wszystkich w d...

Samotnik

Historia jak z bajki lecz z moim udziałem
Opisuje tu prawdę ja wszystko widziałem
Słyszałem i czułem i wierzę że nadal
Będę kiedyś może co widziałem wnukom opowiadał.

Ta opowieść przypadkiem trafiła na pióro
Jadąc na skansen w New Jersey swoją nową furą
Z autostrady skróciłem do skansenu drogę

Znalazłem się na uboczu i trafić nie mogę.

Dwie godziny klucząc oblewam się potem
Zawróciłem więc z drogi chcę wrócić z powrotem
Słońce świeci przez konary robi jakieś dziwne czary
Wiatr powiewa drzewa szumią liść szeleści pod kołami
Słyszę nagle gdzieś w oddali zwierzę kopytkami wali
A więc jadę swoją furą zatrzymałem się pod górą
Naokoło sama zieleń a na drodze wyrósł jeleń.

Co u diaska jeleń żywy
Tak nie sztuczny ten prawdziwy
Do lękliwych nie należę
Skąd się wzięło takie zwierzę.

Trąbię on nie schodzi z drogi
Myślę jakaś twarda sztuka
No być może chce mnie wkurzyć
Nie chce zejść zaczepki szuka
Ciągle trąbię czekam chwilkę
Nie ucieka stoi twardo
Zaraz umkniesz bestio myślę
Jak postraszę cię petardą.

Dwie minuty się trudziłem
Dwie petardy odpaliłem
Mnie okrutna złość objęła
Bestia stoi ani drgnęła
Patrzy dziwnie dalej stoi
Nawet huku się nie boi
Pal cię licho próżna rozpacz
Nie przejadę muszę zostać.

Jakieś czary nie do wiary.

Zerkam w prawo a na lewo widzę połamane drzewo
Jakaś chatka w dali stoi wyobraźnię mą przenika

To nie bajka to na pewno chatka w lesie pustelnika
Tak to prawda na rozstaju gdzie się niebo z ziemią styka.

Gdzie się wije mały strumień w wielkim gąszczu paprotników
Pewnie mieszka tu od wieków jeden z dziwnych pustelników
Myślisz sobie że to bajka to się bardzo mylisz brachu
Do odważnych nie należę ale nie boję się strachów.

To nie chata czarownicy
Tutaj dzieci wilk nie zjada
Tu nie straszy więc się nie bój
Dobrze zacznę opowiadać.

Więc otwieram bramkę cicho
Idę ścieżką do drzwi pukam
Nagle głos gdzieś się odzywa
      Czego chcesz i czego szukasz?

Odwróciłem się na pięcie
Oniemiałem proszę pana
Na trzy metry może więcej
Luta we mnie wcelowana.

A zza drzewa głos przyjemnie
Proszę połóż się na ziemię
Żadnych ruchów proszę pana
Niech pan wyjmie tego gana
I odrzuci go za siebie
Bo inaczej w tym momencie
Możesz się znaleźć w niebie.

Po angielsku zrozumiałem
Ba bo wyjścia też nie miałem
Gdy się ruszę to już czuje
Że mnie kulą poczęstuje.

Zginąć głupio w obcym lesie.

Więc zrobiłem co mi kazał
Drzwi do chaty mi pokazał
Proszę usiąść na dywanie
Pogadamy sobie panie.

No nie gomora sodomu
Twarz wydaje się znajoma
Myślę sobie o raju
On jest z Polski z mego kraju
Ciekawość we mnie wierci
Teraz spytać czy po śmierci
Przełamałem lęk i spiąłem
I po polsku wygarnąłem.

    Przecież Janek znam cię brachu
    Aleś mi napędził strachu
    Co tu robisz jak ty żyjesz
    Ty kolegi nie zabijesz.

Też mnie poznał Boże drogi
Aż mu się ugięły nogi
Opuściła go pedagra
Rzucił strzelbę wita szwagra
Szwagra z siostrą kręcącego
Z Polski szwagra niedoszłego
Duża radość dużo słońca
Opowieści jest bez końca.

Wyjaśniają różne sprawy
Pewnie słuchacz jest ciekawy
Jak wygląda chatka w lesie
Co nam jutro dziś przyniesie
Jak wygląda Janka życie
Będzie dalej w tym zeszycie?

Dawno temu tak przed laty

Stanisław Pysek Prusiński

Jan pożegnał swą rodzinę
Szukać szczęścia gdzieś w odległych
Wielkich Stanach niepodległych.

Dla emigranta jest praca ważna
Lecz Ameryka nie tak przyjazna
Trzeba na nowo wszystko budować
Mało zarabiać dużo pracować.
Za jakąś pracą patrzy codziennie
Los mu dopisał znalazł schronienie
Był wtedy mocny rześki i zdrowy
Zaczął w warsztacie naprawia samochody.

Był mechanikiem dobrym więc sądzę
Ciężko pracował zbierał pieniądze
Na konto wpłacał sprawa skończona
Cóż jak masz więcej kusi mamona.

Jak więc pomnożyć pieniądze z kąta
Ciągle mu głowę myśl ta zaprząta
W końcu się zerwał na pomysł taki
Ja oszczędności na staki włożę
Może dolary sobie rozmnożę.

Tak też się stało włożył na staki
Efekt był taki wygrał miliony
Cieszył się bardzo kilka miesięcy
Lecz złe go kusi chce więcej pieniędzy.

Kupił samochód dom wszystkie meble
Ubrany syty zadowolony
Pomyślał sobie zaryzykuję
Wejdę na giełdę wygram miliony.

Cóż los odwrócił się na złą stronę
Przegrał wygrane i zarobione
Staki upadły dolary zjadły

Został mu domek dwa samochody
A w foteliku facet nie młody.

    Jestem samotny tu w tym rejonie
    Kocham muzykę na akordeonie
    Często wycinam polki i walce
    Na politykę patrzę przez palce.

    Jestem bez żony rodzeństwa dzieci
    Lecz się nie skarżę jakoś to leci
    W myślach przewija się moja ojczyzna
    Nie zapomniałem została blizna.

Z tej to powieści jest morał taki
Znikły dolary zostały staki
Bo to nieswojo jest i nieładnie
Gdy twoje konto ktoś ci okradnie.

I w to co wierzysz ci się nie spełni
I tylko żalem serce wypełni
Moją krwawicę ukradłeś staku
Ale w tej kwestii nic nie poradzi
Może go kiedyś krzywda rozsadzi.

Cham

Po co ja się gdzieś tam pcham
Skoro jestem taki cham
Uśmiech głupi wręcz szatański
Chodzę niczym pies bezpański
Mówię że źle skończę wam
Bo ja jestem prosty cham.

Mieszkam w małym pegeerze
Nie pracuje tylko leżę
Zapomogę z gminy mam
Na flaszeczkę składką dam.

Rżnę przygłupa palę fajki
Kapelusik mam jak z bajki
Komuś tam na nerwach gram
Co ma robić prosty cham.

Do roboty się nie garnę
Bo co i za pieniądze marne
W konia robić się nie dam
Ja nie robol jam jest Pan.

Jestem głupi i uparty
Co ukradnę przegram w karty
Zawsze farta w życiu mam
Prościej mówiąc ja je znam.

Dzwoni do mnie wujek Leon
Ktoś mu buchnął akordeon
Piękny obraz wyrwał z ramy
Sprzątnął biżuterię mamy
I dolary znikły z szafy
Mówię mu odpowiedź krótka
Że to sprawa krasnoludka
Ja tej nocy smacznie spałem
I niczego nie widziałem.

Cóż w tej sprawie nic nie zrobię
Może ukradł wujek sobie
Mogę jednak iść na układ
I odszukać kto to ukradł.

Dobrze wiem że wujek Leon
Bardzo kochał akordeon
I czasami kiedy chciał
Piękne polki na nim grał.

Słuchaj rzekłem wujek Leon

Wiersze pierwsze

Ja znalazłem akordeon
Tam przy barze gdzieś przy scenie
Sprzedam ci po niższej cenie
Przyjedź i zobacz oceń sam
Myślę sobie chytry cham.

By nie poznał wujek Leon
Że to jego akordeon
Więc szybciutko tak jak chciałem
Sprayem go pomalowałem.

Wszedł zobaczył że ja gram
Krzyknął głośno już cię mam
I zanucił mi piosenkę
Podbił oko złamał szczękę
Wskoczył mi też na ambicję
I zadzwonił na policję
Teraz w celi siedzę sam
I z klawiszem w kulki gram.

Dziś rozprawa jest na sali
Dwa lata w zawiasach dali
Wracam znów do Pegeeru
Ostrzyżony już na zero
Mały złodziej zakopiański
Ten więzienny cham bezpański.

Żreć nic nie ma znowu nędza
Mam pomysła udam księdza
I tak pochodzę po kolędzie
Kupić flaszkę za co będzie.

Dla mnie pomysł był niebiański
Bardzo głupi prosty chamski
I zrobiłem to nawiasem
Głoszę prawdę kładą kasę
Głaszczę dziecko po czuprynie

Czasem coś z kredensu zginie
Różnych rzeczy w torbie mam
Prosty ale zmyślny cham.

Tak chodziłem trzy tygodnie
W tej sutannie niewygodnej
Nauczałem tak słuchali
Lecz się w końcu skapowali
Że ja księdza rolę gram
Żem nie pasterz tylko cham.

Tego to nie przewidziałem
Goły przed wsi trybunałem
Sołtys biczem w skórę prał
Krew tryskała pot się lał
Sołtys wsiowe prawo znał
Chrześcijanin to mnie lał.

Omdlatego ludzie wściekli
Na pagórek wnet zawlekli
I gwoździami mnie przybili
I na drzewie powiesili.

Serce mi do gardła skacze
Zawiniłem to przebaczę
Już nie proszę ale charczę
Przebaczenie wszystkim dam
Nie wytrzymał i umarł cham.

Zakończyła się ma księga
Chamskie życie i udręka
Jest przestroga gdyś jest w nędzy
Proszę nie udawać księży.

Możesz skończyć żywot chamski
W sposób często chrześcijański
Na tabliczce napis mam

Leży tu bezbożny cham
Gnije tu bezpański dziad
Został księdzem w końcu wpadł.

Narzekanie

Samo słowo narzekanie
To pojęcie względne Panie
Słowo trudne do odkrycia
Myślę że się wzięło z życia.

To pytanie nas zadręcza
Mnóstwo myśli nam nastręcza
Coś co męczy czasem nudzi
Narzekaniem się utrudzisz
To choroba niewidzialna
Czasem też nieodwracalna.

Narzekaniem się nie zbawisz
Bytu swego nie poprawisz
Narzekanie ból ci zada
Przestań stękać dobra rada.

Jeśli badać narzekanie
To jest rzeka wartko rwąca
Zaufanie się wytrąca
Uczuć mnóstwo się zatraca
I odchodzi i powraca
Jakaś dziwna krucha praca
Syzyfowa niepotrzebna
Krótko mówiąc raczej zbędna.

Co do światła i ciemności
Co rozterki i miłości
Co do wiatru deszczu słońca
Narzekanie nie ma końca
To jest prawo tego świata

Co się z naszym życiem splata.

Chcesz więc zniszczyć narzekanie
Moja pani i mój panie
Rad usłuchaj moich prostych
I zobaczysz co się stanie.

   Zdradzonego męża
Gdy ci sąsiad uwiódł żonę
Nie narzekaj że skończone
Kup dwie flaszki idź do niego
I w przyjaznej atmosferze
Wlej mu wódkę sobie wodę
Idź z nim potem na ugodę
Do widzenia i idź spać
Rano coś się będzie dziać.

Wczesnym rankiem prawie z rosą
Do kliniki gościa niosą
Od gorzały uszła dusza
Leży wcale się nie rusza
Dobrze nie masz już rywala
Nic mu życia nie powróci
Nie narzekaj żona wróci.

   Dla posiadacza wysokiego konta w banku
Gdy masz w banku dużą sumę
Siedź spokojnie kup więc gumę
Nie denerwuj się kolego
Bo to głupio po niedzieli
W poniedziałek wziąłeś wydruk
Trochę konta nadszarpnęli
Nie narzekaj że masz mało
Ciesz się że ci coś zostało.

   Dla chłopa na roli
Ciężko ciężko jest na roli

Kości trzeszczą głowa boli
Nie masz czasu się ogolić
Do kościoła iść w niedzielę
Zbrakło mąki młyn nie miele.

Krowa padła na podwórku
Miedzę w nocy zaorali
Za kartofle oskubali
Unia podniosła procenty
Dziadkowie nie dają renty
Trzymaj fason unieś główkę
Leć beztrosko na majówkę.

Podkręć wąsa popuść pasa
Zakręć z żoną obertasa
Gdy beztrosko tak pohasasz
To uciekną wszelkie smutki
Proszę tylko nie pij wódki.

Nie narzekaj na rodzinę
Schowaj z żoną pod pierzynę
Niech więc miłość wam urasta
Bujajcie się chamy z miasta
Słuchaj wróżki swej Agaty
Będziesz zdrowy i bogaty.

    Rada dla złodzieja
Czyś jest miejski czy też wiejski
Certyfikat masz złodziejski
Gdy ukradłeś we wsi krowę
Podziel mięso na połowę
Ważny jest ten właśnie przydział
Temu połowę kto to widział.

Nie narzekaj na ambicję
Szybko zadzwoń na policję
Pan komendant będzie wiedział

Kto za krowę będziesz siedział
Bo sąsiada dziś zawieźli
Mięsiwo u niego znaleźli
Więc nie przejmuj bądź radosny
Co tu w kiciu cztery wiosny.

   Dla leniwego
Kiedy leniu siedzisz w cieniu
Ciągle myśląc o jedzeniu
Pracą hańbić się nie będziesz
A z lenistwa ciężko wstać
Kości bolą w brzuchu burczy
Nie narzekaj słuchaj waść.

Podnieś z trudem leniu dupkę
Z głodu zrób maleńką kupkę
Zakryj liśćmi podlej z wiosną
Może owoce wyrosną.

   Porady od księdza
Na wsi krucho w mieście nędza
Udał żebrak się do księdza
Czekał długo nie przeszkadzał
Ksiądz młodą dziewczynę spowiadał.

Ucałował go w rączęta
Pewnie to ksiądz i pamięta
Jestem Felek z Malinówki
Ksiądz pamięta dwie jałówki
Kiedyś gospodarzem byłem
Na parafię przeznaczyłem
Te jałówki tłuste były
I na księdza stół trafiły.

Po spowiedzi za pokutę
Za to że jestem bankrutem
Bo to była moja wina

Ucierpiała i rodzina
Trzy tygodnie muszę pościć
Ani chleba wody kości
Nie narzekaj że ci źle
Ksiądz i Bóg zrozumie cię.

Trzy tygodnie biedak czekał
Pościł płakał nie narzekał
Tak po prostu bez powodu
Wyszedł nogami do przodu
Teraz leży dumnie w trumnie
Nie narzeka bo nie umie.

   Zdradzony bocian
Wyszła żaba za bociana
Wyniosłego jak pawiana
I nie byłoby afery
Myśli żaba z wyższej sfery
Nastał bowiem problem taki
Bocianiaki czy żabiaki.

Matka żabia głośno gada
Obciąć jajka zniszczyć gada
Znalcziono więc zwierzaka
Który ma mu odgryźć ptaka
Więc gdy bocian ten przechodził
Zwierzak torbę mu uszkodził.

Bocian trochę ponarzekał
Szybko rozwód i nie czekał
Od tej pory łyka żaby
Choć niepłodny nie chce baby
Czasem głośno krzyczy w złości
Z braku jajek bez miłości.

A więc bocian trochę frajer
Skończy jak stary kawaler.

Więzień
Głupia sprawa zła robota
I to wszystko z winy kota
Lat dwanaście do odsiadki
Skarży więzień się do matki.

Biedny więzień myśli sobie
Co ja w tym pudełku robię
Okradałem jubilera
Bogatego milionera
Prosta była to robota
Wpadłem bo zdeptałem kota.

I nie uszło mi na sucho
Skoczył na mnie odgryzł ucho
I nie czułem się ciekawie
Ucho dowód na rozprawie.

Lecz nie martwię się nie zżymam
Żarcie darme to wytrzymam
To przestroga dla złodziei
I robota się nie klei
Nie zaczynaj kraść w soboty
Gdy w pobliżu łażą koty.

Kasa

W Donbasie przy kasie na wielkim tarasie
Potężna się kasa przelewa
Przepuszcza się kasa od sasa do lasa
Masz forsę się głupot zachciewa.

Uparta od czarta mamona zażarta
W psychikę ugodzi klienta
Złotówki i franki dolary i bańki
Mafijne pożyczki na skręta.

Pożyczam oddaję przejadam przepijam
W hotelach swój tyłek obijam
Pogadam zadzwonię i do drzwi zapukam
I ludzi kolejnych oszukam.

Nauka i sztuka co prawdy wciąż szuka
Do serc skołatanych niech stuka
Ta zboczu na tory wprowadzę w maliny
Rozbija przyszłości witryny.

Na ogół jest ładnie na pokaz dokładnie
A w środku zaraza panuje
Co stwarza robotnik uczony samotnik
Zła moc to z rozmysłem popsuje.

Krawaty na raty samochód na spłaty
Żywności wegetariańskie
Hemistry tornistry i banki szwajcarskie
Nie tykaj więc tego co pańskie.

Mamona rządzona przez ludzi demona
Codzienną nam radość odbiera
Straciłem mieszkanie przez franka kochanie
Co począć a niech to cholera.

Zmyślone głupoty przedziwne roboty
To płytka szatańska tonacja
Złapali za rogi chcą wciągnąć ubogich
To nowa płynąca donacja.

Na filmach pokraka karabin u pasa zabija
Tragedią się tucz nienawiść rozwija
To czego się dziecko nauczy.

Jest brudno i ciemno psychika do zera
Nienawiść i trwoga mnie zżera

Zabijam więc siebie na własnym pogrzebie
Ma miłość na zawsze umiera.

Szatańska to władza od wewnątrz rozsadza
Zagubił się pasterz i owce
Gdy rządzi mamona i dymna zasłona
Świat skręca na złe na manowce.

Zgłupiałe fantazje przeróżne okazje
Na świat cień czarno-siny się kładzie
Atomy rakiety jądrowe krokiety
Świat zmierza ku wielkiej zagładzie.

Miasteczka i pola zajęła ebola
A ta się o wszystko pokusi
Popędzi miliony wszystkie świata strony
Każdego żywego udusi.

Brat z siostrą się skłóci rodzinę rozbije
I pole się stanie niczyje
Zło urok nam rzuci i Bóg się odwróci
Planeta się nasza przewróci.

Po sześćdziesiątce

Co robić po sześćdziesiątce czy żyć jak w powieści
Do stówy brakuje lat tylko czterdzieści
Dzieci podorastają i wnuki podrosły
Na dworze śnieżna zima daleko do wiosny.

Siedząc rozpamiętuję te lata minione
Gdy miałem wszystkie włosy jak poznałem żonę
Co nieraz przeoczyłem i często spieprzyłem
Czy w tym życiu radości często doświadczyłem.

Nieładzie nie składzie wszystkie myśli chwytam
Co robić jak żyć dalej samego siebie pytam?

I żadnej odpowiedzi pytania zadaję
Jakoś co przeminęło inne się wydaje.

Myślę że na tym świecie ja dużo nie znaczę
Gdybym się wcześniej urodził byłoby inaczej
Gdy pomyślę co przeszłem lęk do gardła skacze.

Różne są wersje życia w każdej chwili
Życie może zgasnąć tak nagle bądźmy sobie mili
Co będzie za godzinę za miesiąc nie wiemy
Podziękujmy siłom wyższym że teraz żyjemy.

Wyszczególniając z teraźniejszego życia różne losu wątki
Jedni się dorobili zrobili majątki
Zarobili fortuny i z pomocą Boską
Żyją ponad stan bez miary głupio i beztrosko.

I cóż z tego kolego tam się musisz zjawić
I swoje bogactwo na ziemi po prostu zostawić
Dostaniesz więc garniturek krawat i skarpety
Podmalują buziaka trzeba iść niestety
Zostawiwszy rodzinę matkę ojca żonę
Gdzieś w dal siną bezgraniczną tylko w którą stronę.

Cztery deski dostaniesz podgłówek brachu
Będziesz leżał i milczał nie ruszysz się Stachu
Doczekasz zmartwychwstania pójdziesz na sąd wieczny
Pan Bóg daje gwarancje tam będziesz bezpieczny.

Sami sobie wybieramy pretensji nie rośćmy
Wiadomo że na tym globie my jesteśmy gośćmi
Jedno życie przemija drugie się odradza
Codzienne troski i sprawy Pan Bóg nam osładza
Żyjmy jak jedna rodzina biedzie się nie dajmy
Żeby osiągnąć niebo Pana Boga chwalmy.

Straty wspomnienia

Różne są w życiu chwile dramaty upadki
Zostałem całkowitym sierotą straciłem dwóch ojców dwie matki
I brata Franciszka w zeszłym roku w maju
Zakończyli pielgrzymkę ziemską odeszli do raju.

Jestem smutny rozbity nic mi się nie klei
W jaki sposób odeszli piszę po kolei
Mój ojciec Aleksander od niego zaczynam
Gdy go ból chwycił w piersi dwa tygodnie trzymał
Umarł z twarzą pogodną i pełną miłości
Odszedł w dal niezbadaną gdzieś tam do wieczności.

Matka moja Janina co nas wychowała
Troszcząc się o rodzinę ciężko pracowała
Gdy to sobie przypomnę łzy cisną się same
W 2006 roku straciłem i mamę.

Teraz gdy z perspektywy czasu patrzę hen przed siebie
Nie dane mi było być nawet na matki pogrzebie
Ten fakt to był dla mnie w samo serce cios
I jak to się stało dlaczego to jest taki los.

W moich wspomnieniach i myślach zawsze mama żywa
Zatroskana o dzieci jak błękitne światło
Żeby niczego jej dzieciom nigdy nie zabrakło.

Minęło lat kilka niewiele bez mała
Mała Babcia Brońcia druga matka też zachorowała
Tak straszna choroba w trzy miesiące zżarła
I stało się najgorsze niestety umarła.

Zawsze taka pogodna jak deszczowa tęcza
Rozumiała świat cały męża córkę syna zięcia
Czasem nuciła pieśni gdy robiła przędzę
Wymodliła u Boga wnuczek został księdzem.

W niedzielę wczesnym rankiem do kościoła zwija
Włącza radio i słucha mszy z Radio Maryja
Jej córka Tereska moja żona droga
Zesłana mi do życia przez samego Boga
Ona sercem całym gdy zachorowała
Matczyskiem do końca się opiekowała.

Odeszła do wieczności została rodzina
Osierociła męża córkę wnuczki syna
I nagłe zdarzenie cios niespodziewany
Zakończył ziemską wędrówkę ojciec teść mój lubiany
Umarł niespodziewanie szybko krótko się nie dawał
Tchu mu zabrakło i umarł na zawał.

To nie do wiary co zaszło to jakby utopia
Myślę że tu na ziemi Antoniego kopia
Że choć odszedł biedaczek tam gdzieś do przestrzeni
W naszych wspomnieniach żyje w czasowej przestrzeni.

Zniknięcie

Pędzi autobus drogą szeroką
Mijamy góry lasy i pola
Pasażerowie są uśmiechnięci
W głębi ktoś nuci coś z rokenrola.

Cały rok praca bo ciężkie czasy
Odłożyliśmy trochę na wczasy
Ładna pogoda do góry noski
Czas wypoczywać porzucić troski.

Więc rozmawiamy z żoną od rana
Jak będzie fajnie w stanie Indiana
Mamy odwiedzić miasto Chicago
W programie Meksyk i Kolorado.

Stanisław Pysek Prusiński

To co się stało w pewnym momencie
Przekracza wszelkie ludzkie pojęcie
Jak osłupiałem mowę mi odjęło
Nie ma Tereski ona zniknęła.

Jak to się stało nie wierzę oczom
Strach mnie obleciał czoło się poci
Pytam sąsiadki gdzie moja żona
Ona spojrzała na mnie zdziwiona.

Ja tu siedziałam nie pańska żona
Nagle podrywam z fotela nogi
I do kierowcy krzyczę w pół drogi
Stop terroryści są w autobusie
Mojej Tereski nie ma w tym busie
Co teraz pocznę diabli nadali
Moją kochaną żonę porwali.

Kierowca zląkł się ba wyjścia nie miał
W polu autobus nagle zatrzymał
Przyjął obronną ku mnie pozycję
Przez radio message śle na policję.

Może minęły cztery minuty
Jest i policja zostałem skuty
Tak byłem wściekły Boże kochany
Gdy zakładali mi te kajdany.

Tłumaczę szeryfie nie ma bajeru
Proszę otworzyć spis pasażerów
To jest ten bilet to bilet żony
To jest jej zdjęcie szepczę wkurzony.

Wokoło wszyscy zszokowani
Jakim sposobem zniknęła Pani
Wszędzie szukają i w bagażniku
I na siedzeniach i przy silniku.

Psy do tropienia migiem przywieźli
Szukają wszędzie cóż nie znaleźli
Rozgoryczony zwiesiłem głowę
Nagle straciłem mej duszy połowę
Siedząc w rozpaczy się obwiniałem
To ja Tereski nie upilnowałem.

Myślałem sobie że choć jest krucho
Gdy mnie rozkują odnajdę UFO
Może porwali ją dla okupu
Już widzę pole zesłanych trupów.

W tej strasznej męce tak do Indiana
Dojechaliśmy rozkuli pana
Szeryf przeprasza prawie mnie dobił
Żebyś pan sobie krzywdy nie zrobił
On to rozumie że ktoś szalony
Może coś zrobić po stracie żony.

Może się znajdzie ale po fakcie
Dał mi telefon bądź pan w kontakcie
I gdy się tylko czegoś dowiemy
To w mig się z Panem skontaktujemy.

Tak nie mam wyjścia dolo kochana
Wszedłem do sklepu kupiłem gana
Samych naboi ze cztery skrzynki
Myślę przydadzą się bo gdy trafię
Muszę wystrzelać tę całą mafię
Osiem granatów mocną bojową
Pancerną bluzę przeciw kulową.

Tak uzbrojony mój drogi panie
Ruszam na miasto w poszukiwanie
Błądzę i pytam ktoś widział żonę
Idę raz w jedną raz w drugą stronę

Zdjęcie Tereski trzymam kurczowo
Nikt jej nie widział i kręci głową.

W mej głowie błądzi myśli tak wiele
Gdy jej nie znajdę to się zastrzelę
W myślach przewija się i mogiła
Może Tereskę mafia zabiła
I już nie żyje o święty Boże
Muszę ją znaleźć Bóg mi pomoże.

Los i tym razem był mi łaskawy
Tak potoczyły się dalsze sprawy
Wchodząc na peron w wielkim pośpiechu
Nagle mi zbrakło całkiem oddechu.

Boże ja widzę to moja żona
Stoi naprzeciw jakby zdziwiona
Obudź się droga tyś moja żona
Ja ciebie szukam długie godziny
Dlaczego znikłaś gdzie są przyczyny.

Sprawa zniknięcia niewyjaśniona
Grunt odnalazła się moja żona
Moja kochana droga wyśniona.

Już nie dochodzę jak to się stało
Widzę ją piękną zdrową i całą
Dużo nie mówić jasno wynika
Jak dla mnie ważna kocica dzika.

Pomysł na życie

Ziemio piękna bryło wzniosła
Prawdziwa rzetelna prosta
Zamyślona tak stworzona
Objawiając różne dziwy
Podtrzymujesz świat prawdziwy.

Stwarzasz pasję i zasady
Że rozumiem nie da rady
By zrozumieć pojąć wszystko
Skąd się biorą oceany
Nawy sprawy i okręty
Gdzieś w przestworzach na bezdrożach
Rządzi prawy ktoś tak święty.

Kto ustalił ten porządek
Miłość równość i rozsądek
     Pan Bóg Święty.

Czy w Egipcie czy w Etiopii
Dawniej było trochę prościej
Tam nad Nilem stały chaty
Człek ubogi inne szaty
Różne bitwy prowadzili
I wesoło sobie żyli.

Rozwija się cywilizacja
Czasy szybko się zmieniają
Wynalazki przybywają
I koleje w mig powstają.

Powstają różne gwary
Świat się zmienia znika stary
Nowi ludzie i obrządki
Nowe prawa i porządki.

Pan Bóg zastąpił Zeusa
Węgiel maszyny porusza
Woda w kranie miechy w szopie
Światło w mieście masz nareszcie
Prezydenci pretendenci
Przepychanki fenaberie
Używamy samolotów

I latamy gdzieś nad prerie.

Pokonany i zwycięzca
Orze pole Pan za Bugiem
Chłop jest pierwszy
Koń za pługiem.

W miastach mamy domy szklane
Panny żywe i rumiane
I hotele są dla gości
A także domy starości
I reformy i elekcję
Tabletki na antykoncepcję.

Zjesz pigułkę i nie zdąży
Plemnik twój dogonić ciąży
Tak szpitale wielkie mola
Pojawiła się ebola
Więc uważaj na wirusa
Bo się możesz przestać ruszać
I beztrosko łykać wódkę
Szanuj zdrowie życie krótkie.

Rada dobra nie wypada
Nie posłuchasz wezmą dziada
Spalą w piecu i do urny
I przestałeś stroić fochy
                    Tylko prochy.

Automaty komputery
Samochody bardzo modne
Chemia ziemia śliczne panny
Złote wanny i fontanny
I mównice i ulice
Wszystko drogie okolice
W lutym w marcu czy też w maju
Wszyscy jedną nutę grają

Groza w kinie a gdzieś w gąszczu
Siedzi pająk na chrabąszczu
I go przędzą w głowę dziobie
Więc uważaj bo po tobie.

Co dotyczy Władysława
To jest już odmienna sprawa
Pan Władysław w internecie
Szukać sobie żony zaczął
Był bogaty i uczony
Miał już kilka narzeczonych
Ale zawsze interesy
Przeszkadzały mu się żenić
Postanowił dnia pięknego
Swoje życie całkiem zmienić.

Każde wolne chwile
Spędza więc przy komputerze
Gdzie ta strona gdzie ta żona
Czasem nawet złość go bierze
Tak zatęsknił do rodziny
Stroi czasem dziwne miny.

Chinka to mu nie pasuje
Bo ma krzywe małe oczy
Jest malutka nawet fajna
Ale również niewydajna
Może Niemka by się zdała
Ale czy zechce cymbała
Przed oczyma wojna cała
I na trwogę mu się zbiera
Gdy sobie przypomni Hamera.

A Hiszpanka się rozpłynie
Może nawet kasę zwinie
I przygada sobie chłopa
A Władziowi przyrżnie kopa

Rezygnuje zamyślony
Nie przestaje szukać żony.

Nadal więc przegląda strony
Nagle patrzy jak w teatrze
Piękna panna urodziwa
Cienka w talii piękne nogi
Co tam dalej Boże drogi
Małym palcem ku nim kiwa.

I nie mówiąc nic nikomu
Władzio gna do telefonu
Gadka szmatka i po słowie
Piękność ta mieszka w Kijowie
Nazywa się jak oznajmiła
Anna Marija Ludmiła
Postawił na jedną kartę
Ożenię pójdę w zaparte
Tak go ta piękna Ludmiła
Urodą swą zachwyciła
Że podskakiwał z radości
A serce drżało z miłości.

Znajomość szybko zawarta
Pomyślał Władek do czarta
Może to jest jakaś lipa
Wynajął Władysław typa
Detektywa bo go stać
Trzeba sprawdzić przestać bać.

Detektyw zaczął w sobotę
Drogo płaci za robotę
Błyska fleszem robi zdjęcia
Opisuje co się zdarza
Staje na głowie w Kijowie
Czy Ludmiła gdzieś pracuje
Czy kochanków nie widuje

Czy z rodziną czy jest sama
Skąd pochodzą ojciec mama
Czy ma siostrę może brata
Czy rozrzutna czy nie sknera
Czy śpi długo w co ubiera
Wszystko sprawdzić co dotyczy
Władysława kochanicy
W dwa miesiące mój detektyw
Nagrał wszystko na obiektyw
Wszystkie zdjęcia i kasety i co znaczy
Przywiózł mi do mojej daczy.

Pan Władysław się nie pytał
Hojnie wynagrodził typa
Dał samochód dużo kasy
Wysłał go na darme wczasy.

Z dokumentacji detektywa
Prawda o Ludmile żywa
Uwierzył w te informację
Trza się żenić w te wakacje.

Panna dobra i bogata
Prawnuczka polskiego magnata
Kasy w bród ogromne konto
Dwie firmy naftowe w Toronto
Nie żenię się z panną nagą
Sześć cepeenów w Chicago
Pola naftowa w Iranie
Dobrze trafiłeś mój panie.

Poleciałem do Kijowa
Swoim własnym odrzutowcem
By się przyjrzeć pannie z bliska
Pomyślałem i kupiłem dwa lotniska
Dwa hotele sześć moteli
Żeby oni też wiedzieli

Żeby zawrzeć pierwsze słowa
Gdy Ludmiła zobaczyła
Zachwycona powiedziała
    Władziu jam cię pokochała.

Pani matka ściska zięcia
Moja córka jest do wzięcia
Ojciec też mnie ściskał po niej
We fraku w złotej koronie.

Myślę Władek szczęście sprzyja
Dobrze akcja się rozwija
Dała buziaka Ludmiła
Ale zaraz zagroziła
To dam później ci po ślubie
Bo ja kocham cię i lubię
Było mi tak dobrze miło
Z przyszłą mą żoną Ludmiłą
Że o wszystkim zapomniałem
I papiery podpisałem
Nie zważałem że to sztuczki
Może były drobne druczki
U rejenta podpisałem
W magistracie ślub cywilny
Tak urzędnik się sprawował
Że mą żonę wycałował
Ucałował też me ręce
Co ci Władek trzeba więcej.

A w niedzielę weselisko
Myślę osiągnąłem wszystko
Ładną żonę i majątek
Szczęście miłość wiarę w siebie
Jestem teraz w siódmym niebie.

Okazuje się że zgubna
Była dla mnie noc poślubna

Leżę nagi w tej komnacie
Czekam na wybrankę serca
Kiedy przyjdzie piękna żona
Dzisiaj w nocy poślubiona.

Przyszła koło mnie usiadła
Jedna szczęka jej wypadła
Zdejmuję piękną perukę
Czoło zielone wypukłe
Nogę protezę odpina
Oko jej wpada do szklanki
Pośladki na boku odrzuca
Na Władka swe kości rzuca.

Krew do głowy mi aż chlusta
Sztuczną ręką ta Ludmiła
Moje usta zasłoniła
Aż zacząłem płakać szlochać
Jak ja mogłem się zakochać
Serce tłucze mi łup łup
Zamiast żony żywy trup.

Tak znalazłem się w rozterce
Stanęło nie to lecz serce
Po cichu wyszedłem z ciała
I tyle mnie baba widziała.

Gdy me ciało wyrzucali
To cieszyli się i śmiali
Wracaj Władziu do Toronto
Już ci nie potrzebne konto.

Stało czasem tak się trafia
Co potrafi taka mafia
Kiedy mieli mnie zakopać
Myślę szkoda dobry chłopak
I tym razem się udało

Mój duch wszedł znów w moje ciało.

Ominąłem domy z dala
I dowlokłem do szpitala
Udzielili mi pomocy
I tej samej właśnie nocy
Policjanci z FBA-ju
Dostarczyli mnie do kraju
Smutny i rozgoryczony
Pozbawiony pięknej żony
I bez kasy i bez fanów
Powróciłem więc do stanów.

Wyzdrowiał Władek niebawem
I zabrał się ostro za sprawę
Władek miał pieniędzy wiele
Chciał odwrócić pewne sprawy
Cóż co miało zdarzyło
Los dla niego nieciekawy.

Powróciłem więc bez żony
Budżet mocno uszczuplony
Zrozumiałem moje konto
To przelano gdzieś w Toronto
Za moich pieniędzy wiele
Zrobiłem sobie wesele.

Że mam teraz z moją żoną nieskorą
Dorosłych dzieci pięcioro
Że mam już nawet trzy wnuczki
Chatkę i dużo zajęcy
I właśnie to wszystko mnie męczy.

Szybkie wesele i powrót
Więc zapłaciłem za rozwód
I okazała się farsa
Żona ode mnie starsza

Ma cztery siostry i brata
I osiemdziesiąt dwa lata
I żyła dotąd z zasiłku
Zrozum więc Władek osiłku.

Twierdzi że Władek z Chicago
Zostawił ją bosą i nagą
Ksiądz urzędnik był prawdziwy
Ślub legalny prosta sprawa
Żona chociaż dużo starsza
I skończyła się zabawa.

Myśli Władek zakochany
Stop muzyką precz organy
Przyszli wczoraj Siegiej z Saszą
Oni wcale go nie straszą
Rada prosta zamilcz pan
Bo ci może pęknąć dzban.

Zrozumiałem i skończyłem
I już nic nie dochodziłem
Telewizji nie ogląda
Gołych babek nie podgląda.

To opisał Władek Trzaska
Zrozumiała twoja Baśka
To Władku ostatnie słowa
Trzeba będzie żyć od nowa.

    Od autora
Co wynika z tej historii
I w praktyce i w teorii
W internecie czy na stronie
Lepiej przyjrzeć więc się żonie
Lepiej niech się biedna trafi
Niż bogata z fotografii.

Krowa z Zambrowa

Pewna krowa od Zambrowa
O tym w bajce będzie mowa
Żyła w stadzie na pastwisku
Niedaleko przy lotnisku.

Krów dwadzieścia stajnia stara
Krowy duże byczki młode
Jedzą trawę piją wodę
Dotąd żyło im się nieźle
Nagle wprowadzono rzeźnie.

Wprowadzono kontyngenty
Coś się dzieje Panie Święty
Na mięsiwo miasto czeka
Musisz oddać konwie mleka.

Worek żyta i w tej części
Co się na furmankę zmieści
Raz dwa trzy udój cztery krowy
Nie zmieściły się w limicie
Więc im rzeźnik skrócił życie.

Mamy mięso i kiełbasy
Powojenne ciężkie czasy
Pewna krowa mądra była
Właśnie osiem lat skończyła
W dzień urodzin tak się stało
Cztery cycki jej przytkało
Więc co robić myśli krowa
Na kiełbasy nie gotowa.

Trze rogami po opłotkach
Może w końcu kogoś spotkam
Może gmina mi pomoże
Boję śmierci się pod nożem.

Totolotek niedaleko
Wygram milion kupię mleko
Uratuję dupę swoją
Niech za milion długo doją.

Best gospodarz dobra żona
Krowa dobrze wydojona
Przodowniczką dziś została
Mleka dziennie konwia cała.

Pełne wymia dużo paszy
Jej ubojem nie zastraszy
Cieszy się więc wioska cała
Nawet medal gmina dała
Krowa też się dobrze czuje
Tu sprzedaje tam kupuje.

Nagle piorun trzasł w mleczarnię
Mleko kwaśne trochę czarne
I czerwone się przydarzy
Zagotujesz to się warzy
Teraz krowę los zły czeka
Nie chcą pić kwaśnego mleka.

Nie pomoże żadne ale
Wprowadzają ją na szalę
Utuczyła się krowina
Ledwo się podłoga trzyma
Dużo się z nią namęczyli
Pękła waga nie zważyli.

Na zebraniu uradzili
Odciąć rogi i odznaczyć
Cóż nie muszę już tłumaczyć
Co zrobiła mądra krowa
Gdzieś z wioseczki od Zambrowa.

Nie zginęła więc mój drogi
Lecz straciła tylko rogi
Zżarła kasę całej gminy
Siedząc w barze robi miny
Teraz już na emeryturze
Po wyborach w drugiej turze
Zaręczona z młodym bykiem
I została naczelnikiem.

Wyładniała niczym łania
Pan sekretarz jej się kłania
Siedzą cicho nikt nie bryka
Bo to mafia naczelnika.

Może i mnie to kiedyś spotka
Wygram gminę w Totolotka.

Zamurowało mnie

Dziś opowiem wam prawdę całą
Wczoraj mnie zamurowało
Dowiedziałem się przypadkiem
Kto był moim prapra-dziesięć-razy dziadkiem.

Właśnie w tym to karnawale
Znalazłem w jaskinnej skale
Papirus z tej to przyczyny
Wiem z jakiej pochodzę rodziny.

I pewne od deski do deski
Że moim prapra-dziesięć-razy dziadkiem
Był Król Jan III Sobieski.

Żona króla prapra-dziesięć-razy babka
Bardzo jeść lubiła jabłka
Były sady owocowe

Wiersze pierwsze

I rycerstwo doborowe.

Kiedy z wojny powracało
To się winem z takich jabłek częstowało
Aż po karkach przelewało.

I jest rzecz bardzo ciekawa
Żona Jana Sobieskiego ma na imię Teresława
Duża komnata niebieska
A w środku królowa Tereska.

Mój prapra-dziesięć-razy
Dziadek miał siłę słonia
Ale kiedy siadał na konia
To się sześć razy przewrócił
I znowu na siodło wrócił.

Lecz to nie kłamstwo nie blef
Raz drogę zastąpił mu lew
I gdy się ucieczką nie skusił
To król go rękoma udusił.

Królowa Teresława i Jan III
Mieli dwanaścioro dzieci
Król tych lewych nie pamięta
Rozproszyły się książęta.

Wszystko gdzieś na stronę poszło
Jeden został na Mazowszu
Na pierwsze imię Władysław
A na drugie Stanisław Śmiały
Od Mazowsza się zaczyna
Moja najnowsza rodzina.

Mój praprapra-trzy dziadek to był hrabia
Nieraz trochę narozrabiał
Pędził co koń wyskoczy

Jak kłamał to prosto w oczy
I też dzieci dwanaścioro
Więc po prostu sporo.

Więc obdzielił swoje dzieci
W taki sposób jaki mógł
I dziadkowi się dostało
Sto dziesięć takich włok
Sto dwadzieścia dwa hektary
Umarł dziadek choć niestary
I umarła później żona
Także jemu poślubiona.

Nowe czasy niespokojne
Mamy właśnie drugą wojnę
Wrócił Aleksander z wojny
I poślubił moją matkę
Zbudowali wtedy chatkę.

Ale dzieci też pięcioro
Jak na biedne czasy sporo
I nowe czasy nadeszły
I dzieciska się rozeszły.

Śmiały Stanisław mu było na imię
Podzielił on całą ziemię na swoją rodzinę
Wyjechał ze Śmiałą Tereską wziął dzieci
W ten świat nieznany daleki.

Umarła mu ojciec i matka
Śmiały Stanisław też lubi jabłka
I czasem skosztuje banana
To dobry chłop proszę pana
I czasem zasypia w czapce
Bo ma to po swojej praprapra-dziesięć-razy babce.

Sedes kontra Mercedes

Ważny sędzia w wielkim dworze
Uczestniczył w takim sporze
Bo to sprawa wielkiej wagi
I spotkania i uwagi
Sprawa trwała cztery lata
I nie była wcale błaha.

Sprawa dotyczy firmy Mercedes
Złożyła pozew na firmę Sedes
Kto wygra a kto jest przegrany
Niżej się z tym zapoznamy.

W konkursie na samochody
Niemiecka firma Mercedes zajmuje pierwszą lokatę
Samochód jest sprawny i mocny
Możesz go nabyć w salonie
I podarować swej żonie
Lecz się najlepiej opłaci
Gdy teściu za niego zapłaci.

Problem z sedesem jest inny
Kibel jest zwykle rodzinny
Kupić możesz więc sedes nie sądzę
Za bardzo małe pieniądze
Może go kupić i babka
Przyda się również dla dziadka.

Oskarżyciel na rozprawie
Choć wygląda nieciekawie
Ściska kwity nos rozbity
Z rana pewnie leczył kaca
Bo jest w sądzie ciężka praca.

Głośno zadał to pytanie
To pytanie jest czy sedes

Jest ważniejszy niż mercedes?
I nastała cisza w sali
Wszyscy głowy pospuszczali.

Sędzia to nie głupi frajer
Nikt nie weźmie go na bajer
I rozumie w tej teorii
Wstępnie zaczął od historii.

Więc przyjrzycie się ławnicy
Sądu mego niewolnicy
Oraz ty prokuratorze
Co niewiele znaczysz w sądzie
I łapówę wziąłeś z rana
Ty masz milczeć proszę pana
Oskarżyciela niech pan głupot tu nie strzela
I za mocno się nie trudzi
Niech pan nie obraża ludzi
Ale w końcu się obudzi
Jakiś papier by się przydał
Byś pan kogo nie obrzygał.

Mówię więc że w tej historii
Jeśli zajrzeć do teorii
Moim zdaniem sedes
Jest ważniejszy niż mercedes.

Olaboga co się stało
Policjantów dwóch zatkało
Dwóch ławników przewróciło
Asesora aż zemdliło
A sprzątaczka coś tam jadła
I do wiadra z wodą wpadła
Świadek z mercedesa strony
Wywrócił kwiatów wazony
Taki zrobił się zamęt
Że pisarz wypił atrament

Ksiądz co na sprawie był świadkiem
Uderzył książeczką babkę
Takiego dostała strachu
I zaraz poszła do piachu.

Weszły służby porządkowe
Sędziemu wiadro wody na głowę
Policjantom choć nie chcieli
Kajdanki na ręce zapieli
Prokurator dostał kopa
Trochę mocno szkoda chłopa
Jeden pan co był na luzie
Cztery razy zarwał w buzię
Więc niemalże w jednej chwili
Porządek zaprowadzili.

Teraz zaczął znowu sędzia
Twardo rzecze z mej teorii
To wynika że w historii
Pierwsze miejsce trzyma sedes
A na drugim jest mercedes.

Stąd pojęcie zdania sedes
To jest częścią toalety
Nie obędziesz się niestety
Bez tej części toalety
Gdy używasz tej to części
To się w życiu lepiej szczęści
I oddajesz też odchody
Czyś jest stary czy to młody.

Mamy więc sedesy różne
Małe większe i tak przeróżne
Kwiatki w różne barwne słupki
I pasują do twej dupki
Żeby sedes dopasować
Trzeba trochę pogłówkować.

Robi głośno się na sali
Wszyscy razem powstawali
Bo przemowa tak ciekawa
Wszyscy biją ostre brawa.

Więc za brawa im dziękuję
Dalej swe wywody snuję.

Jedziesz w dresie w mercedesie
Gra muzyka echo niesie
Nie zapomnij że się zaraz
Możesz znaleźć na sedesie
Co więc wolisz czy sedesa
Czy nowego mercedesa?

Prokurator zmienia zdanie
Odpowiada na pytanie
Ja sedesa wolę panie
To konieczność jest niezbita
A dlaczego ich zapytaj.

Teraz Rejent się odzywa
Sędzio proszę nie przerywaj
Tak rozumiem tak niestety
Sedes własność toalety
A gdy w brzuchu twym zaburczy
Gdy się ci żołądek skurczy
Zginasz nogi ściągasz dresik
Siadasz godnie na sedesik
I używasz go do woli
Że aż nieraz tyłek boli
Więc gazeta czas upiększa
Zrobisz kluska ulga większa
To nie taka zwykła mierność
To co robisz to przyjemność.

Teraz o twym mercedesie
Ktoś go ukradł stoi w lesie
Złodziej go zapylił ładnie
Sedesu ci nikt nie ukradnie
Okno zbite leżą skórki
Na siedzeniu dwie wiewiórki
Jakiś komar muchę bzyka
A do tego polityka
Z radia leci już dzień trzeci.

Pędzisz drogą mercedesem
Sto dwadzieścia lecz ze stresem
Ale nigdy nie masz stresu
Kiedy wstajesz ze sedesu.

Jeśli mowa pani panie
Kiedy myślisz o zamianie
Czy zamieniłbyś sedesa
Na nowego mercedesa.

Gdy wybierzesz mercedesa
A więc pomyśl tak zawczasu
Biegiem rano i do lasu
Kiedy będziesz robił kupkę
To cię komar cmoknie w pupkę.

Gdy biegnąc nie wyrobisz
To majteczki swe ubrudzisz
No i praniem się utrudzisz.

Porównując również ceny
Sedes dużo tańszy wiemy
Sedes powiem mimochodem
Wykonasz domowym sposobem.

Weź więc deskę tak szeroką
Wytnij dłutem duże oko

Weź pilniczek usuń miazgi
Bo ci w tyłek wejdą drzazgi
I troszeczkę od niechcenia
Mały otwór do pierdzenia.

Sędzia skończył nie wytrzymał
Prawą ręką tyłek trzymał
I poleciał z interesem
By zapoznać się z sedesem.

Mowę zaczął więc Asesor
Jest uczony pan Profesor
Ten to też głupoty gada
Ale posłuchajmy dziada.

Pan uczony Ernest Ibel
Myśli jak wmontuje kibel
Wielką sławę mi przyniesie
Sedes w moim mercedesie
Przez to prawo się naraził
I firmę Sedesa obraził.

Więc z postępem tak to było
Wstawia sedesy do tyłu
Do swojego mercedesa
I małżeństwo po obiedzie
Na operę w nocy jedzie.

Tak po prostu bez przyczyny
Ktoś dosypał im rycyny
Siedli więc i tak od razu
Dowalili trochę gazu
Samochód z piskiem do przodu
Trochę było przy tym smrodu
Ujechali dwieście mili
Tak szybkością się spocili
W biegu drzwiczki otworzyli

I na drogę wyskoczyli.

Mąż więc obdarł dupę całą
Żonie biodro się złamało
I w szpitalu leżą Panie
Kto im da odszkodowanie.

Firma Sedes czy Mercedes
Samochód niekierowany
Przejechał aż cztery stany
I się rozbił na Alasce
Miał coś żółtego na masce.

Więc to koniec i Sedesa
I czarnego Mercedesa.

Przedstawiciel Mercedesa
Przeprosił pana z Sedesa
Jak się później okazało
Sędzia więc powagą całą
O ogłosił ten interes
Pierwsze miejsce dostał sedes
Drugie miejsce ma mercedes.

A małżeństwo ucierpiało
Nic od firm tych nie dostało
Otrzymali więc po równo
Jedno wielkie duże gówno.

Ole.

List do nieba

Dawno temu w małej wiosce
Na wielkiej ziemi kurpiowskiej
Mieszkała biedna rodzina.

Na wsi brzeżku jest zagroda
W chatce gospodyni młoda
Zosia jej mąż Władek
Córka Hania i syn Tadek.

Mieli oni małą obórkę
A w obórce krówkę
I konika jałówkę
Cztery owce i dwie świnki
W sam raz dla małej rodzinki.

Władek drwal pracował w lesie
Czasem zająca przyniesie
Czy to sarnę czy piżmaka
Bo to drwala dola taka.

Gdy do domu w nocy wraca mama
Mówi że nasz tata to zalewał tam robaka.

Nie dość że go i zalewa
To przed mamą wciąż się kryje
Jak go mama nieraz dorwie
To aż na nim łamie kije.

Władek w kącie lamentuje
W domu głośno mama sroga
Myśli więc któregoś ranka
Trzeba pisać list do Boga.

Wziął ołówek i karteczkę
Pomyślawszy więc troszeczkę
I napisał Panie Boże jesteś w niebie
Ja z rodziną to w niedzielę
Przychodzimy tam do Ciebie.

Tobie dobrze w tym kościele
Dużo ludzi świeczek wiele

Wiem że ciężko tam pracujesz
Bo wszystkimi opiekujesz.

Że o nas także pamiętasz
Siostrze potrzebny jest elementarz
Naokoło tylko lasy
Tata daje mało kasy
On wycina tylko drzewa
A jak wraca czasem śpiewa
I wtedy robi się draka
Bo on zalewał robaka
Dzisiaj wrócił późno w nocy
Widziałem go spał przy bramie.

Moja siostra to płakała
Jak tatusia mama sprała
Była taka zła i wściekła
Bo tatusia żałowałem
Też od mamy oberwałem
Kocham mamę to wybaczę
Chociaż boli to nie płaczę.

Boże drogi znasz ty Władka
I jego syneczka Tadka
Wymyśl zatem sposób taki
Pozabieraj te robaki
I te z ziemi i te z drzewa
Niech mi tata nie zalewa.

Pomóż proszę Boże w niebie
Twój Tadek liczy na Ciebie.

Więc napisał tę karteczkę
I położył w nocy w lesie
Myśli sobie anioł przyjdzie
I do nieba ją zaniesie.

Rano Pan Bóg list przeczytał
I wezwał anioła do siebie
Leć więc prędko do tej wioski
Chłopiec potrzebuje Ciebie
Anioł myśli przyszedł czas
Trzeba będzie spalić las
Skoro to jest kłopot taki
Z lasem spłoną też robaki.

Z nikim myślą się nie dzielił
W nocy w lasek piorun strzelił
Pożar był nie byle jaki
Spłonęły wszystkie robaki
I te z ziemi i te z drzew
Pozostał po nich smutny śpiew
Tylko wioska ocalała.

Ojciec Tadka zmienił pracę
Jest kościelnym zbiera tacę
Kupił córce elementarz
I o żonie też pamięta
Podarował piękne fiołki
Namalował dwa aniołki
A Tadkowi kupił rower.

A w niedzielę to w kościele
Klęczy Zosia Hania Tadek
Naprawiony ojciec Władek.

Synek Tadek myśli Boże
Wiedziałem że nam pomożesz
Patrz moja mama szczęśliwa taka
Tata nie zalewa robaka
Hania ma już elementarz a ja rower.

    Dziękuję Ci za wszystko
    Uratowałeś domowe ognisko.

Kontrola urzędowa

W pewnym kraju dobrze było
Dopóki się nie namnożyło
Głowa pęka serce boli
Dużo rozmaitych kontroli.

Trwa kontrola i w niedziele
Roczne święta coś się dzieje
Przedsiębiorstwa i urzędy
Grube pary ubrane w służbowe łachmany
A pod pachą gruba teczka
W środku lustro i wódeczka.

Pan Prezydent głowa państwa
Urząd pychy i obżarstwa
Już od rana zerka w szparkę
Kontrolując sekretarkę
Szefową kancelarii też podgląda cwaniak stary.

Gdy zbrzydnie mu kontrola
Konsumuje więc jabola
Śpi w fotelu smacznie chrapie
Czasem nawet się podrapie.

Na śniadaniu u Premiera
Też się czasem dużo zbiera
Urzędników pomagierów
Adwokatów i frajerów
Dają w szyję i targują
I wzajemnie kontrolują.

A w budżecie brak kapuchy
Przeszły rok był bardzo suchy
Jakieś strajki i potyczki
Trzeba forsy na zaliczki

Więc najlepiej wziąć pożyczki.

Tak więc budżet uchwalono
Oczywiście pożyczono
Teraz zedrzeć z robotnika
A wiadomo i z rolnika
I z tych biednych niemogących
Najbardziej potrzebujących
I od góry proszę państwa
Rusza fala oszukaństwa.

Ustaliły łyse pały
Że od dzisiaj na kraj cały
Ruszają liczne kontrole
A za nimi pod kontrole
Szukać kasy takie czasy.

I zaczęła się nagonka
Więc objęła cały kraj
Poczekamy na efekty
Prezydent teraz się cieszy
Premierowi też w to graj.

Są kontrole w mieście gminie
I sołectwie i rodzinie
I w psiej budzie i w komorze
W lesie w rzece i bezpiece
Wszędzie pełno jest węszących
Kontrolerów wszechmogących.

Było ich tak no mniej więcej
Jeden milion 889 tysięcy
A wiadomo choć nieładnie
Kontroler niechcący ukradnie
On pracuje i żyć musi
I zawsze go coś tam pokusi.

Dwa miesiące takiej misji
Prezydent podał się do dymisji
Premier rano się zastrzelił
Cały budżet diabli wzięli
Ale budżet pożyczony
Rząd i sejm niezadowolony
Ale proste po kłopocie
Udali się na bezrobocie.

Nic już nie ma kraj już stracił
Kto im teraz będzie płacił
I krzywda straszna przez kontrole
Tak bywa w złodziejskim zespole.

Za mało

Dużo nie trzeba a ciągle jest mało
I tego się pragnie i to by się chciało
Gdy dużo otrzymasz i to więcej potrzeba
Nie trzeba i piekła a może i nieba.

To dziwne zjawisko i po co to wszystko
Więc się urodziłeś na ziemi zjawiłeś
I czas się porusza do życia przymusza
Na dworze jest zima czy lato czy susza.

Słuchałeś się ojca słuchałeś się matki
Sadziłeś z rodziną w ogródku bławatki
Chodziłeś do szkoły uczyłeś się czytać
Czasami psociłeś że lepiej nie pytać.

Skończyłeś nauki świadectwa dostałeś
A może i nawet się też zakochałeś
I zauroczenie i wnet narzeczeństwo
A w końcu w finale zwyczajne małżeństwo.

Z tej nowej przyczyny pieluchy pierzyny

Tworzone są nowe wspaniałe rodziny
I nowe dzidziusie i dzieci i wnuczki
To właśnie są życia zalety i sztuczki.

Gdy jesteś już stary nie wierzysz już w czary
I czasem to we śnie to śnią ci się mary
I kończy się siła zawziętość i męstwo
Przeżyłeś swe życie być może zwycięsko.

Boks

Mądrzy ludzie a patrzycie
Tak wygląda mordobicie
Ten co zawsze łyka koksa
To uprawie teraz boksa.

Boks to dziwna dyscyplina
Tu się kupy nic nie trzyma
I technika boksu dzika
Nie wygląda to na sport
Boks wymyślił dawno temu
Stary diabeł zwykły czort.

Więc technika ta wyciekła
Prosto z gorącego piekła
Boks to jest diabelska sztuczka
To przysłowie mówi stare
Jak wykręcisz brzydki numer
To się w mordę bij za karę
I to prawda ja to znam
A zdrobniale to brzmi lepiej
Zasłużyłeś wal się sam.

Trąć się w nosek głowę brwi
No i upuść trochę krwi
Możesz mocniej mózg wstrząśnięty
To się wtedy łaskocz w pięty

Z lewej potem z prawej strony
Będziesz więc zadowolony.

I na koniec jak onegdaj
To więc przypnij sobie medal
Wygrałeś jesteś na szczycie
Odznaczony za pobicie.

Mam tu jeszcze propozycję
Może zadzwoń na policję
Żebyś wiedział będziesz siedział.

Jak pamiętasz z historii
Gladiatorzy prali ostro
Oni się na miecze prali
Głowy ręce obcinali
A widzowie się patrzyli
Im głośne brawa bili.

Ale za co?

Za odwagę pokrwawione trupy
Nagle za krew przelaną za martwe ciała
Cała widownia grzmiała ryczała
Wiadomo wszyscy wtedy na koksie
Teraz to samo dzieje się w boksie.

Nie jeden gladiator nie wrócił
Rodzinę i żonę zasmucił
A dzieci głodne i nagie
I nikt nie brał tu pod rozwagę
Liczyły się siła i męstwo
Lecz marne to było zwycięstwo
To tylko nad losem zapłakać.

Ukarać Cezara głuptaka
Bo nic tam nie było nic z męstwa

A tylko głupota i klęska.

No więc pomyśl ty człowieku
Żeby już w dwudziestym wieku
Dalej się po buzi prać
Trza z tym skończyć psia go mać
Dość więc tej głupiej ustawy
Trzeba zakończyć te sprawy.

A więc szybko się postarać
Właścicieli boksu skarać
Mocno tłuste buzie sprać
Zabrać kąta żreć nie dać
Zamknąć buzie zafajdane
I wygonić na wagony
Niech przerzucą wszystek koks
To im wyjdzie z głowy boks.

    Do boksera
Jeśli trochę masz rozumu
Zejdź więc z ringu idź do domu
I odpocznij do soboty
Weź się do innej roboty.

A wiesz co cię za boks czeka
Być może skrzywdzisz człowieka
Być może sam pokrzywdzony
To nie będziesz zachwycony.

    Do trenerów boksu
I wy kochani trenerzy
Wam też się opieprz należy
Trenerze w boksie
Gdy jesteś na koksie
Odejdź daleko w las
Masz jeszcze czas
Nałóż na buzię nalepkę

Czym i kim byłeś się nie chwal
Bo naprawdę ciebie żal.

Zamiast kazać komuś walić
Lepiej sobie raz przywalić
I odjechać gdzieś w głąb w Tatry
Albo najpierw do psychiatry
A gdy już jesteś stuknięty
Czeka cię oddział zamknięty.

Tak więc wszystko w naszym boksie
To oparte jest na koksie.

Prawda nieprawda

W pewnym wielkim mieście Zadra
Żyła prawda i nieprawda
I jak dawne wieści niosły
Były to rodzone siostry.

Prawda panna urodziwa
Cicha skromna i wstydliwa
Miała duże oczy czarne
Warkocze długie brązowe
Usta śliczne kolorowe
Była mądra I wylewna
Wolna piękna niezależna.

A Nieprawda to odwrotność
Panna lubiła samotność
Była chytra i niezgrabna
Niska gruba niepowabna
Miała owalną twarz dużą głowę
Usta czarno brązowe.

W szkole siostry razem były
Lecz się wkrótce rozłączyły

Każda poszła w swoją stronę
Ale nie wszystko skończone.

Więc pracują w jednym sądzie
Ale nic ich już nie wiąże
A dlaczego?

Sędzia Prawda słuszna władza
Do więzienia tego wsadza
Ten co złego coś uczynił
Kto zasłużył i zawinił
Żąda prawdy i docieka
Na klienta się nie wścieka
Jest uprzejma i usłużna
I nikomu nic nie dłużna
Przede wszystkim szuka prawdy
I nikt na nią się nie skarży.

Wyszła za mąż za doktora
Możesz ją obudzić w nocy
Gdy potrzebujesz pomocy.

A Nieprawda to jest sknera
Zupełna odwrotność siostry
Bierze w łapę od klienta
Język długi ostry szorstki
Na nieprawdę oko przymknie
A za prawdę do więzienia
Lecz udaje sprawiedliwą
Miewa czasem przywidzenia.

Wyszła za mąż za mafiozę
Co wspaniałym jeździ wozem
I handluję marihuaną
Wraca do domu rano
Jak każdy nie mówi prawdy
A na haju w swoim raju

Wiersze pierwsze

To go wszyscy dobrze znają.

Dnia pewnego tak się stało
Że się miasto rozsypało
Podzieliła się więc Zadra
Na prawdziwych nieprawdziwych
Na porządnych i złodziei
Szczęśliwych i nieszczęśliwych.

Podzielono również rząd
A w nim na dwie części sąd
Państwo dobre nie jest źle
I tak okazało się
A dobrym państwu jest dobrobyt
Wszyscy czują się szczęśliwi.

A odwrotnie Państwo złe
Biednym źle powodzi się
Jeden wściekły na drugiego
Nawet w sądzie biją się.

Katastrofa i rozboje
Sąd pracuje pełną parą
Sypie się karą za karą
I Nieprawda miłościwa
Jest szczęśliwa bo ma kasę
    A tymczasem
Sędzia Prawda sąd zamknięto
No bo po co ludzi karać
Obywatel rozgarnięty
Gdy się w kraju dobrze rządzi
To jeden drugiego osądzi.

Podjęła pracę w szpitalu
Tam ją wszyscy bardzo chwalą
Jest rozsądna i szczęśliwa
I jak zawsze sprawiedliwa.

Siostrę Nieprawdę chciwość zżarła
Ma buty jasne lecz trochę za ciasne
Powiedz prawdę na co czekasz
W którym Państwie chciałabyś mieszkać
W państwie Prawdy czy Nieprawdy?

W państwie Prawdy jest dostatek
Równe prawa i podatek
A w Nieprawdzie tak wypadniesz
To jest twoje co ukradniesz.

Rdzawy czas

Czas to stwór jest niepokorny
Ma zasady prawa normy
Jest zwyczajny i zniszczalny
Z reguły niepowtarzalny
Czas to jest to co się przemieszcza
To nie ściśniesz w największych kleszczach
Czas to jak dusza co w tobie mieszka.

Ty się starzejesz czas się starzeje
A jak młodniejesz to on młodnieje
Czas to jest teraz tu co się dzieje.

Właśnie wszystko ma swój czas
Pola łąki strumień las
Szkoda powiem tego czasu
Minionego czy przeszłego
I co ma wyniknąć z tego nic wiecznego.

Więc ciekawe czy w kosmosie
Także czas zobowiązuje
Tam gdzie nigdy nas nie było
Pewnie czasu nie starczyło
Czy czas przypisany Ziemi

Nigdy tego nie zgadniemy.

Czas zasiewu i czas zbioru
Tego nie ma do oporu
Przydzielony do istoty
Do topoli wierzby krzywej
I do myśli czy do mocy
Do ranka i do północy.

Czas się z przyrody i ludzi śmieje
Zawsze coś na czasie dzieje
Odszedł w dal gdzieś nie chce wrócić
Może przedmiot w proch obrócić
Czas potężne siły ma
A przykładem będzie rdza.

Rdza to właśnie skutki czasu
Ta nie płynie i nie pali
Nawet twardy metal padnie
Na ziarenka się rozpadnie.

Czas wesoły i wspaniały
Bywa czasem zardzewiały
Jakiś dziwny zamienialny
Jest niepowtarzalny.

Czas różowy kolorowy
Jest już ciemno i przyjemno
Żonie musisz buzi dać
Zmów paciorek i idź spać.

Razem z wami zaśnie czas
Może nie ostatni raz.

Tak musi być

Żeby żyć trzeba być

Dlaczego tak być musi?
To wcale nie jest proste
Muszenie zobowiązuje
Po co się trzeba zmuszać
Żeby pracować poruszać.

To w tym programie który się czuje
Program ten nas do życia zobowiązuje
Ćwiczymy wszyscy ludzie zwierzęta
Co było kiedyś to się pamięta.

A co jest teraz na sobie czuje
W zatem jutro się okaże i rozbuduje
Może na dobry i pomysł wpadniesz
Tylko jednego nigdy nie zgadniesz.

Kto więc ty jesteś i skąd przybyłeś
Wiadomo dotąd się udręczyłeś
Jak dorastałeś i dojrzewałeś
A czy wszystkiego już spróbowałeś.

Dzisiaj toś silny i zdrowiem tryskasz
Co będzie jutro to się okaże
A może jutra to już nie będzie
Czy myślisz o tym i w pewnym względzie
A może czegoś zaczniesz się bać
Coś niedobrego się może stać.

Wcale nie musisz pracować śpiewać
Gniewać i pościć czy odpoczywać
Możesz na przykład zaszyć gdzieś w mroku
I nie pić wódki rok czy pół roku
Tęsknić i płakać wcale nie musisz
Możesz się zawziąć nie słuchać duszy.

Wszystko więc możesz nikt cię nie złamie
Co dokonałeś było w programie.

Obowiązuje nas wolna wola
Pracuj bez przerwy i nie schodź z pola
I z wolnej woli coś cię zaboli
Ducha wyzioniesz umrzesz na roli
Program się skończył a z nim wolna woda
Znieśli cię z pola.

To jest twój program twojej jednostki
Jest nieskończony wspaniały prosty
Świetlisty jasny jak błyskawica
To co miliony oczu zachwyca
Pomyśl świat stworzył Pan Bóg dla ciebie
Co będzie dalej dowiesz się w niebie
Więc módl się za mnie
         Jest to w programie.

Hymn trzeźwości

Ogłaszam nie w gniewie nie w złości
Lecz czynię to z wielkiej miłości
Trzymajcie się razem
Nie dajcie się zgubić
My ludzie bogaci i prości.

Popatrzcie jak życie jest krótkie
I zwróćcie uwagę na wódkę
Na wszelkich rodzajów alkohol
Bo w wódce jest diabeł i chochoł.

Więc zwracam się ja do pijących
I tych nałogowych leczących
Wesprzyjcie więc swą wolną wolę
Polećcie się więc Panu Bogu
Spróbujcie się wyrwać z nałogu.

Alkohol to straszny narkotyk

On zniszczy ci rozum i dotyk
Zostaniesz bez płuca i nerek
I staniesz jak zwykły choleryk
I możesz się kiwać pod płotem
Więc przerwij tą brzydką robotę.

A przecież jest tyle roboty
Pomyślcie i młodzi i starzy
Spirytus ci nic nie pomoże
I tylko buziaka poparzy.

Wyrzeknij się tego szatana
I nie zaczynaj już z rana
Bo może się kiedyś rozegrać
Ogromna rodzinna tragedia.

Więc przestań i nie bądź ciekawy
Bo czarny pogmatwa twe sprawy
Możesz przewrócić się z rana
A wtedy wywiozą barana.

To teraz co robisz jest chore
Więc powalcz z tym ciekłym potworem
I gdy się zaweźmiesz i sprężysz
To wtedy na pewno zwyciężysz.

Dłonie ręce palce

Ryba ma płetwy kopyta koń
Misie pazury strąki padalce
A w odróżnieniu do tych powyższych
To tylko humen posiada palce
Które składają się jak w koronie
Na duże grabie tak zwane dłonie.

Dłonie to ręce ręce to palce
Paluszki zaś posiadają maluszki

Mama swe rączki wsadza do mączki
I szybko sprawnie ugniata pączki.

Tak zatem ręce ludzkie są ważne
Dłoń jak patelnia linie wyraźne
Może i trudne bo nieraz brudne
Nie mając dłoni nie dotkniesz skroni
I nie podrapiesz się też po d...
Przepraszam bardzo za słowo głupie.

Dłoń może pęknąć czasem się złamać
Gdy przez przypadek pęknie ci rana
Gdy przypadkowo trzymając steru
Fikniesz z roweru.

Można przypadkiem coś innego złamać
Dlatego właśnie nie trzeba kłamać
Ręki używasz kiedy się golisz
Rękoma myjesz ubranko szyjesz
I do pacierza też składasz ręce
Czego chcesz więcej.

A więc z umiarem rąk swych używaj
Do byle czego ich nie używaj
Myj zawsze ręce w ciepławej wodzie
Rano w południe i po zachodzie.

Jesteś dorosłym chłopcem czy malcem
Pamiętaj o tym szanuj swe palce
Jak stracisz palec na prawej ręce
To czym w restrumie tyłek podetrzesz.

Gdy znajdziesz żonę kupisz obrączkę
Weź ją za ręce ucałuj rączkę
I na paluszek załóż obrączkę
Ona na szyję twą włoży ręce
Czego chcesz więcej.

Pamiętaj o tym jak ręce ważne
Niech będą czyste mocne odważne.

Powie ci o tym matka czy ksiądz
Nigdy na żonę nie podnoś rąk
A więc zachowuj się zawsze ładnie
Bo ręce uschną i coś odpadnie.

Na opak

Coś tu nie gra coś się dzieje
Kura wściekła się i pieje
Kogut zaczął jaja znosić
Złodziej okradł cztery banki
Dzisiaj oddał i przeprosił.

Coś się więc musiało stać
Ale co że strach się bać
Ktoś odkręcił wszystkie sprawy
Na serio czy dla zabawy
Bo na pewno był ciekawy
Co się dalej będzie dziać.

Świat obrócił się do góry
Wczoraj w górze dzisiaj w dole
Chmury kłębią się po ziemi
A w przestworzach pluska morze
Okręt płynie i nie spadnie
Nie wygląda to zbyt ładnie
Ale cóż tak musi być
Trzeba więc odwrotnie żyć.

Ludzie chodzą po ulicy
Głowy w dole nogi w górze
Wiatr w odwrotną stronę dmucha
Słońce świeci też odwrotnie

Deszcz do góry jak prysznicem
Pozmieniane okolice.

Chłopu ujdzie lecz niestety
Wynikł problem przez kobiety
Nogi w górze więc panienka
Smukła zgrabna w pasie cienka
Ale jej spódniczka wisi
Patrzy w górę i się kwasi
Nie przystoi pani Basi
Czy też Krysi że jej wisi
Nie zakrywa co potrzeba.

Na kolana przymkniesz oko
A jak spadnie za wysoko
To co wtedy duża bieda
Tego się opisać nie da
To nie tylko co popatrzeć
Tego to trzeba doświadczyć
Dobrze może ujdzie pannie
Wdowie i nawet mężatce
Lecz co zrobi ksiądz w sutannie
Ten nie trafi na plebanię
To niedobrze szkoda gadać
Jak odwrotnie wyspowiadać.

Sen odwrotny też przewrotny
Co więc zrobi bezrobotny
Iść do pracy będzie musiał
W którą stronę będziesz siusiał
Co powie małżonka
Na odwrotnego członka.

Tak więc straszna rzecz się stała
Trza coś zrobić zacząć działać
Prezydent zwołał już zebranie
Trzeba zmienić przyciąganie

Tu się nie da żyć niestety
Gdy się na to nie zaradzi
Szukajmy innej planety.

Burmistrz sekcja z siwą brodą
Stary lecz miał żonę młodą
To zazdrosny stary dziad
Też odwrotnie kładł się spać
To mu bardzo przeszkadzało
Młoda żona seksu mało
Rzekł zatem z powagą całą.

Szanowni panowie i panie
Młodzieńcy dziewczyny i dzieci
Głupie jest stanie na głowie
I czasem to z góry coś zleci
Dziwne chodzenie w powietrzu
Ja na to to radę mam lepszą
Musimy zanucić to brzemię
Trzeba poruszyć więc ziemię
Tu dużo nie trzeba zachodu
Gdy wszyscy ruszymy do przodu
To ziemia się wtedy obróci
I przyciąganie powróci.

Posłuchano się starego
I do przodu na całego
Wszyscy do przodu ruszyli
Ziemia więc się poruszyła
Naokoło obróciła
I wszystko wróciło do normy.

I prognozy się spełniły
I jak wieść dalej niesie
Są szczęśliwi na ziemi planecie.

Przyciąganie jest jak przedtem

9.81 ale teraz w dobrą stronę
Burmistrz bardziej kocha żonę
Żona również się wytęża
Jeszcze częściej zdradza męża
A dlatego że kochanie
Ma za małe przyciąganie.

Maska

Wszystko bywa pokręcone
Każdy idzie w swoją stronę
Coś się rusza dzieje kręci
I normalni wniebowzięci
Co niektórzy uśmiechnięci
I weseli rezolutni
Lecz bywają także smutni.

Niektórzy się dobrze mają
Może nawet i udają
Gdzieś jest cicho gdzieś tam trzaski
Chcesz coś zdobyć użyj maski
Jaką rolę spełnia maska
Co ukrywa się pod maską
Siła prawda i potencja
A może inteligencja.

Inteligentny złodziej
Używa maski na co dzień
Laski używają pomalowanej maski
Kusząc różnych prominentów
Pieniądz ciągnąc od klientów
Farmer używa maski
Trując i niszcząc zarazki.

Maski użyć można przecie
I nastraszyć jakieś dziecię
Gdy samotnie idziesz laskiem

Możesz też zarobić w maskę
Pan młody w masce do ślubu
Tyle trudu i zachodu
Maskę zrzuca za pół roku
To jest powód do rozwodu
I marnuje żonie życie.

I następnie nowa maska
Nowa miłość nowa laska
Czas nowych problemów dostarcza
W końcu i w końcu maska starca
Ta ostatnia tak sumienna
Zwyczajna bezbarwna
Nie zmienia się i nie poruszy
Maska pozbawiona duszy.

Strach

Strach pomyśleć co się stanie
Gdy słońce świecić przestanie
Gdy nie będzie dnia tylko noc
Co robić chować głowę pod koc
Czy uciec ze wsi do miasta
Śpiewać po ciemku się śmiać
Lecz jak po ciemku się bać.

Gdzie udać się w noc ciemną i marną
Czy ubierać się na czarno
Jak do pracy się można nie spóźnić
Jak konia od osła odróżnić
Jak policzyć czarne godziny
Jak zbierać gdy ciemno maliny.

Jak z procy strzelać w nocy
Wiadomo że ciemno i w nocy
To można też wszystko poknocić
I trafić zupełnie niechcący

Do łóżka domowej służącej
I sobie samemu zaszkodzić
I jak się z tym potem pogodzić
I żonę jak mocno telepie
To za to ci skórę przetrzepie
I nie doczekasz do rana
I miłość skończona przegrana.

Czasami gdy mąż z delegacji
Gdy ciemno przy świecach kolacji
I tak się nie widząc rozczulił
I do teściowej przytulił
Teść go niebawem namierzył
I kijem bejzbola uderzył.

Złamane są w szczęce dwie kości
Jest właśnie przyczyną ciemności
Co robić jak strach opanować
Czy biegi zapasy trenować
Co zrobić by nie bać się huku
Czy płakać czy śmiać do rozpuku
Czy gonić czy chwalić masz żonę
Gdzie spędzać dni wolne szalone
Narzekać na kogoś czy wzdychać
I życie do przodu popychać.

Jest miłość i dobra i cudza
Bo strach to jest taka ułuda
Element naszego istnienia
Naleje narasta i zmienia.

Ze strachem żyć trzeba w przyjaźni
Nie wkurzać nie stękać nie drażnić
A spokój osiągniesz mój brachu
Zwyciężysz więc nie bój się strachu.

Bo strach jest wytworem twej jaźni

Istnieje więc w twej wyobraźni
Przenika istnienie kulturę
A czasem osiąga górę.

Ze strachu dochodzisz do władzy
Lecz strach do nicości prowadzi
Są różne zamachy stanu
Więc strach nie potrzebny jest pani czy panu.

Gdy chcesz się przekonać
Powolutku wejdź raz po dachu
Nie bój się i nie bądź w strachu
Myślisz że koniec że się udało
Jest wprost przeciwnie to już się stało
Strach się podwaja bo to jest piekło
Tam to dopiero gdy zrobisz bach
Czeka cię inny diabelski strach.

Zero

Zwyczajne 0 (zero) kto by pomyślał
Jest takie ważne w każdej dziedzinie
Więc skąd się wzięło to właśnie zero
Na wielkim świecie w naszej krainie.

A więc naprawdę zero istnieje
Takie kółeczko a w oczy kłuje
Ta głupia cyfra się nie prostuje
Zero jak przetniesz to masz dwa C (ce.)

Więc nim to zgadniesz trochę odpocznij
W zerze (0) jest tak samo 360
Tyle jest stopni ile jest w kole (O)
Ty wolisz zero ja koło wolę.

Zero (0) w teorii zero (0) w praktyce
W chemii fizyce matematyce

Wiersze pierwsze

Zero (0) to prawda czysta nie ksero
Wszystkie cyferki nawet pokaźne
To są bez zera (0) całkiem bezradne
I mało ważne i nic nie warte
A więc postawmy na jedną kartę
Znaczenie zera i skąd powstało.

Zero (0) z przypadku dawno powstało
Człowiek pierwotny opalał ciało
Opalił tyłek bardzo bolało
Przygnębiony szedł raz piechotą
Niechcący tyłkiem usiadł na błoto
I w błocie zrobił ogromne koło.

Ze dwie godziny śmiał się wesoło
I nie był mądry to nie rozumiał
Ale się bardzo tym faktem zdumiał.

A był żonaty z brzydką Himerą
Rzekła do męża ty jesteś zero (0)
Czego tu stoisz śmiejesz się z dyni
Dała kopniaka i do jaskini.

Żona Himera mądra nie była
Lecz dwa odciski C (ce) połączyła
I chociaż była okrutną sknerą
Wyszło jej zero (0.)

I to nie trwało godzinę całą
I wtedy właśnie 0 (zero) powstało
I nie zniknęło dotąd istnieje
Nikt się już teraz z zera (0) nie śmieje.

Więc trudno stwierdzić z powagą całą
Że zera (0) nie ma a o (O) to mało
Tak jak kamienie twarde i miększe
Tak jak i zero (0) i O jest większe.

Więc mówiąc zero (0) udaj niemowę
Bo coś ciężkiego spadnie na głowę.

Adopcja

Byłem duży lecz niemowa
Nikt mnie nie chciał adoptować
Taki brzydki i pryszczaty
Nadawałem się na szmaty
I pamiętam to jak dziś
Ja radosny duży miś.

Przeżywałem chwile smutne
Bo czasy były okrutne
Naokoło jakieś lalki
Samochody i rycerze
I zwierzaki plastikowe
I łańcuszki i królowe
Dzieci je w dłoniach trzymały
A na misia nie spojrzały.

Albo jakaś mała mrówka
Chybocząca się jej główka
Dziecko ją za cycki szarpie szczypie
Miś ze złości ledwie zipie
Proszę raz się pobaw misiem
Patrzą na mnie nic nie słyszą.

Pomyślałem właśnie dzisiaj
Tu już nikt nie kocha misia
Jestem brzydki i brązowy
A więc misia macie z głowy
Z rozpaczy zalał się łzami
Beze mnie bawcie się sami.

Tu już nie ma co żałować

Wiersze pierwsze

Będę musiał powędrować
Pójdę lepiej w świat daleki
I poszukam przyjacieli
Może gdzieś będzie weselej.

Wchodzi misio do miasteczka
I spogląda naokoło
Jakieś sklepy jadłodajnie
Myśli tutaj będzie fajnie
Może ktoś i mnie przygarnie.

Kiwa główką mruczy cienko
Weź do domu mnie panienko
Weź misiaka brązowiaka
Zatrzymała się więc pani
Patrzy z politowaniem i odeszła.

Opuścił więc miś miasteczko
Idzie krętą leśną steczką
Utrudzony i zmęczony
Rozgląda na wszystkie strony
Nagle z jamy się wynurza
Jakaś wielka bestia duża
I przybliża się do misia.

To prawdziwa niedźwiedzica
Groźna mina jak kocica
Żona młodego niedźwiedzia Zaka
Co śpi już tydzień jak zalał robaka.

Miś uśmiecha się spod pysia
Weź mnie pluszowego Misia
Moja droga nowa mamo.

Misi zapłonęły lica
Aż dostała lekkiej czkawki
Poruszyły się brodawki

I oparła się o sosnę.

I rzekła mama do misia
Śniłeś mi się dziecko dzisiaj
Spadłeś mi z samego nieba
Dzieci nie mają zabawki
Właśnie misia nam potrzeba
I za rączkę mnie ujmuje
Ja cię dziecko adoptuję.

Małe misie się zebrały
I pluszaka przywitały
I do teraz żywe misie
Bawią się z brązowym pysiem.

A miś adoptowany na zawsze pamięta
Że ludzie są czasami dużo gorsi niż zwierzęta.

Duch dobry duch zły

Kiedyś w noc ciemną
W mieście Koluchy
Spotkały się przypadkowo
Dwa zwyczajne duchy.

Duch zły się odzywa
Co tu robisz dobry duchu?
Chodzisz w tak noc ciemną
Jestem twoją odwrotnością
Proszę zatańcz ze mną.

Dobry duch odpowiada
Jak ty zły duchu
Wyobrażasz sobie taniec z dobrym duchem?

Ja się zawsze uśmiecham
I żyje przejrzyście

A więc tobie zły duchu
Mówię uroczyście
Zejdź mi z drogi zły duchu ubogi i brzydki.

No więc zły duch obrażony rzecze
Powiem ci ja sam nie jestem
Duchów złych jest wiele
Gdy ze mną nie zatańczysz
To ja się zastrzelę.

Zrobisz zły duchu co zechcesz
Bo masz wolną wolę
Ale po co masz się zastrzelić
Powieś się w stodole
Sznurek jest trochę tańszy
Od żelaznej kuli
Wrócisz tam skąd przyszedłeś
Piekło cię przytuli.

Dobra rada skorzystać wypada.

Kogut

Masz do czynienia z prawdą nie bajką
Widziałeś kiedyś koguta z fajką
Wesołe prosię kurę w kosmosie
Smutnego konia śmiesznego słonia
I wieloryba co w wodzie gdyba.

Trudno rozróżnić kogut czy kura
Jedno i drugie podobne pióra
Jedno i drugie ogonem trzepie
Kura ma grzebień kogut ma grzebień
A pod piórkami ukrywa cuda
Kogut wesoły kura maruda.

Kogut jest wyższy i złotopióry

Stanisław Pysek Prusiński

Ma grzebień trochę większy od kury
A po co jemu tak duży grzebień
Może ty zgadniesz bo ja to nie wiem.

Wszedł więc kogut do kurnika
Chciałoby się dziś pobzykać
Cisza jakby makiem zasiał
Więc od razu się połapał
O coś tu jest chyba grane
Ale o trzeciej nad ranem
     Szybko wyszedł.

Kury kryją jakiś spisek
Czuje to przez martwą ciszę
Nagle poczuł się wstrząśnięty
Chodzi tu o alimenty
I z powodu właśnie tego
Udaje się do sędziego.

Sędzia kogut się napuszył
I tą sprawą bardzo wzruszył
Sprawa ważna bardzo była
W zawrót głowy przyprawiła
To już teraz nie zabawa
Trzeba szybko zmienić prawa
Trzeba więc ustalić z góry
Że nie kogut alimenty będzie płacił
Tylko kury.

Sprawa w sądzie Boże Święty
Proces trwa o alimenty
Kury jaja policzyły i pisklęta urodzone
Czekają w sądzie na wyrok rozochocone
Gruba kasa kogut straci
Nie będzie się milionem.

Wchodzi sędzia trzasnął drzwiami

Głośno wita się z kurami
Kukuryku moje kury
Zapiał głośno po raz wtóry.

I tak rzecze
Wiecie kury według prawa
Kogut ojciec to podstawa jest rodziny
Że choć depcze was osobno
To nie widzę tu w nim winy
W kurniku na podwórku
Takie jest życie sami widzicie.

I na dole i na górze
Ja współczuję każdej kurze
Gdy się zechce to się depcze
Przy okazji i połechce
Poprostuje pannie piórka
I zadowolona kurka.

Niech więc i każda z kur pamięta
Że kogut kocha pisklęta
Mówię to jak na spowiedzi
On często na jajkach też siedzi.

Jestem mądry kogut stary
Nie wymierzam jemu kary
A więc kury stare młode
Kończę sprawę tym wywodem.

Dość domysłów i przekrętów
Żadnej forsy alimentów
Kogut wam nie będzie płacił
Ja nie widzę tu w nim winy
Kogut ważny dla rodziny.

Więc się kury nastroszyły
I gmach sądu opuściły

Trochę tylko pogdakały
No bo w końcu problem mały.

Dziś nie stroszą się tak bardzo
I kogutem już nie gardzą
A kogut zadowolony
Chociaż czasem zamyślony
Zawsze z rana   KUKURYKAAAA
Gdy się zbliża do kurnika.

Trud

Trud forma pracy sami widzicie
To jest wpisane w ziemiańskie życie
Trudności różne małe i duże
Trudem objęta przyroda zwierzęta
Ludzie we dni powszednie niedzielę święta
Nawet i we śnie można utrudzić
Przerwać sen słodki żeby się zbudzić.

Dziecko maleńkie jeszcze w kolebce
Mama się trudzi malec jeść nie chce
No i pampersa często zabrudzi
Mama wymieni dziecko się strudzi.

Walenty z Wackiem tak się trudzili
Aż całą beczkę piwa wypili
I potem obaj poszli na zwałkę
I przy okazji na wytrzeźwiałkę
I to jest straszne to co zrobili.

Co zrobić z głową?
Trzeba przeprosić jeszcze szefową
Wynikł trud duży niemały brud
Piwo wypite a cierpi lud.

Rolnik się trudzi sieje i orze

Nie śpi po nocach dogląda zboże
Dużo to trudu wiele roboty
Nie ma niedzieli ani soboty
A sprzątnąć trzeba i nie ma cudu
To obowiązek biednego ludu.

Złodziej się trudzi okrada banki
Stolarz na lato wyrabia sanki
W lesie się trudzą rosnąć sasanki
Panna się trudzi i wije wianki
Jasio się trudzi ma dwie kochanki.

Wszyscy trudzimy bo my żyjemy
Bo praca z trudem ma ścisły związek i obowiązek.

Ja na trudzenie mam zdanie własne
Tylko nie trudzą się buty ciasne
Więc w ciasnych butach nie chodź tak słodka
Bo na paluszku zrobisz odgniotka.

Skradzione serce

Opowiem Państwu dziś prawdę całą
Co z moim sercem dawno się stało.

Wtedy lat miałem dwadzieścia sześć
Już pracowałem miałem co jeść
I źle nie było tak się skończyło
I nie żałuję bo jest mi miło.

Budzę się rankiem w wielkiej rozterce
Właśnie mi w nocy skradziono serce.

Miałem przeciętną wtedy urodę
Lecz serce miałem silne i młode
Które pukało i mnie budziło
Nagle zniknęło i się skończyło.

Jak żyć bez serca puste wnętrzności
Skąd wziąć uczucie i namiętności
Bez serca miłość jest niemożliwa i nieszczęśliwa.

I nagle myśl mnie dziwna napadła
Chyba Tereska serce mi skradła
To ta dzieweczka z tego Karwowa
Ładna panienka to o niej mowa
Ona to serce moje zwinęła
                    I gdzieś zniknęła.

Oddaj mi serce proszę Teresko
Moja ty piękna duża laleczko
Proszę ją bardzo patrząc jej w oczy.

Tereska rzecze
Staś nie podskakuj odejdź kochanie
Lecz twoje serce u mnie zostanie
I proszę o tym więcej nie gadaj
Jak nie pasuje ci no to spadaj.

Stasio bez serca nie myśli odejść
Myśli kawaler jak pannę podejść
A może lepiej ten problem skończyć
I lepiej będzie serca połączyć.

Razem podjęli decyzje wreszcie
Serce zostaje u Tereski w areszcie
No i kłopoty wreszcie skończyły
I oba serca się połączyły
I żyją w zgodzie wnet się pobrali
I weselisko i to już wszystko.

Skutki chaosu

W czasach wielkiego chaosu

Ziemia wypadła z kosmosu
A dlaczego to się stało
Kogo można się zapytać
I skąd o tym się dowiedzieć
Może lepiej się nie pytać
A jeszcze lepiej nie wiedzieć.

Przed wieki miliony laty
W kosmosie istniały dwa światy
                Świat głupoty
                Świat mądrości
Udowadniać już nie muszę
Były dobre i złe dusze.

Wiadomo jak wszystko się zmienia
I wszystko więc szło tam normalnie
Gdyby te dusze niemądre
Nie były takie nachalne.

I właśnie wynikła stąd sprawa
Zaczęły więc walczyć o prawa
Zaczęły się wojny na nerwy
I kłótnie nienawiść bez przerwy
I źle się zaczęło tak dziać
I zaczął się sypać ten ład.

Ktoś musiał to wszystko ratować
Więc trzeba tą złość izolować
I zdjąć nienawiści brzemię
Wyrzucić z kosmosu ziemię
Obdarzyć w potworne ciążenie
Zbudować na ziemi więzienie.

To straszna w historii tej lekcja
Tak wyglądała selekcja
Wszystkie duchy podpadnięte
Zostały na ziemię zepchnięte

Dodano do ducha ciało
Żeby ważyło nie mało
Wrzucono do małej klatki
        A naokoło kratki.

Nie oderwiesz więc się panie
Przez to silne przyciąganie
I nic nie ma do ukrycia
Tyle siedzisz w więzieniu
Jaka długość twego życia.

Gdy odsiedzisz swoje lata
Na nagrodę duch twój wzlata do góry
Ciało twoje w proch obraca
I już nigdy nie masz kaca.

Gdy na ziemi wegetujesz
I się brzydko zachowujesz
Nie zobaczysz więcej baru
Przejdziesz do innego wymiaru
A tam jest już bardzo źle
Jak zasłużysz dowiesz się.

Amnezja

Amnezja jest jak poezja
Nie wiadomo o co chodzi.

Amnezja to zanik pamięci
Mają ją starzy i młodzi
Mają ją bosi i nadzy
Liczni panowie przy władzy
I czarownica zaklęta
Nie zawsze wszystko pamięta.

Amnezja to tak się rozgrywa
Zapomniał jak koń się nazywa

Czy ugryzł go pająk czy owca
Czy sfrunął czy spadł z odrzutowca
Wymyśla udaje i kręci
To właśnie zaniki pamięci.

Pożyczył w zimę miliony
Była zamieć stracił pamięć
Komu oddać nie pamięta
I nic nie ma do ukrycia
Nie pamięta kto pożyczał.

Zasnął dopiero nad ranem
Pomylił Chiny z Wietnamem
Tylko Bóg raczy to wiedzieć
Za co pójdzie teraz siedzieć.

Tak amnezja długotrwała
Dłużnikowi się przydała
Wyrok zapadł ojca brat
Dostał sto dwadzieścia lat
Bez gadki do odsiadki.

Był więc wczoraj u spowiedzi
Nie pamięta za co siedzi
Lekarz więzienny stwierdził
Ciężka amnezja nie pierdzi
To stan jest tak nieprzyjemny.

Lekarz mądry i ma rację
Więzień jedzie na wakacje
Z żoną i dzieci gromadką
I teściowa tam się krząta
I pilnuje jego konta.

Tak ten chory na amnezję
Na wczasach ćwiczy poezję
Tak to leczy się amnezję

W całym świecie sami wiecie.

Na amnezję nie ma rady
A oto poniższe przykłady.

Rozpatrując inną stronę
Wacław zapomniał i że ma żonę
I dwoje malutkich dzieci
I żeni się po raz trzeci
Rozwodu udzielił w diecezji
Biskup na fali amnezji.

A w niedzielę piłkarz Felek
O mistrzostwa pucharowe
Coś go nagle zabolało
Na sekundę stracił głowę
Strzelił gola w swoją bramkę
Dostał od sędziego w lampę
I ze złości pięści ściska
Wygonili go z boiska
Nie poleci na igrzyska.

To skutki amnezji tak straszne
Uważaj na błędy własne.

Śliczna Ania z leśniczówki
Wzięła z banku cztery stówki
Kupiła spódniczkę i szal
I się wybrała na bal.

Tak tańczyła z chłopcem jednym
Że się nagle zapomniała
No a trochę z ciekawości
A może trochę z miłości
I ma synka jak poezja
I ubogą matkę zgrywa
Bo biedaczka zapomniała

Jak się ojciec dziecka nazywa
Ale to wybaczona prosta
Kobieca amnezja miłosna.

Zbój zapomniał kogo zabił
Tak się wczoraj wódki napił
Pomylił się i zabił siebie
Nie będzie na własnym pogrzebie.

Zięć ma głowę dwa biznesy
Idą dobrze interesy
To jest prawda nie herezja
Raz złapała go amnezja
Gdy się ocknął kręci głową
Konto przelał na teściową
Teraz siedzi w kącie płacze
A mamusia w górę skacze.

Teściu milczy tylko patrzy
Zawiózł zięcia do psychiatry
Zięć bardzo zrobił się chory
I w szpitalu psychiatrycznym
To przebywa do tej pory.

Na amnezję cierpi świat
Już kilka milionów lat
Biednemu to się nie opłaci
Mają ją ludzie bogaci
Próżniacy i politycy
I w puszce wariaci i dzicy
Znak stop na naszej ulicy.

Więc trzeba amnezji się nie dawać
I zawsze na stopie stawać
W przeciwnym więc razie paniusiu czy chłopie
Policjant ci mandat dokopie
A kiedy zapomnisz zapłacić

O pokój sędziego zahaczysz.

Czy wiesz że

Że żyjesz
Co dzień buzię ręce myjesz
Męczysz się pracując
Odpoczywasz spożywasz kolację
Latem jedziesz na wakacje
Długo szukasz narzeczonej
Słuchasz żony nieraz
Chowasz przed teściową
I na nowo i na nowo.

A więc to się wszystko składa
Ktoś tam bzdury opowiada
Że to wszystko nie jest wieczne
A po prostu jest zbyteczne
Mądry uczony czy głupiec
Jednakowy czas posiada
I przemija z nim to wszystko jak zjawisko
A więc po co jest to wszystko.

Człowiek mały się urodził
Do szkół chodzi i dorasta
I dojrzewa jak jabłuszko
Pasie się w piórka obrasta
Orze sieje plony zbiera
Starzeje się i umiera
No i koniec.

Nie wiesz co się będzie dziać
Może będziesz wieki spać
Bo przez duszę ciężko wstać.

Trudno dla ciebie trudno i dla mnie
Grać swoją rolę w wielkim programie

Wiersze pierwsze

W zamysłach tego co wszystko stworzył
Radości smutku pragnień przysporzył
           A wszystko po co?

Każdy na życie dostał swój przydział
Co ma dokonać nigdy nie widział
I nie zobaczy z tej perspektywy
Czy pracowity był czy też leniwy.

Czy zjadał dużo czy bywał głodny
Czy stwarzał życie czy był bezpłodny
Czy przyjacielski czy raczej chłodny
Co będzie jutro za miesiąc chwilę
Przeszłych minionych zdarzeń jest tyle
Że nie policzysz bo byś się zmylił
Ale to było i już nie wróci
Na czasie przeszłym się nie nauczysz.

Ludzie przyroda księżyc planety
Nikt nie przewidzi jutra niestety
Więc rzeczywistość to jest jak bajka
Dym się ulotnił rozpadła fajka
Czas zmienił wszystko i ciągle zmienia
Odradza coraz to nowe istnienia.

        I znów pytanie co i dlaczego?

Więc moi państwo sami widzicie
Każda minuta stwarza nam życie.

        A dlaczego zatem i po co?

By błądzić nocą z czegoś się cieszyć
Martwić się próżno czy nawet grzeszyć
Przeciwko sobie w zdrowiu chorobie
Cyferki rosną schodzą na zero
Człowiek jak widz nie zrobi nic

I co zostawi po sobie zniknie.

Przeminie z czasem i zatrze ślady
Na nic nie zdadzą jakieś tam rady
Jakieś porywy czy też układy
Nikt nie jest w stanie zmienić cokolwiek
Odwrócić czasu dojrzeć zawczasu
Może się pośmiać nawet poskakać
Zamartwić o coś trochę popłakać.

I to jest wszystko i te pytania
Nurtują wszystkich już od zarania
Więc z tych rozważań prawda wynika
Taki to los jest mój śmiertelnika.

Przestroga

Przestrzegam więc wszystkich że ci co mnie znają
I to co teraz piszę uważnie czytają
A kto jest na gazie niech czytać przestanie
Bo może po prostu wpaść w zakłopotanie.

Niech tyłek podniesie i stanie w rozkroku
Obejrzy do tyłu do przodu do boku
Niech więc zimnej wody do szklaneczki wleje
I tak na stojąco na głowę wyleje.

Ktokolwiek jest na gazie czy Maniek czy Hania
Niech poważnie podejdzie do tekstu czytania
Czytając na bańce mogą puścić nerwy
I może to czytać bez przerwy bez przerwy
I może nawet końca nie doczyta
Tylko może nawet wyciągnąć kopyta.

Więc wynika z tego bądź trzeźwy kolego
Bo czytasz poemat poety mądrego.

Wiersze pierwsze

Przestroga a przed czym to sen czy to jawa
To myśl przed zdarzeniem nie musisz w to wierzyć
To może się zdarzyć to może nastąpić
Czy dzisiaj czy jutro czy w nocy czy w dzień
A więc się czasami na baczności miej.

Czy jesteś bogaty czy może ubogi
Uważaj nie lekceważ ponieważ przestrogi
Te właśnie właściwości tak przeważnie mają
O czym śniłeś o czym myślisz czasem się sprawdzają.

Czasem boli cię głowa ręce szyja nogi
Radzę zwrócić uwagę na poniższe przestrogi.

Gdy ci się przyśni młody murarz z kielnią
Możesz od własnej żony zarobić patelnią.

Gdy jesteś na zasiłku pies przebiegnie drogę
Możesz stracić już jutro z miasta zapomogę.

Gdy królowa i pałac królewski się przyśni
Możesz spaść z wiśni.

Gorzej gdy o smoku mowa
Może być to nawet na bani teściowa.

Gdy ci się ukarze duch zmarłego księcia
Radzę więc uważaj na swojego zięcia
I gdy jeszcze w progu domu nie przekroczy
Trzaśnij go trzepaczką równo między oczy.

Gdy jeleń zastąpi ci kiedyś drogę
Możesz wpaść w bardzo głęboką wodę.

Ząb ci trzonowy kiedyś wypadnie
O mur zahaczysz i resztę stracisz.

Na progu leży pyzata kotka
Nie wchodź do środka cofnij się w pole
Teściowa właśnie robi kontrolę.

Mysza ci wczoraj wlazła do buta
Sprawdź w studni wodę może zatruta.

Sąsiad się upił ledwie się trzyma
Możesz dziś spotkać w lesie pingwina.

Dziadek jedzenie wyjadł z korytka
Może być jutro pogoda brzydka.

Dąb się pochylił na lewą stronę
Sąsiad niebawem zastrzeli żonę.

Kiedy się w pracy uderzysz w palec
Może cię dzisiaj przejechać walec.

Teściowa mówi dzień dobry zięciu
Krzywda się może stać niemowlęciu.

Ubrałeś kurtkę na lewą stronę
Dni twego życia są policzone.

Rano karaluch ugryzł cię w dupę
Może ci mafia spalić chałupę.

Szklanka się pusta suwa po stole
Może przyjechać swatka na wole.

Wczoraj wiewiórka goniła węża
Możesz niebawem postradać męża.

Coś robi hałas na twoim strychu
Możesz od jutra być na odwyku.

Drogę przebiegły ci cztery byki
Teściu ukróci twoje wybryki.

Paznokcie u palca lewego zadarł
Mogą cię dzisiaj złapać na radar.

Coś tam w piwnicy wali i stuka
Mogą cię jutro w sklepie oszukać.

I w miastach i na wsiach na łąkach u drogi
Wędrują i żyją płyną przestrogi
Przestroga przyjazna jak liścik na wietrze
Powiewa i spełnia marzenia życzenia.

I nieraz poleci tak bardzo wysoko
Więc nie wiesz za bardzo przymykaj więc oko
I działaj z ostrożna
A wtedy przestroga nie będzie ci groźna.

Sen

Spał całą noc i dzień
Wiadomo jak ważny jest sen
Sen jest ważny jest ciekawy
Rozwiązuje wszystkie sprawy.

We śnie ojciec Wilhelm III
Spłodził ładną kupkę dzieci
Kiedyś gdy wojskiem dowodził
To go właśnie wtedy spłodził
Z cesarzową Wiktoryją.

Był cesarzem był bogaty
Dużo koni zamki chaty
Silne wojsko i policja
No i ważna prohibicja
Wszędzie w mieście czy w piwnicy

Na ulicy i na polu
Wisiały takie tabliczki
Zakaz picia alkoholu.

A pod spodem dopisane
Życie krótkie a więc nie pij
Nie lecz kaca bądź radosny
I żyj trzeźwy bo to lepiej.

Gdy urosłem wytrzeźwiałem
To niczego się nie bałem
Nawet beczki spirytusu
I nie piłem bez przymusu
Nigdy też nie miałem kaca
Albo wojna albo praca.

Zagryzali bez popitki
Stać ich było i na zbytki
I na bale w karnawale
Ale choć nie pili wcale
To rzucało ich na kaca
Czasem nawet suszy praca.

Chcesz o wódce coś powiedzieć
Ktoś podsłucha pójdziesz siedzieć.

Nie było tam wcale wypadków
Lub zatruć i innych przypadków
Nikt nigdy się z nikim nie upił
Nikt nigdy tam flaszki nie kupił
Lecz tylko był problem niewielki
Skąd wzięły się puste butelki.

Pomyślałby ktoś że to ściema
Państwa takiego to nie ma
I nie ma takiego przymusu
Że żyć tak bez spirytusu się nie da

To chyba najgorsza jest bieda.

To dobrze że sen to nie jawa
I zakończyła się sprawa
Bo zaczął się nowy dzień
I nagle się urwał sen.

I leży pod ławą ma kaca
Bo picie to ciężka jest praca
I zawsze trzeba mieć nadzieje
Że kiedyś to mózg wytrzeźwieje
I powróci do Wilhelma
Tam gdzie spirytusu nie ma
I nie trzeba pić z przymusu.

Biedzie się nie trzeba dać
Strzelić lufę i iść spać
Może znowu coś się przyśni
W pięknym kraju młodych wiśni.

Poemat na wrony

Wczoraj z rana proszę pana
Wrona taka rozkrakana
Nawet zaobrączkowana
Cała namiętnością płonie
Zakochała się w gawronie.

Gawron to odmiana wrony
Także fruwa jak szalony
I od dzisiaj zaręczony
Bardzo brzydki lecz radosny
O narzeczoną zazdrosny
Pozapraszał dużo gości.

Wrona kracze już od rana
Choć przyjaciół ma niewiele

Też zaprasza na wesele.

Wróbel ćwierka huczy sowa
Czasu jest już nie tak wiele
Dobrze mówię lecz jest zima
Skąd wziąć ziarna na wesele.

W lesie zimno i wiatr dmucha
Śnieżna groźna zawierucha
Więc jest chyba z każdej strony
Pomysł trochę poroniony.

Wrona zwraca się do krowy
O pomocy nie ma mowy
A następnie do kukułki
Może pożyczy choć bułki
Wróble też ziaren nie mają
I dziwnie na wronę patrzą
Dopatrują się podstępu
Nawet w takie wielkie święto
Sroka też głośno narzeka
I na darme żarcie czeka.

Gawron z wroną myśli gdyba
A może tak świeża ryba
Trzeba działać a nie głowić
Ale jak tu rybę złowić
Gdy jezioro lodem ścięte
Bardzo mocno zamarznięte.

Wtem się sowa odezwała
Dotąd się przysłuchiwała
  Wrono leć tam na skraj drogi
  Ktoś wyrzucił tam hot dogi
  Że powiedzieć się ośmielę
  W sam raz na twoje wesele.

Więc skrzyknęły się gawrony
Poleciały na skraj drogi
W dziobach przyniosły hot dogi.

I wesele się odbyło
Wszystko dobrze się skończyło.
Gdy się będziesz słuchał sowy
Będziesz zawsze rześki zdrowy
Sowa widzi wszystko w nocy
Co się rusza czy podskoczy
O pomyłce nie ma mowy
Dobra rada słuchaj sowy.

Nic mi to

Za to że muszę żyć
Choć czasem jest bardzo źle
Że aż chce się wyć.

Że gdzieś tam jest dobro a tu zło
Że wczoraj potłukło się szkło
Że droga jest kręta i śliska
Że z żalu aż serce mi ściska
Dlaczego się nie smucę bo
                Nic mi to.

Nie obchodzi mnie to że gdzieś w świecie
Ktoś majtki zostawił w klozecie
Że odszedł premier od rządu
Że doszło do samosądu
Teściowa zrobiła przynętę
Teściowi wstrzymali dziś rentę
Że dziecko sąsiadki jest chore
Że mamy sodomę gomorę
Że wczoraj przymknęli gdzieś zbója
Że żona z kochankiem się buja
Że dziadek trzy dni się nie rusza

Że pada na dworze i susza
I nic mnie naprawdę nie wzrusza.

Nic mi to.

A naprawdę to mi nic
Na ziemi tej jestem jak widz
I cieszę że nic mnie nie boli
Że wczoraj umknąłem kontroli
Że nie doszedłem do władzy
Że umiem samolot prowadzić
Zaparzyć herbatę czy kawę
Wysłuchać żony przemowę
Że dzieci są grzeczne i zdrowe
Że sąsiad się do mnie kłania
Więc czekam na państwa pytania.

Baran kontra wilk

Wilk jest zły a dlaczego
Wilk cię pożre i co z tego
On w lesie żyje i głośno wyje
Ma ochotę na pana
Rzekła żona do barana.

Barana aż skóra swędzi
Co ta owca ciągle zrzędzi
I straszy wilkiem baranka
Prawie każdego ranka
Nie może iść na manowce
Bo musi pilnować owce
Która ma małe jagnięta
Jest ojcem to dobrze pamięta.

Ale przyroda go kusi
On się stąd wyrwać musi
Myśli od dłuższego czasu

Jak tu się wyrwać do lasu
I myśl mu spokoju nie daje
I widzi te leśne rozstaje
Pięć metrów i zaraz przystaje.

O wilku to owca kłamie
O co tam z kimś takim spotkanie
Ojciec miał na imię Sagan
To nie głupi stary baran
W wojnie był dwa razy ranny
Raz wpadł do glinianej balli
Raz się upił pobódł gości
I ożenił się z miłości
Z piękną owcą z Baranicy
Nie zanucił raz kotwicy
Na Dunaju się utopił.

Nagan mówił ojciec Sagan
Wygrasz wojnę jakiś sprytny
Nie daj nigdy się zaskoczyć
Twardo stój a kłam to w oczy
Na wypadek w ramach spłaty
Dał mu ojciec dwa granaty
Jeden nabój bo czym dzielić
Dobry był ten ojciec Sagan.

Obudził się Nagan raz w nocy
A było to po północy
Nie robiąc za dużo hałasu
Na spacer się wybrał do lasu
Nagan słuchał zawsze taty
Wziął ze sobą te granaty
I owinął w świeże mięso
By przypadkiem nie zatrzęsło
I wybuchło może czasem.

Idzie i słyszy tykanie

Bo może coś złego się stanie
Zawracaj zawracaj baranie
Bo może ci wilk zajdzie drogę
Uważaj na żony przestrogę.

Nagle wilk się przed nim zjawia
Nagan stanął tak jak wryty
O niedobrze oj niedobrze
Z krzaku wypadł wilk ukryty.

Wilk doń rzecze stój baranie
Zaraz coś się tobie stanie
Spójrz więc na mnie jestem głodny
Trzy dni już nie jadłem z rzędu
Nie mam siły a tu jutro
Muszę wpaść tam do urzędu
Piłem tylko kozie mleko
A do miasta tak daleko.

Ja rozumiem ciebie wilku
Rzecze Nagan wystraszony
Ja rozumiem żeś ty głodny
Może nawet nie masz żony
Ale moje mięso twarde
I tak trochę jakby czarne
Jeśli zechcesz wilku panie
Dam ci je na spróbowanie
Jak spróbujesz posmakujesz
                Zdecydujesz.

To smakuje jak jagniątko
Wyjął z wełny zawiniątko
Spróbuj wilku mięsa ze mnie
Może będzie ci przyjemnie
Nie dokończył że od taty
Siedzą w środku dwa granaty.

Nie zapomnij więc troszeczkę
Pociągnij za małą zawleczkę
To się mięsko zrobi większe
I będzie nawet smaczniejsze.

Ja nie będę ci przeszkadzał
Tylko po lesie przechadzał
Gdy ci będzie smakowało
Pożresz całe moje ciało.

Wilk rady Barana posłuchał
I się trochę udobruchał
Najlepiej jest wpierw spróbować
Potem więcej pokosztować.

Nie minęły dwie minuty
Cały las dymem zasnuty
Drzewem targnął huk na wietrze
To wilk wyleciał w powietrze
Tak wysadził się konował
I barana nie spróbował
A Nagan zadowolony
Wrócił do dzieci i żony.

Baran nie jest taki głupi
Jak się nieraz nam wydaje
To przypowieść jest w narodzie
Baran krzywdy ci nie zrobi
Gdy go przedtem nie ubodziesz.

Rewolucja Panicz

Wódz narodu tęga głowa
Rosja dumna gotowa
Do poświęceń i obrony.

Carat upadł i rozproszył

Lenin swobodę ogłosił
Dość już nędzy niedostatku
Jesteś z nami to nie zginiesz
Zgnoić panów wybić szpiegów
Wstąp do czerwonych szeregów
Rozproszyli się kozacy
Bardzo zlękli się kułacy.

Partii Lenin z nieba spadł
Więc do przodu Kraju Rad
Kują sierpy tłuką młoty
Wszyscy razem do roboty
Niechaj żyje nam socjalizm
W przepadnie kapitalizm.

Cała władza w ręce ludu
Narobili przy tym cudu
Kto ma złoto to przy władzy
Pozostali głodni nadzy
Wszystko wspólnie i praktycznie
Ale raczej teoretycznie
Pokazową dają famę
Kto przeciwny to pod ścianę
Nie smakuje z pieca chleb
To pod ścianą kula w łeb.

Dorastała ta hołota
I do sierpa i do młota
Nowe fabryki powstają
I za darmo wszystko dają.

Pegeery i kołchozy
Wielkie krowy chude kozy
Tęgie baby wielkie wozy
Chłopy grube kołtuniaste
Nosy długie brwi krzaczaste
Wszyscy wspólnie wódę walą

I panicza dziadka chwalą.

Baby dużo dzieci rodzą
W czerwonych spódnicach chodzą
Inteligencja upada
Sekretarz kawior zajada
Narasta więc biurokracja
Panom kasa ludu racja.

Równość prawość diabli wzięli
Sekretarze się wypieli
Ustawili tak reformy
Kto się uchyli od normy
To go w czapę i po sprawie
Wania łania na zabawie
Tańczy wartko kazaczoka
Gdzieś tam z boku świnia chrocha
Wół zdechł z głodu choć był tęgi
W zbożu myszy się zalęgły.

Katia obraziła papę
Wczoraj jej ucięli łapę
Kto ma umyć brudne bańki
A wiadomo ci z łapanki
I mają święto pracy
W pochodach sami pijacy
Przewracają na ulicy
Bo to w pracy przodownicy
Na trybunach stoi władza
Grube pyski im rozsadza
Chorągiewki transparenty
Wśród tłumu kręcą się męty
I milicja narodowa
Straż pożarna zawodowa
Psy i koty krzywe płoty.

Wiwat związek wiwat panicz

Dziś Warszawa jutro Berlin
Rewolucja się rozszerzyła
I narody podzieliła
Na czerwonych i na białych
Na bogatych i na małych
Na uczonych i na głupich
Że socjalizm to jest równość
Kto to teraz bajkę kupi
Chyba tylko bardzo głupi.

Polityka

W zimę chłodno z lecie parzy
Polityka się kojarzy
Z tym co zwykle bywa zbędne
I zbyteczne niepotrzebne.

Jakieś głupie przypuszczenia
Zgadywanki i pytania
Odpowiedzi i pretensje
Negocjacje pertraktacje
Coś ktoś zrobił i poknocił
Polityczne innowację.

Polityczna łamigłówka
To łapanie się za słówka
Przekręcanie i kłamanie
Bujanie i bezeceństwa
Jest szkodą dla społeczeństwa.

Polityka od zarania
To forma oszukiwania
Trzeba dobrze się naumieć
I politykę zrozumieć
I dochodzi się do wniosku
Że jest głupia tak po prostu.

Jakieś nazwy idiotyczne
Wszelkie partie polityczne
Mają swoich polewaczy
Pomylonych naganiaczy
Reporterów i frajerów
Którzy wodę polewają
I nic z tego nie wynika
Robią w konia cały naród
A najbardziej robotnika
No i chłopa gdzieś na roli
Że aż konia głowa boli.

A najgorsze że im płacą
Tylko nie wiadomo za co
Za oszustwa i przekręty
Za kłamanie i bujanie
Budżet mocno nadszarpnięty
Z kasy forsa wciąż wycieka
Na przejazdy delegację
Za granicę darme tańce erotyczne
Giną pieniądze publiczne.

Polityki druga strona
Dyplomacja biurokracja
Jest duża zła i nadęta
Począwszy od Prezydenta.
A na wójta kończąc gminie
Kradną to co się nawinie.

Nawet telewizja kłamie
Nie buntuj się pracuj chamie
Bo ci partia łeb ukręci
Choć do pracy braknie chęci
Do roboty koniec gadki
Nagle podnieśli podatki
Nie rozrabiaj i siedź cicho
Niech to wszystko porwie licho.

Politycy mają raj
Upadł przemysł upadł kraj
Tak się mocno rozczulali
Że przemysł i lasy sprzedali
Tak po prostu patriotycznie
Zwyczajnie i politycznie
Im jest dobrze biedy nie ma
Gdzie pojawią tam jest ściema.

Dramat w Zwisie do Katormy
Zombi z Katormy do zwisu
Pomyliły więc reformy
Bo zabrakło długopisu.

Żeby zmienić na Nasz Ruch
Kota aż boli brzuch
A ministra w tyłek pali
Jak się wczoraj przesiadali.

Do partii o nazwie W przód
Przystanek przed partią Wrzód
I stworzyli nową partię
          Szaloną Katię
Zmienia zaraz nową panie
          W wuja granie.

Z prawa z lewa
Kolidarność to olewa
Tak łatwo wam się nie uda
Powiedział sekretarz Muda
Nowa partia znaczy Racja
Połączona z partią Smród
A ochrona i Ormowcy
Obrazili się Zerowcy.

Więc się odezwała partia

Jestem wami gdzie jest Kasa
Szybko więc się rozwiązali
I nową partię nazwali
                Kradnij z nami.

Ale szybko się rozpadli
Chociaż trochę już ukradli
Obrzuceni kamieniami
Utworzyli chachmęć z nami
Ale tamci przesadzili
Powstała Partia Badyli
Gołe tyłki długie szyje
Baba babie coś tam szyje.
I nowa partia Do Nieba
Kładź na tacę bo Potrzeba

W naszym kraju ktoś coś warty
To od razu robi Party
I zapisuje kto zechce
Do jego prywatnej partii
Z pomocą ojca czy matki
Pobiera niemałe też składki
Dostaje dotację za rację
I ma się bezpłatne wakacje.

Wypłaty i spory dochód
Za darmo służbowy samochód
A prezes o pełnym portfelu
Za darmo korzysta z burdelu.

I dobrze się spełnia fizycznie
Udziela się nawet muzycznie
Choć pije i trochę rozrabia
Bo w Parii się dobrze zarabia

Więc jedno mam tylko życzenie
I czekam na boskie natchnienie

Postawić na jedną kartę
I wrzucić do piekła te partie
Niech stworzą tam niepodzielną
Diabelską partię piekielną.

Życiorys

Urodziłem się w Orleanie
Nie pamiętam którym roku
W dużej szopie po potopie
Przypominam że nasza chałupka
Stała gdzieś na wioski boku.

Mój ojciec otrzymał tytuł szlachecki
A do wioski prowadziły trzy steczki.

Raz król na wiosnę przejeżdżał z Orszakiem
Przez wioskę w której mieszkaliśmy
I my właśnie króla tak ugościliśmy
Tata z niechcąca znalazł nieżywego zająca
I wtedy nam krowa padła
Także było dużo jadła
Co się tyczy mojej rodziny
To witaliśmy się z królem aż cztery godziny

Ale to już wszystko to dalsza rodzina
Ojciec jak to mówi to wszystko zapomina
I się wzrusza i wtedy mu wątroba dokucza.

> Na tej uczcie kiedy ojciec został szlachcicem ktoś ukradł papiery królowi dotyczące aktu własności królestwa. Mój ojciec był zmyślny i gdy poszedł za potrzebą to podejrzał jak parobek wycierał tyłek właśnie aktem własności. Właśnie wtedy mój ojciec zgnoił parobka i odebrał ten akt a następnie oddał w ręce króla.

W nagrodę król nadał ojcu tytuł szlachecki
I podarował nam cztery wsie dwa folwarki i cztery owce

I ochronę oraz żonę pannę z dworu
Hrabi swatkę oczywiście moją matkę.

Ojciec przypiął szpadę do boku
I stanął w rozkroku i rzekł
Jam jest hrabia a nie dziad
Ja nie będę więcej kradł
Zapuścił długie warkocze
Wsadził matkę do karocy
I wyjechali tej samej nocy
I udali się na miesiąc miodowy
Nie wiadomo co tam robili
W każdym razie mnie spłodzili.

Ksiądz na chrzcie to tak mnie skropił
Omalże mnie nie utopił
I wywrócił mnie na ławę
Bo miał kropidło dziurawe
Tak po prostu pokpił sprawę
Po chrzcie mieliśmy zabawę
Wylazłem z wózka pod ławę
Dwie godziny tam siedziałem
I na wszystko spoglądałem.

Tak brykali i skakali
Pewnie by mnie podeptali
Byli wtedy pany z hrabstwa
Bijatyki i pijaństwa.

Mnie też nie uszło na sucho
Ktoś mi mieczem odciął ucho
Kto tam niemowlaka słucha
Do tej pory nie mam ucha.

Tak minęło cztery lata
Jestem duży tak jak tata
Mnie nie trzeba było niańczyć

Lubiłem z szabelką potańczyć
Byłem dumny i nie bałem
I czasami też krzyczałem
Żywo podać mi to piwo
Bo wam hrabia narozrabia
Popijałem bez zagrychy
Lecz z reguły byłem cichy.

Czasem tylko się wściekałem
Wtedy mieczem wywijałem
Wtedy wszyscy nie czekali
Lecz po kątach się chowali.

Lat piętnaście czas się zmienia
Koniec mego ośmielenia
Przyszła pora ożenienia.

Raz wyszedłem więc nad wodę
Patrzą a tu dziewczę młode
Swoje ciało w wodzie trzepie
Tak mnie wzięło aż telepie.

Oświadczyłem się nad wodą
I do domu z dziewuchą młodą
Pędzę niczym koń wyskoczy
Ojciec rzekł mi przetrzyj oczy
Ja nie widzę tego dobrze
Ona umrze tu na kołdrze
Co ty robisz syn u kata
Ona ma sto cztery lata
Nie wygląda na dziewicę
Wstyd na całą okolicę
Młody hrabia a rozrabia.

Gdy matka tego słuchała
Aż po ziemi się kulała
I siedem dni rozryczała.

Lecz rodziców nie słuchałem
Do kościoła poleciałem
Ślub już chciałem dzisiaj wziąć
Termin mi wyznaczył ksiądz.

Ślub miał odbyć się nad wodą
Zaniosłem więc pannę młodą
Dwie godziny tylko zeszło
Ale wszystko dobrze przeszło.

Ksiądz gdy ujrzał młodą pannę
Zwymiotował na sutannę
Spadła z głowy jemu czapka
I wyszeptał Moja babka
Zaniemówił umarł biedak
Wolał umrzeć ślubu nie dać
Skąd nowego księdza wziąć
Więc zacząłem w trąby dąć.

Myślę sobie pal go w czapę
Będę żył na kocią łapę
Nie doniosłem jej do domu
Bo umarła po kryjomu
Chyba coś po cichu zżarła
Raz westchnęła i umarła
Tak straciłem narzeczoną
Znów oglądam się za żoną.

Wtem wybuchła wielka wojna
Jakaś liczna banda zbrojna
Uderzyła na nasz zamek
W zamku powstał straszny zamęt
Trza się bronić i cóż więcej
Napisałem prominencję.

Wygłosiłem wielką mowę

Bo co my się będziem bić
Trzeba teraz dużo pić
A butelki buch za mur
Zginie z tamtej strony szczur
Będziem niszczyć ludojada
Niechaj więcej nie napada.

Więc się wszyscy posłuchali
I butelki wyrzucali
I za siebie i za mury
Wysoko daleko do góry
Gdy wszystko z butelek wypili
Już napastnicy nie żyli
A było ich może mniej więcej
Około dwanaście tysięcy
Może i ktoś nie uwierzy
To przybyło nam rycerzy
Może i niesprawni byli
Lecz w końcu popodnosili.

Czasem wychodzę za mury
Patrzę wysoko na chmury
Pooglądam swoje włości
Brakuje mi tylko miłości
Powspominam dawne czasy
Polowanie i hałasy
Czasem cichcem na wieś zajdę
Może sobie żonę znajdę
Może kiedyś z pomocą Bożą
Do domu pannę mi przywiozą.

Może w końcu się ożenię
I na żywot lepszy zmienię
Może pójdę do zakonu
Lecz na razie siedzę w domu.

Życie zawsze figle płata

I czasami niezłe kruczki
Śniło mi się tego lata
Ładna żona dzieci wnuczki
Może kiedyś się dopełni
I to o czym marzę spełni
Dobry ojciec matka brat
Życzę im po dwieście lat
Ale sobie życzę trzysta
Bo to sprawa oczywista.

Pijak w kosmosie

Duża świnia małe prosie
Pijak to ma wszystko w nosie
W pewnym sklepie flaszkę kupił
Była mocna więc się upił.

A wiadomo że spirytus
Piją tylko ludzie prości
Więc osiągnął ten osobnik
Aż dwa stany nieważkości
Czas fruwania i spadania.

I pofrunął biedaczyna
Robiąc dziwne ruchy męskie
Wzbił się w górę gdzieś zza wieży
Patrzy na dół i nie wierzy
Niedopita flaszka leży
Trzeba dopić nim się ściemni
No więc z hukiem spadł na rzekę
I nie dopił lecz utopił.

Przez to głupie pożądanie
Poznał ziemskie przyciąganie
Zginął i do domu nie wraca
Wody dużo nie ma kaca
Nie pociągnie już z przymusu

Ni setu ni spirytusu.

Moja rada żyj przykładnie
Gdy już żądza cię napadnie
Gdy zalejesz się dokładnie
Nie opuszczaj domu gości
Nie wpadaj w stan nieważkości.

Picie jest rzeczą przyjemną
Lecz się nie unoś za wysoko
Możesz głowę też uszkodzić
Ze strachu kluseczka urodzić
Zwichnąć rękę złamać oko
Takie stany nieważkości
Nie wynikają z miłości
Osiągają je pijasy
I po prostu ludzie prości.

Zastanów się gdy jesteś w trakcie
Bo gorzej się skończy po fakcie.

Ślub

Gdy ci dobrze urósł korzeń
I dorosłeś to się ożeń
Chcesz szczęśliwym być weź ślub
Więc obrączkę pannie kup
I wieczorem może rano
Klęknij na prawe kolano
Jak przystoi na młodziana
Cmoknij w rękę udaj pana
I może nie jesteś bogaty
Weź pożyczkę i kup kwiaty
Albo urwij je na łące
Kolorowe i pachnące
I się oświadcz tymi słowy
                    Jam gotowy.

Wiersze pierwsze

Byłaś dotąd narzeczoną
Zostań teraz moją żoną
Chcę być z tobą czas nam zleci
Więc zmontuję tobie dzieci
Szczęście samo nas dopadnie
Ja na tobie ty raz na mnie
Teraz modne są pozycje
Proszę nie dzwoń na policję
Kiedy czasem urżnę się
Będę płakał przytul mnie.

Na to panna się odzywa
Wiesz że jestem urodziwa
Będziesz tylko miły patrzał
Wczoraj Wojtek się oświadczał
Lecz zapomniał on o jednym
Ja żyć nie chcę z chłopem biednym.

Proszę teraz idź do mamy
Najlepiej kup futro z lamy
Ona też jest dużo warta
Bo to matka choć uparta
Zaśpiewaj jej piosenkę
Poproś ładnie o mą rękę
Dzwoń do taty do Toronto
Ale nie stój chłopcze w kącie
Pokaż ile masz na koncie
Czy masz aby dobry dochód
I mieszkanie i samochód.

Jam u mamy tylko jedna
Moja rodzina jest biedna
Gdy jesteś nie bardzo bogaty
To zbieraj się i spadaj do chaty
Tak powiedziała ona
Tego chłopca narzeczona.

Więc oddalił się ów chłopak
Siedzi i płacze i na stronie
I myśli teraz odwrotnie
Nie o biednej a bogatej żonie.

Siła

Jak rozumieć słowo siła
Silny jak koń czy może słoń
Silny fizycznie silny psychicznie
Teoretycznie czy meteorycznie
Siły pojęcie ma różne strony
Ktoś tam jest silny ale szalony
Mądry duchowo a może głupi
Nikt więc rozumu siły nie kupi.

Pojęcie siły to obraz mylny
Siła to temat w postaci ducha
Siła się ciebie gdy zechcesz słucha
Siły używasz zatem do ruchu
Gdy biegasz pływasz płaczesz
Czy śmiejesz do słońca
Siłę się zmierzy i nie ma końca.

Siła raz rośnie maleje zmienia
Bez siły ciało się nie poruszy
A więc to element jest każdej duszy.

Silne są moce święte anielskie
Silna przyroda lasy zielone
Różne zjawiska nadprzyrodzone
Nieokreślone prawa przyrody
Wszystko jest dziwne wszystko zawiłe
Nikt nie jest w stanie zrozumieć siłę.

Rozumie tylko ten co to stworzył

Co z detalami wszystko ułożył
Bóg wszechmogący wszystko wiedzący
Siła to zapał siła to męstwo
Siła na wojnie krwawe zwycięstwo
Zbędne działania wszystko zburzone
Siła w odwrotną użytą stronę
Daremna praca to wszystko dobro.

Zbiorowa siła życie zabija
To właśnie wszystko z prawdą się mija
A czas ucieka i ciągle zmienia
Rozwijaj umysł i szanuj siłę
Bo życie zrozum zawsze jest miłe.

Sejf

Wczoraj w nocy mieście Rudzie
Kręcili się jacyś ludzie
Wtem do banku nagle wpadli
I ukradli wiecie kogo
Mnie samego powiem krótko
I dlatego jest mi smutno
I widziałeś mnie i wiesz
Mam na imię krótko Sejf.

Byłem ciężki wyłem z bólu
W środku tyle kasy miałem
I nie jestem taki mały
Drzwi na zamek z wielkim szyfrem
Tak się mocno napocili
Jak mnie z banku wynosili
Raz na ziemię upuścili
Jedną nóżkę utrącili.

Trudno sobie wyobrazić
Jak można na straty narazić
Mnie mocnego z grubej blachy

Zamknięty na siedem spustów
Wynosi kilku oszustów.

Bo policja i ochrona
To gromada patałachów
Porzucali karabiny
I rozpierzchli się ze strachu
Cóż ja mogłem zrobić więcej
Skoro miałem tyle złota
Tak mniej więcej sto milionów
Za zawartość i tę kasę
Można by zbudować mnóstwo domów.

Pomyślałem przetrwam drakę
Gdy wrzucili mnie na pakę
A mnie w środku kasa ściska
Czy policja mnie odzyska
Może kiedyś wczesnym rankiem
Znowu się przywitam z bankiem.

Ale stało się odwrotnie
Poniżyli mnie sromotnie
Cały środek opróżnili
Mnie samego zostawili
Co jest warta kupa złomu
Nikt nie weźmie mnie do domu.

Wczoraj warty bardzo dużo
Dziś mnie rankiem ptaszki budzą
Leżę więc samotny w lesie
Nikt mi kasy nie przyniesie
Stoję pusty i otwarty
Deszcz mnie kropi wiatr zawieje
Pewnie wkrótce zardzewieje.

Strużek demon i żona szalona

Nazywał się Demon Strużka
Pochodził gdzieś spod Pułtuska
A żona Demona Strużka
To bała się iść z nim do łóżka
Wolała takiego Leona
Bo była po prostu szalona.

Demon Strużek nie mył nóżek
Bo po prostu bał się wody
Czasem w nocy mocno chrapał
Puszczał czasem głośne bąki
Twierdził jak mocno pachniało
Że od razowej mąki.

Strużek czasem wracał z pracy
Nawet trochę przymulony
Więc odwraca się do ściany
I odzywał się w te słowa:

    Był dziś Leon widzę kwiaty
    Nowy czajnik do herbaty
    I perfumy dziś dostałaś
    Bo tak ładnie zapachniałaś
    A ja nic dziś nie dostanę
    Bo nie jestem dobrym panem.

A Strużkowa przebudzona
Tak jakaś rozanielona
Nie słyszała co on mówi
Szepcze sennie

    Leon Leon
    Z tej miłości to coś wyjdzie
    Kochaj mnie on dziś nie przyjdzie
    On gdzieś w nocnym barze pije

Jutro to mu mordę zbiję
　　　I wyrzucę go z chałupy
　　　Nie dostanie więcej d....
　　　I jeszcze nie dokończyła
　　Bo się nagle obudziła.

　　　　　Skąd się tutaj wziąłeś Demon?

　　　Co ty pieprzysz jaki Leon
　　　Jakie kwiaty co to było
　　　Chyba Tobie się przyśniło
　　　Ty pijaku skurczybyku
　　　Odwiedzę cię na odwyku
　　　Masz ty w głowie tylko śmieci
　　　Tylko szkoda moich dzieci
　　　Dobrze że są całe zdrowe
　　　I złapała się za głowę.

　　Milczy teraz znowu Demon rzecze:

　　　Jakie śmieci co To plecie
　　　Ty starucho nadstaw ucho
　　　Jaka pała co gorzała
　　　Chybaś z Leonem pochlała
　　　Bo aż cała zaśmierdziała
　　　Czuć zapach palącej się gumy
　　　Ale dostałaś perfumy
　　　A kwiaty to farba z nich zlazła
　　　Chyba je koza pogryzła
　　　To chyba ty Leonowo
　　　Coś niedobrego masz z głową.

　　Zamilkł Leon odzywa się z szafy

　　　Co słyszę wy patałachy
　　　Demon przyniosłeś coś mam kaca
　　　Postaw butelkę nie wracaj

Wiersze pierwsze

Nie możesz tu z nami być
Nie można tak w trójkę żyć
Usiądź w kącie patrz na prącie
Coś ty taki zaskoczony
Jak odzywasz się do żony
Wczoraj twojej dzisiaj mojej
Myślę jak ją to poruszy
To wezwie funkcjonariuszy
I się prześpisz na deptaku
                    Ty głuptaku.

Wpada teściu do pokoju

    Wy... Leon gnoju
    Co ty robisz w mojej szafie
    Zaraz za coś cię ułapię
    Co się tak tam głośno kręcisz
    Jeszcze kasę mi schachmęcisz
    Co schowałem przed swą żoną
    Niedorajdą utuczoną
    Muszę chować by nie zżarła
    Z otyłości nie umarła
    Zresztą po co ja to pieprzę
    Chyba zaraz go wywietrzę.

I na pięcie się obrócił
Przez okno Leona wyrzucił
Krzyczy córka
    Leon wypadł!
    Ale dajesz tato przykład.

Nic naprawdę się nie stało
Leonowi się udało
Ale bardzo go bolało
Bo jak wleciał do śmietnika
Trochę buzię poumykał
I niezbyt zadowolony

Wrócił nad ranem do żony
I drogo za swój występ zapłacił
Bo całkiem swą pamięć zatracił.

Rano wszyscy powstawali
Na naradę się udali.

Rzekł więc teściu
   Mój ty zięciu
   Jak policzę do dziesięciu
   Musisz znaleźć się w łazience
   Umyć tyłek głowę ręce
   I nie drażnić córki więcej
   Co dzień ją na rękach nosić
   I natychmiast ją przeprosić.

Demon pada na kolana
I przeprasza córkę zięcia
A właściwie swoją żonę
Do łazienki i skończone.

A teść mówi swojej córce

   Urodziłaś się na górce
   Nie przystoi zdradzać męża
   Mego zięcia z takim osłem
   Co za mocno się uniosłem
   To przepraszam z takim wujem
   Teraz to przechlapał sobie
   Jak następnym tu go złapie
   To już nigdy nie przechlapię
   Za to wszystko przeproś Demona
   Ty moja córko szalona.

Córka do wanny wskoczyła
I Demona przeprosiła.

Więc w pokoju dużym Demon
Jego żona teść i żona
Dzieci poszły już do szkoły
Będzie kłótnia zakończona.

A więc składka na flaszeczkę
Piją jednym kieliszeczkiem
Nagle ktoś do drzwi zapuka
Leon swojej żony szuka
I pyta się Struzika Leona
Z kim była wczoraj jego żona szalona
Bo jak spadał stracił zmysły
I nadzieje nagle prysły
O miłości i przyszłości.

   Siadaj Leon mówi teść
   Powiem krótko po co kręcić
   Wiem że masz zaniki pamięci
   Powiem teraz raz i drugi
   Będziesz spłacał moje długi
   Tak mniej więcej sto tysięcy
   To ostatnie słowa moje
   Leć po flaszkę kup za swoje
   Zostaw flaszkę idź do żony
   Ale swojej ty Leonie mancymonie.

Leon w końcu to zrozumiał
Zrobił tak jak teść przykazał
I wyjechał za granicę
Tam pracuje długi spłaca
Szalona żona kocha Demona.
Żona teścia odchudzona
I wszyscy szczęśliwi z radością
Obdarzają się miłością.

Tylko żona Leona myśli o Leonie
        I w długach tonie.

Darmozjad

Siedzi w kącie nic nie gada
Co zobaczy łaknie tego
Jest leniwy nie pracuje
Bardzo dobrze się z tym czuje
Nie chce mu się iść do szkoły
Gdy już pójdzie same dwóje
Nic mu się też nie podoba
Co zobaczy zaraz pluje
Kto to powiem tyś już zgadł
To jest Jasio darmozjad.

Już nazwisko mówi za się
Nic nie robi tylko pasie
A jak nieraz wpadnie w nerwy
To obżera się bez przerwy
I utuczył się jak świnia
Co tu robić rady nie ma.

Nie pomogła i terapia
Myśli tata myśli mama
Może coś pomoże mafia
Może porwać i odchudzić
Jak się później okazało
Źle się stało.

Zginął Janek nie ma Janka
Bardzo wczesnego poranka
Ktoś go porwał by odchudzić
I żeby rodziców obudzić
Szeryf mafii użył sposób
I zażądał duży okup.

Odchudzanie było w planie
A nie jakaś wielka forsa

Matka płacze na dywanie
Ojciec włosy powyrywał
W całym domu wielki smutek
Gdzie darmozjad się podziewa.

Skąd pieniądze wziąć na okup
Sprzedali dom i samochód
Pożyczyli jeszcze kasy
Nie pojadą już na wczasy.
Na żądania muszą przystać
Żeby Jasieńka odzyskać.

Minął miesiąc jeden drugi
Tata z mamą liczy długi
Janka nie chce zwrócić mafia
Okup wzięli chłopca nie ma
Chyba się zapadnie ziemia.

I się stało w ten poranek
Do chałupy wraca Janek
Cienki jak ten obwarzanek
Bardzo mocno odchudzony
Słania się na wszystkie strony
Dziwny nie do rozpoznania
Bardzo chudy że aż rudy.

Odchudzili Janka sądzę
Za pożyczone pieniądze
I nie będą więcej trudzić
Bo i z czego go odchudzić.

Masz z nadwagą kłopot może
Mafia zawsze ci pomoże.

Portfelik

Mówi mąż rano do żony

Moje ty ździebełko
Moja ty stokroteńko maleńka koteńko
Nie widziałaś kochana może dzisiaj z rana o tu za ten fotelik
Wpadł mi maleńki pamiętasz mój mały portfelik.

Gdy tak po północy z pośpiechem do ciebie po pracy
To jakoś mi bardzo sucho zrobiło mi się w gębie
I jakoś niezręcznie padłem na fotelik.

I wypadł mi chyba niefortunnie mój mały portfelik
A wiesz w tym portfeliku były same setki bankowe czeki
Kasa do wybrania i pierścioneczek
Dla ciebie misternej roboty
Więc pomóż mi go znaleźć kotenieczku złoty.

A wiesz mój ty mężusiu
Rzekła żona pani
   Wczoraj gdy cię nie było to przyszedł mąż Hani
   I także usiadł na ten to fotelik
   I z kieszeni swojej koszuli wyjął ten portfelik.

Powiem ci mój kochany to chłop pierwsza klasa
To robiłam z nim to co trzeba bo to jego kasa
Więc wracaj do jego żony w tą ciemną noc marną
Ciekawe czy coś skorzystasz czy aby za darmo.

Biedny zięci

Byłem do wzięcia dano mi żonę
Bo tak mi było to przeznaczone
Mamusia żony trzymała stronę
Do pracy boso raniutko z rosą
Kanapki lepsze ale z powietrzem
Zięć nie narzekał było mu dobrze
Czasem mu myszę wsadzi pod kołdrę
Innym zaś razem upiekła placki
Cóż nie obyło się bez padaczki

A jak się wścieknie za ucho bierze
Czasem się wkurzy rzuci talerzem.

Znosił to zięciu a były żniwa
Jadąc kombajnem zahaczył bramę
No i niechcąco zahaczył mamę.

Leży teściowa i się nie rusza
Zięć zaś rozpacza moja mamusia
Chociaż nie chciałem a przejechałem.

Długo nie martwił bo czeka praca
Proszę cię mamo nigdy nie wracaj
Tak opuściłaś zięcia w potrzebie
Myślę że lepiej będzie ci w niebie
Nazajutrz leżą już na grobie
Od zięcia kwiatki i takie słowa
Tu leży przeszłość moja teściowa.

Na teściową

Niech mama nie płacze bo zięć w rozterce
Niech mama nie rozpacza on ma liche serce
Niech mama do herbaty nasypie mu soli
A gdy zięć się odezwie to go opierdoli.

Niech teściowa chociaż raz w życiu kupi sobie kwiaty
Niech mamusia nie celuje do zięcia z armaty
On zawsze raniuteńko powraca do chaty
Nie chodzi nie przepije w domu nie rozwala
Niech mamusia tak za byle co to go nie opierdala
Niech się pani przed zięciem do lasu nie chowa
I kto takie rzeczy opowiada
                    Niedobra teściowa.

Rozmowa generała z doktorem

Dlaczego pan panie generale pości w karnawale?
Mówi pan doktor i dlaczego pan gada
Że teściowa panu generałowi wszystko z lodówki wyjada?
A z tego co mi wiadomo nie mieszka ona w pańskim domu.

Pan jest w błędzie panie doktorze
Generał rzecze stojąc na dworze
Moja teściowa z Dąbrówki
Podczas gdy jestem w pracy
Chowa się do mojej dużej lodówki
I tam właśnie ta cholera
Wszystkie mrożonki wyżera.

Tak szybko że aż ją przytyka
A drzwi od środka lodówki zamyka
I gdybym był na urlopie
To już by było po chłopie
Dlatego urządzam manewry
Niech siedzi tam w środku bez przerwy
I niech na sobie odczuje
Jak zięć w karnawale głoduje.

Ciekawość

Jak wieść niesie dawno temu
Szkoły były tak nieliczne
Więc ukradkiem i do szkoły
Garnęły się dzieci śliczne.

Jedna klasa jedna pani
Ale dzieci może trzysta
Więc uczyły czytać mówić
I trochę tańczyć tłysta.

Były również i matoły

Co to nie lubiły szkoły
Przeszkadzały czy płakały
I robiły różne zbytki
Gryzły pióra wygłupiały
I się pani nie słuchały.

W pewnej szkole na Podhalu
W lesie dziwne ognie palą
Była właśnie taka szkoła
Zbudowana z drzewa cała
W środku było mnóstwo dzieci
Które pani nauczała.

Naokoło tej to szkoły
Dziwna cisza panowała
Czasem wrzaski jakieś trzaski
Skowyczenie ujadanie
Ktoś tam powywracał kwiatki
W wielkiej studni woda dudni
Jakiś diabeł czy to zjawa
Jakiś żebrak czy też wiedźma
Słowem okolica biedna.

Więc zajrzymy tam do środka
Co tam można dzisiaj spotkać.

Nasza pani nauczycielka
Smukła ładna choć niewielka
Właśnie uczy dzisiaj śpiewać
Proszę dzieci hopsa hopsa
Janio Ani ukradł dropsa
Kasia mała dziś zaspała
To jej mama nakrzyczała
Co tu mówić i nie gadać
Umiała piosenki układać.

Kto coś chciał podnosił rękę

Śpiewać musiał każdy z dzieci
No i wierszyk reklamował
Potem się pod ławkę schował
No i chrapał czy się drapał
Ale zanim się połapał
Dostał dwóje i do kozy
Albo klęczyć miał na grochu
Więc upuszczał łzy po trochu.

Źle ogólnie to nie było
Ale dziwnie się skończyło
A wszystko przez małą Hanię
O tym się dowiecie bliżej
Napisane jest poniżej.

Było to w słoneczny czwartek
Mała Hania siedzi w ławce
A ręku trzyma małą kartkę
Pani to zauważyła
I do Hani przemówiła

    Droga Haniu moja mała
    Pokaż coś tam napisała

I schwyciła ją za rękę

    Pokaż pokaż tę piosenkę
    To ją może przeczytamy
    No a później zaśpiewamy.

Hania przeczy kręci głową
Pani patrzy nań surowo
I puściła Hani rękę.

    Ja nie jestem twoja mama
    Tę piosenkę jeśli twoja
    To zaśpiewaj wszystkim sama.

Bardzo proszę mała flądro
Nie będziesz taką mądrą
Bo po lekcji będziesz sprzątać
A nie to pójdziesz do kąta.

Na to Hania jej odrzekła

Proszę pani nauczycielki
Nie zaśpiewam tej piosenki
I nie puscę kartki z ręki
Dzisiaj to mam głosik cienki
Jakiś dziwny jakiś cienki
Powiedziała Hania pani.

Haniu przestań rzekła pani
Bo się będę dalej gniewać
To co masz na tej karteczce
Musisz dzisiaj nam zaśpiewać
W naszej szkole ty matole.

Na to znów odparła Hania

Nie zaśpiewam z tej kartecki
Bo mnie pani za to zbije
Mama kiedyś ją śpiewała
To dwa lata już nie żyje
Moja pani nauczycielko.

Pani myśli co do czarta
Co ta Hania tak uparta.

Haniu rzekła
Proszę cię już raz ostatni zaśpiewaj
A nie to won z klasy i do lasu.

Na to Hania mała rzecze

Moja pani Nauczycielko
Prose sobie wytłumaczyć
Gdy zaśpiewam tę piosenkę
Zrobię pani krzywdę wielką
Będzie pani bardzo wściekła
I może pani iść do piekła.

Tego było już za dużo
Pani macha długą rózgą

   Albo śpiewasz padnę trupem
   Zdejmę majtki zleję dupę
   Marsz do kąta co się gniewać
   Będziesz teraz w kącie śpiewać.

W kącie stoi Hania mała
I to co teraz powiedziała
Pani dobrze usłyszała

   Będzie pani żałowała
   To co pani usłysała
   Moja pani nauczycielko.

Wyciągnęła karteckę z rącki Hania
I cichutko zaśpiewała.

   Duzo ludzi siedzi w piekle
   I bzydkie zapachy
   Diabły siedzą przy stoliku
   Grają sobie w sachy
   Ja robiłam bzydkie rzecy
   Więc się tu dostałam
   I dlatego tu się męcę
   Dzieci nie słuchałam
   I dlatego zamiast nieba
   To piekło wygrałam.

Ledwo czytać dokończyła
Hania mała się spaliła
I kartecka też zniknęła
I piosnecka przeminęła
A to znaczy że nie mogło być inaczej.

Pani nauczycielka już nie uczy
Z okna wyskoczyła
Dzieci uciekły do lasu
Bardzo wystraszone
No i wszyscy się rozbiegli
Każdy w swoją stronę.

A to wszystko tak się działo
Diabły tam mieszkały
I nieraz do tamtej szkoły
Często zaglądały
Szefem tej szajki diabelskiej
Był mały lucyfer
Ten jak zechciał to zamienił
W małpę kaloryfer
Diabeł wszedł więc w małą Hanię
Podrzucił karteczkę
A wiadomo chytry diabeł
I pomysł diabelski
Właśnie on to posiadł
Duszę pani nauczycielki.

Bo ta pani nie wiedziała
Że Hania jest duchem
Chociaż miała głosik inny
I plamę za uchem.

Już za późno nie usłyszy
Nigdy tej piosenki
Hania mała już wiedziała

Że jej głosik cienki
Był anielski lecz diabelski.

Z tej satyry to wynika
I prawda uparta
Nigdy z diabłem nie zaczynaj
I nie wkurzaj czarta
Proszę cię więc nie zaczynaj
Grywać z diabłem w szachy
Bo cię może kiedyś spotkać
Jakaś dziwna matnia
i piosenka na karteczce
To będzie ostatnia.

Więc pamiętać trzeba o tym
Moi drodzy ludzie
Że nie jeden przez ciekawość
To do piekła pójdzie.

Nic mi to

Nic mnie to nie obchodzi
Czy słońce zachodzi czy wschodzi
Że ktoś kogoś kocha wybacza
Płacze czy szlocha
Czy ktoś jest leniwy czy chciwy
Że ktoś ma poglądy sprzeciwy
Czy w mieście czy gminie w powiecie
Dlaczego się zaraz dowiecie.

Dlatego nie obchodzi mnie nic
Bo jestem grzybem nazywam się Rydz
Jestem prototypem grzyba
Próbowałeś już mnie chyba
Nie smakuję tak jak ryba
Mieszkam w lesie i tam żyję
Czasem deszczyk mnie obmyję

Czasem zwierzak mnie obetrze
Robaczysko we mnie wlezie
Zawsze myślę pozytywnie
W tym to względzie jakoś będzie.

Jestem rudy jak wiewiórka
Okrywa mnie cienka skórka
Zetknąć ze mną możesz panie
Gdy się zacznie grzybobranie.

Cieszę się że jestem grzybem
I aż radość mnie przenika
Gdy ktoś taki jak ty pani
Schylisz się i do koszyka
Wrzucisz rydza rudowego.

Wcale mi to nie przeszkadza
Wytłumaczyć też potrafię
Jaki jestem piękny grzybus
Spójrz na moją fotografię
Wiem że jestem do jedzenia
I do garnka trafić muszę
Chociaż jestem taki rudy
Rude serce mam i duszę
To nie jestem niebezpieczny
Lubię jak się czasem suszę.

Jestem piękny niewybredny
Rudy to nie znaczy wredny
I dziewczyny respekt czują
Bo na rudo się malują.

Ładne panny nogi chude
Włosy rudo czarno białe
Rude bluzki czarne majtki
Rude szminki biustonosze
Ładna panna no i proszę

Możesz myśleć nie wiem co
Jestem Rydzem nic mi to.

Radość miłość piękna sprawa
Rudy niedźwiedź ruda trawa
Wypalona na jesieni co tu zmieni
Ruda matka ruda córka
Wąż sypialnia i wiewiórka
Co tu dalej nie wiem nic
Nic mi to powiedział Rydz.

Kapucha

Istota pieniądza i władza i żądza
Ma swoje zalety i wady
Pomyśleć człowieku w dwudziestym już wieku
Bez kasy to żyć nie da rady.

Zbieramy pieniądze pracując nie sądzę
I ciągle ich więcej potrzeba
Przelewy bankowe pożyczki czy złoto
Nie przyjdą za darmo piechotą.

To prawda tak stary złotówkę w dolara
Na euro też możesz zamienić
Do ludzi zapukasz być może oszukasz
To życie na lepsze zamienisz.

Bogaty ma sztaby i stać go na baby
Mercedes nie chodzi piechotą
A biedny bez kasy nie stać go na wczasy
Przegarnia drobniaki jak błoto.

To diabeł piekielny wymyślił mamonę
Rubelki złotówki dolary zielone
I z piekła rozrzucił po świecie drobniaki
Dlatego świat chciwy jest taki.

Pożyczył pan docent kapuchę za procent
Waluta niezdarta bo franki
Więc kupił chłopina mieszkanie niewielkie
Dla swojej najdroższej kochanki.

I wszystko by grało lecz nagle się stało
Zwyczajnie pieniężne rozgrywki
Ktoś ukradł pieniądze bankowe tak sądzę
Ktoś przepił i wydał na dziwki.

Po góry procenty zabrali mu z renty
Komornik więc zajął mieszkanie
Rozpacza pan docent wariuje kochanka
Cóż teraz zrobimy kochanie.

Od Tatr do Bałtyku jak kraj nasz szeroki
Bank daje kredyty i patrzy ci w oczy
A gdy cię omani to takie procenty prowizje narzuty
Że będziesz skończony i padniesz zaszczuty.

Jak złapać klienta prezenty na święta
Wysyła się kartki przymruża oczęta
Bajerem się zwabia w kredyty się wrabia
Bank coraz bogatszy klienta osłabia.

To prawda jest stara i jak zwyczaj każe
Pieniądze z gitarą to zawsze są w parze
Z kapuchą się żyje i z forsą się tańczy
Przegrywa w kasynach na balach festynach
I śpi na ogromnych puchowych pierzynach.

Gdy masz więc na stysiu
Choć milion chłoptysiu
To szybko go wybierz bo stracisz go pysiu
Bo nagle na giełdzie coś tak zawiruje
Bank zwinie kapuchę na zero skasuje.

Czy ciepło na dworze czy może przymrozek
Zostawi ci trochę więc kupisz powrozek
I gdzieś na ubocza szerokiej polany
Zadyndasz na drzewie machając nogami.

Rozważaj co mówią i co trąbią media
Bo czasem wypadek nawet tragedia
Bo nieraz w gazetach są bzdury niestety
Proste beznadziejne głupawe gadżety
Bo za co i po co promuje wydawca
Gdzieś zdjęcia kolesia czy nagiej kobiety
Nie czytaj takich szmatławca.

Czas wciąż niespokojny a świat ciągle hojny
Pieniądze na wojny wydaje
Na atom rakiety się płaci niestety
Biednemu na chleb już nie staje.

Czym zmierzyć bogactwo sknerstwo tułactwo
Gdzie kończy linia bogactwa
Czy może na wschodzie czy gdzieś na północy
Zamyka pieniężna transakcja.

Tomasz nasz

Tomaszu Tomaszu Tomaszku
Tomeczku Tomeczku Tomeczku
Tomciuniu Tomciuniu Tomciuniu
Oczęta oczęta oczęta
Pamiętaj pamiętaj pamiętaj
Love you love you son.

W Chicago dalekim przy wodzie Michigan
Pracuje i mieszka Tomaszek tulipan
Nie leni się chłopiec bo praca upiększa
I jego kapuchę na koncie powiększa

Od czasu do czasu podróże służbowe
Czasami odwiedza Elżbietę królowę.

Nasz Tomasz się stara myśli o awansach
Specjalnych znaczeniach a więc insiuransach
Szanuje rodzinę i bywa w kościele
Wiadomo chrześcijanin choć czasu niewiele
Wiadomo że wiara to ważna rzecz święta
No może nie zawsze lecz chociaż we święta.

Tomaszku Tomusku trzydziestka na karku
Więc ubierz spodenki pobiegnij do parku
Wiadomo żeś młody poprawiaj kondycje
Radiowóz zobaczysz omijaj policje.

Tomelku wróbelku stokrotku bogaty
Przyjeżdżaj na Princeton do mamy do taty
Mamuśka i tatko ciebie wyglądają
I stojąc przy oknie na ciebie czekają.

Mamuśka Tereska upiecze placuszka
I czułe ci słowo zaszepcze do uszka
A Stasio Pysaczek napisze ci wiersze
We love my babe po drugie po pierwsze.

Więc zdrowiej bobasku i oczy twe piękne
Bo gdy się ma zdrowie to życie jest piękne
Pobiegnij do lasku na świeże maliny
A gdy znajdziesz czasu poszukaj dziewczyny.

Leniwy i pracowity

Mówił pracowity do lenia
Musisz się tak męczyć
To lenistwo co masz w sobie
Musi ciebie dręczyć.

Dlaczego ty nie pracujesz
I czas ci się dłuży
Nie odwiedzasz doktora
A chciałbyś żyć dłużej.

Nie przyniesiesz wody
Choć bardzo się chce pić
Czy aby wygodnie
Z tym lenistwem żyć.

Dobrze odpowiada leniwy
Milcząc do tej pory
Pracujesz ciężko i tracisz
Płacisz na doktory.

Pijąc wodę ze źródła
Tylko ją marnujesz
Możesz połknąć robaka
I źle się poczujesz.

Rano wstajesz do pracy
I płacisz podatki
Jest między nami różnica
Mamy inne matki.

Leniwy

Badał doktor leniwego utracił on mowę
Obejrzał jedną potem drugą ciała połowę
Szukał i badał serce gdy przebadał wszystko
Pomyślał więc mowę odjęło chyba przez lenistwo.

Zebrał zatem wyniki badań położył na kupę
I co pomyślał wykonał kopnął lenia w d...
Efekt był murowany doktor to miał głowę
Leń podskoczył do góry i odzyskał mowę.

Na korytarzu wśród ludzi słychać ciche szepty
Bo żeby dostać kopa nie trzeba recepty.

Pracowity do przesady

Pracowity aż do przesady Józef stary Baca
Ten jak już nie ma co robić oczyma przewraca
To tnie drzewko na opał to owce podstrzyże
Policzy kwiatki na łące talerze wyliże.

Wodę raz ze strumienia przelewał do garnka
Lecz pewnej pięknej nocy żona się przejęła że bacy jego fujarka
Wzięła nie stanęła to przez te jego harówkę i na pewno zgadła
Raz jeden tylko drgnęła i nagle odpadła.

Sfolguj trochę Józefie rzekła młoda kózka
Nie dość że straciłeś popęd nie pociągniesz wózka
I jak się tego słucha to aż bierze litość
Można nawet życie stracić przez tę pracowitość.

Leniwa Lena

Lena Leniwa Lalunia
Pojechała do Sielunia
I kupiła sobie majtki cienkie
I długą w kratki sukienkę
A że tak leniwa była
To sukni nawet nie przymierzyła.

A wesele jest w niedzielę
Znowu problem przez lenistwo
Lenie wcale nie na rękę
Kto ubierze ją w sukienkę
Jej się nie chce aż się wzdraga
Na wesele poszła naga.

Widząc pannę mały Kajtek

Taka ładna i bez majtek.

Pracowity wół

Wół przez całe dnie pracował
Kiedyś w nocy zachorował
Skąd lekarstwo wziąć dla niego
Chłop pomyślał babę woła.

Baba stoi patrzy smutnie
Te lekarstwa bardzo drogie
Zamiast leków do roboty
Pora wstawać widno dnieje
Więc pracując się zdrowieje
Więc do pługa to maleństwo
Zaprzęgnięto to małżeństwo.

Ciągnij wole orz te pole
Gdy zaorzesz będziesz zdrowy
Wół przewrócił się i skonał
Pracownika mamy z głowy.

Zając

Zając kiedyś wlazł do szafy
Patrzy a tu dwie żyrafy
Obejmują się za szyję
Jedna mruczy druga szyje
Jedna drugą w szyję trąca
W szafie ciemno z braku słońca.

Zlękł się zając uciekł z szafy
Gdzie podziały się żyrafy
Problem w tym że w tym pokoju
To nie było nigdy szafy
Tylko jeden mały stolik
A zając to alkoholik.

On ma czasem jakieś zwidy
I przewraca się na polu
Po spożyciu alkoholu.

Zakochany mąż

Ożenił się z nią z miłości
Nie zaprosił wcale gości
Bo pewnie by umarł zgorszony
Bo ktoś by się odezwał do żony.

Przysięgał że będzie ją kochał
I zawsze tak po kryjomu
Zamykał ją w małym pokoju
I nie wypuszczał nigdy z domu.

Przynosił jej piękne bukiety
Ale umarła niestety
Ale dlaczego umarła
Bo ją samotność przeżarła
Kiedyś myszy wystraszyła
I do rana nie dożyła.

Wykopał więc grób w ogrodzie mały
Piękne kwiaty się przydały
Zrozpaczony głową kręci
Kocha żonę i po śmierci.

Pośpiech

Klient jedzie taksówką a ta jedzie wolno
Pośpiesz się panie szofer dziś mam urodziny
Mam samolot o piątej czasu pół godziny.

Słysząc to taksiarz zatrzymał auto w szczerym polu staje
Dziękuję panu kochany jedź pan tym tramwajem

Jakieś trzy kilometry pieszo przez kartofle rżyska
Tramwaj w który pan wsiądziesz jest koło lotniska.

Więc lepiej nie narzekać nawet wolniej jechać
Aniżeli tramwajem koniec.

Chora baba

Kardiolog do starej baby która rozebrana
Leży w jego gabinecie od samego rana
I ciągle głośno narzeka

      Doktor coś mnie kłuje
Ten patrzy jej się w oczy i wcale nie czuje
Że starą babę coś boli.

Powiada zatem doktor
    Pani jest bez serca
      Coś pan teraz powiedział
        Jakiego kobierca?

Znowu doktor do baby
    Pani nie świruje
    Pani jest całkiem zdrowa
      Nic jej nie doskwiera
Nie wytrzymała umarła
O to ci cholera.

Doktor się wcale nie przejął patrzy na kobitę
Kto teraz zapłaci za baby wizytę?

Jan na polowaniu

Poszedł Jan na polowanie
Wziął strzelbę i procę
Chodził szukał zwierzyny

Chyba dzień dwie noce
I żadnego nawet śladu
Wilka czy niedźwiedzia
Pomyślał zatem pójdę
Nad rzekę upoluję śledzia.

Coś mu szepcze do ucha
Ależ panie Janie
Śledzia to tylko spotkać
Możesz tylko w oceanie.

I nic z tego nie wyszło
Nie spał cztery noce
Wrócił głodny do domu
Ktoś mu buchnął procę.

I strzelba nie pomogła
Nic tu do dodania
Wrócił więc pan myśliwy
Głodny z polowania.

Rozumy

Małe sprawy duże sprawy
Dumni mądrzy i rozsądni
Zadufani zakochani
Wielcy mali i porządni
Niech więc każdy dziś pamięta
Że otacza nas świat cały
Drzewa ptaki i zwierzęta.

Wszystko rusza się i żyje
Chociaż mamy czasy chwiejne
Nie jest źle i trzeba wierzyć
A nie patrzyć beznadziejnie
Czasem droczyć i zaczynać
Ale trzeba też zakończyć

Bo się może jak poniżej
Sytuacja taką skończyć.

Mamy właśnie sytuacje
I zobaczymy kto miał rację.

Raz spierały się rozumy
O dwa słowa ważniejsze
Czy zaczynać i czy przestać
Które drugie które pierwsze.

Pierwszy mówi ja zaczynam
Drugi rozum mówi przestań
Jak zacząłeś to mów prawdę
Jak kłamiesz lepiej przestań.

Drugi rozum się nabzdyczył
Mnie na taką prawdę nie stać
Ja jak zacznę udowodnię
Że nie będę musiał przestać.

Pierwszy rozum wyjścia nie miał
Nie przestawał nie zaczynał
Tylko robił miny żymał
Patrzył w górę gdzieś tam w chmurę
Zamilkł.

Drugi rozum raz zaczynał raz przestawał
I odwrotnie znów zaczynał
Nagle coś nim głośno trzasło
Zdębiał no i też zatrzymał
Stoi.

Zauważył rozum trzeci
Kłócą się jak małe dzieci
Ten przestaje ten zaczyna
Trza zapytać na urzędzie

Wiersze pierwsze

Kiedy zacząć kiedy przestać
No i czyja racja będzie
Mnie na taki werdykt nie stać.

Zjawił się i rozum czwarty
Myśli to już nie są żarty
Czas zakończyć stworzyć nowe
Jakieś nowe propozycje
Iść do sądu naczelnego
Czy zadzwonić na policję.

Ale rozum finansowy
Trza zarobić a nie stracić
Jeśli sprawa się rozpocznie
Trzeba za wszystko zapłacić.

Zacząć sprawę trzeba płacić
I zakończyć też kosztuje
Ktoś tu zyska ktoś tu straci
Ale czy to się opłaci.

By nie było samosądu
Więc rozumy pozbierały
I udały się do sądu.

Jak to w rządzie czy też w sądzie
Wszystko piękne i ozdobne
I fotele foteliki
Wszystkim dobrze się powodzi
Tu nie trzeba Ameryki
Tu dopiera demokracja
Za pieniądze podatnika
To się bryka.

Więc rozumy rozumiki
Całe klany panie
Pany rozsiadły się wygodnie

Pan zrozumie pan rozumny
Wszyscy są ubrani modnie
Bo ten ma co ukraść umie
Każdy głupi to zrozumie.

Moc rozumów sala tłumna
I zaczęła się rozprawa dumna
Bo rozumna.

Pan zaczynać to nazwisko
Wiemy wszystko
Siedzi z przodu trzyma
Szklankę z zimną wodą
Cóż innego może zrobić
Musi jakoś sprawę opić
Na nic innego go nie stać
Spogląda na pana przestać.

Pan zaczynać to się cieszy
Jemu nigdzie się nie śpieszy
On rozumie że ma rację
A właściwie to mu wisi
Zwiesił oko na Marysi
I z uczuciem do niej wzdycha
Jakaś panna głośno kicha.

Nagle drzwi się otwierają
Wpada sędzia rozum ważny
To chłopisko metr czterdzieści
Lecz niegłupi i odważny.

Cicho stało się na sali
Wszyscy nagle powstawali
Każdy trzyma się jak umie
Każdy wie i no rozumie.

Kiedy o tej sprawie mowa

Wiersze pierwsze

Jestem po to i mnie stać
Więc wam mówię w mordę mać.

Słuchajcie mnie wszystkie rozumy
Dumne dziewczyny i chłopcy
Te z góry to ze dna
Mój wyrok jest prosty
                  Zwyczajny i taki.

Panie zacząć panie przestać
To rozumne i życiowe
To jest mój ostatni wyrok
Podzielicie się na połowę
Rozpoznałem sprawę waszą
Z korzyścią na sprawę naszą.

Panie zacząć tysiąc złotych
Panie przestać tysiąc złotych
Ja jestem sędzią poważnym
Więc kończąc te wasze głupoty
Dodatkowo wam dokładam
Po dwa tygodnie darmej roboty
To jest koniec no i basta
Oczywiście z korzyścią dla miasta.

Wpłacicie tę kasę do sądu
W terminie do przyszłej soboty
Morał taki stąd wynika
Od autora rozumnego.

Nie przestaniesz będziesz siedzieć
To powinieneś o tym wiedzieć
Możesz nawet i przesiedzieć
A odwrotnie jak nie zaczniesz
To nie zrobisz zwykłej kupy
I dlatego ten powyższy
Proces w sądzie był do dupy.

Gdy się będziesz dniem i nocą
Spierał kiedy nie wiesz o co
To cię urząd sponiewiera
W sposób taki jakiś porąbany
Sędzia który za twoją kapuchę
Co tydzień zmienia dziewuchę
Mercedesa też se kupi
Bo sądzony zawsze głupi.

Codzienność

Pędzi fruwa skacze
Miesza biegacz legat
Skoro jesteś z tego świata
To się musisz jakoś nie dać.

    Możesz
Nie zakładać do snu majtek
A po prostu spać w spódnicy
Wchodzić na czerwonym świetle
Lub położyć na ulicy.

Pić na umór i się zapić
Narkorniaka ejca złapić
I koledze uwieść żonę
Włosy krótko podstrzyżone
Możesz nosić.

Możesz nie jeść w domu zupy
Dostać kopniaka do d...
Przegrać wojnę lub zwyciężyć
Kręgosłup nadwyrężyć
Cudze dzieci możesz niańczyć
Iść do niewoli nie walczyć
Możesz słuchać się teściowej
A nie słuchać jeszcze gorzej.

Gdy cię gonią możesz zwiewać
I po piesku kupki zbierać
Nawet z teściem grać w palanta
Od żony wygnać amanta.
Pomalować na czerwono
Iść na spacer z cudzą żoną.

Możesz zmienić narzeczoną
Urwać struny od gitary
Możesz króla poudawać
Coś połamiesz to pospawać
Możesz złamać sobie nogę
Wylać zupę na podłogę.

Możesz z konta sobie wybrać
Żonę w rękę pocałować
Teściowej laskę schować
Konia do domu przyprowadzić
I palec do ognia wsadzić.

Słowem wszystko można zrobić
I dużo się nie narobić.

Ale może i być gorzej
Bo wiadomo że nie możesz
Zdmuchnąć świeczkę co nie świeci
Być niepłodnym i mieć dzieci
Trzymać żyrafę za uszy
Wyjść naprzeciwko swej duszy
Wywołać deszcz w czasie suszy
Zjeść na raz sto kilo kiełbasy
Policzyć na świecie drzewa
Uciszyć zająca gdy śpiewa.

Wydoić wołu rodzaju męskiego
Zatrzymać rakietę gdy leci

Stanisław Pysek Prusiński

Przelać Wisłę do morza
Ukręcić z powietrza powroza
Zamienić konia na fokę
Przemienić na wodę ropę
Palcami rozkręcić szyny
W zimę w lesie zrywać maliny
Świat objechać w dwie godziny
Być dobrym dla pingwina
Bo przeklnie cię rodzina.

I dużo rzeczy nie możesz
Co z tego że pole zaorzesz
A nie wrzucisz do gleby ziarna
To mimo że ziemia urodzajna
Na wiosnę nic nie urośnie.

Dziękuję ci za to mój Boże
Że człowiek wszystkiego nie może
A gdyby by mógł by móc
Od razu by było to czuć.

Więc dziwne są nieraz intencję
A może i nawet pretensję
Że życie jest takie bezradne
Że coś ci ktoś kiedyś ukradnie
Że ktoś kiedyś kopa przywali
Samochód na drodze nawali
Że wczoraj spłonęła ci szopa.

Zapomnij że to tak się stało
Zastanów się więc łysa pało
A chociaż posiadasz i włosy
Nie pomstuj bo słyszą niebiosy
I w zgodzie z sumieniem bądź
I przestań już w końcu kląć.

Podnoś ręce no i nogi

Tak wysoko od podłogi
Ćwicz zapasy oraz jogi
Gdy jest źle to się nie spieraj
Możesz sobie klina nalać
Jak pogonią to uciekać
Więc się mocno nie upieraj
Odpoczywaj w trawie w życie
Pracuj dobrze należycie.

Myj się zawsze bez przymusu
Całuj długo i namiętnie
Do kościoła módl się chętnie
Zwalaj zbędne kilogramy
Nie wstydź się taty choć jest garbaty
Żonę pocałuj i przynieś kwiaty
Tak w swoim życiu doznasz miłości
To i dożyjesz długiej starości.

Umiar wymiar

Wszyscy żyjemy w jednym wymiarze
Kręci się wszystko jak na bazarze
Jest więc zielone czarne czerwone
Lewo do przodu w prawą stronę
Wolno i szybko ot tak płyniemy
Czy aby wszystko o sobie wiemy.

Wymiar to czynność nieokreślona
To coś w rodzaju pustego balona
Który unosi się na błękicie
Wymiar to istnieć wymiar to życie.

Żeby korzystać zatem z wymiaru
Potrzeba przy tym trochę umiaru
Cóż więc wynika i cóż się stanie
Gdy nie stać kogoś na umiarkowanie.

Przykładem Wałek syn milionera
Jego pieniędzy nikt nie pozbiera
Duży mercedes sześć metrów długi
W środku łazienka pies dwie papugi
Pokój jadalny i dach zwijany
Słowem to auto jest pierwsza klasa
Automatyka i wszystko tyka
W barku zaś wino szampan kiełbasa
To już nie pierwsza to extra klasa.

Gdyś jest bogaty to wszystko możesz
Wacław i żona w tym samochodzie
A z tyłu trójka dorosłych dzieci
Autko mknie wszystko czas fajno leci
Z kasety wideo film jakiś leci
Żona pomadką maluje usta
Wacek przyśpieszył bo droga pusta
Lecz coś mu szepcze trochę umiaru
Nie ciśnij gazu zdążysz się spóźnić
I nie denerwuj mięśni rozluźnij.

Cóż nie posłuchał biedny Waczysko
Dołożył gazu i spieprzył wszystko.

Coś zawarczało i zacharczało
Koło się tylnie nagle urwało
Nigdy nie zagra już na gitarze
Razem z rodziną w innym wymiarze
A zatem wszystko po co to komu
Już nigdy razem nie będą w domu
Nigdy pieniędzy już nie policzy
Nie zazna również życia słodyczy
Nigdy nie wpadnie do swego baru
Bo nie skorzystał Wacuś z umiaru.

Takie ma umiar też słabe strony
Rodzina w niebie w innym wymiarze

Wiersze pierwsze

Mercedes płacze gdzieś tam na złomie
Byłem na chodzie teraz już po mnie.

Praca konieczna każdy to musi
Gdy będziesz głodny to się udusisz
I też się znajdziesz w innym wymiarze
Pracuj rozsądnie równo miarowo
Czterdzieści godzin ale myśl głową
Czy to prywatnie czy też państwowo
I nie przesadzaj z nadgodzinami
Bo się poślizgnąć możesz czasami.
Wszystko jest dobrze ładnie i fajnie
A żoną twoją ktoś inny się zajmie
I co ci z tego ty stary ośle
Żona ci jeszcze wiązankę pośle
I puści nago boso w koszuli
I jeszcze bardziej kochanka tuli.

Powiem ci również drogi kolego
Nigdy nie kradnij lecz ze swojego
Kradnij więc cudze tak robią ludzie
I to ci powiem żebyś już wiedział
Siebie okradniesz nie będziesz siedział.

A gdy już musisz kradnij z umiarem
Bo to przysłowie jest polskie stare
Kradnij legalnie i nie nachalnie
Raczej po prostu i tak oficjalnie
Kradnij sam tylko nie za namową
Wybieraj raczej kasę państwową
Bo tam jest dużo lewej kapuchy
To taka prawda nie tylko słuchy
Starczy dla wszystkich i prezydenta
Bo ile w kasie kto tam pamięta.

Wczoraj w przestworach piekło napadli
I źle się stało ogień ukradli

Diałby się kręcą jakby w ukropie
Lucyfer wściekł się gorzałę żłopie.

Napił się bestia i tak się przejął
Że wszystkich diabłów wysłał na lejof
Bezpłatny urlop aż do niedzieli
Żeby to wszystko to diabli wzięli.

Więc nie narzekaj że coś cię boli
Chcesz iść do nieba do tej niewoli
Pamiętaj w niebie nie dorwiesz laski
Musisz się modlić wyprosić łaski
A więc posłuchaj co głos ci każe
Więcej umiaru myśl o wymiarze.

Gdy nie posłuchasz to masz już z głowy
Staniesz się zatem bezwymiarowy.

Gdy tak się sprawie tej przyjrzeć z bliska
To jest najlepszy Besseler Pyska.

Lanie wody

Woda jest w życiu tak bardzo ważna
Jest woda czysta mętna poważna
Deszczowa płytka a w wodzie rybka
Macha ogonkiem do wielorybka.

Czy jesteś stary średni czy młody
W tobie i we mnie jest dużo wody
Służy do życia pływania i mycia
Woda jest czasem gruba otyła chuda
Życie bez wody to się nie uda.

Woda miliony lat temu była
Kiedyś z kosmosu ponoć przybyła
Tak więc to prawda nie do ukrycia

Wiersze pierwsze

Wody zabraknie zabraknie życia.

Oto przykłady wody zabrakło
Ciemno na dworze zagasło światło
Schudłeś o całe pięćdziesiąt kilo
Talerze brudne a już południe
Brudne rączęta a jutro święta
Ryby na plaży porozbierane
Ubranie brudne tydzień nie prane
i w ubikacji nie pachnie cudnie
Na parapecie uschnięte kwiaty
W czym to się teraz można utopić
Machniesz kielicha nie ma czym popić.

Zabrakło deszczu gleba jest sucha
Zupa na sucho zabrakło wody
Jak umyć buzię nogi i uszy
I zalać kaca gdy rankiem suszy.

Więc gdzie namoczyć choć przyrodzenie
Wody zabrakło uschnie sumienie
Bez wody można igiełkę złamać
Piszę to prawda nie można kłamać
Choć czasem wpada wyrządza szkody
Trzeba oszczędzać i nie marnować
Bo gdy jej zbraknie będziesz żałować.

Woda jest również w innej odmianie
Modne jest teraz jej polewanie
Niektórzy dobrze się na tym znają
Jak tylko mogą to polewają
Wody polanej nic nie ubywa
Gdy lejesz więcej ciągle przybywa.

Polana woda ekonomiczna
Państwowa partyjna czy polityczna

Stanisław Pysek Prusiński

Polanej wody dla wszystkich starczy
Lecz skutek lanie wszystkich obarczy
I stwarza przy tym ciężkie choroby
Uszkadza serca trzustki wątroby
Pustoszy w środku i twoją duszę
To bardzo ważne mówię to w skrusze.

Jak więc zaradzić wadę tę przegnać
Więc lać mniej wody nie robić szkody
Zwiększyć dochody zmniejszyć odchody
Zwiększyć dostatek od lania wody
Trzasnąć podatek cztery procenty
Tylko z dochodu a nigdy z renty.

Wiadomo zatem że polewanie
To jest z reguły zwykłe kłamanie
Nakłamiesz dużo to pełno wody
Kłamie na służbie policjant młody
Nawet prezydent gdzieś tam od góry
Tak polał wodę powstały chmury
Deszcz spadł na ziemię urosły rózgi
I podtopiło to ludziom mózgi.

Woda zalała wioski i miasta
Jej poziom podnosi się ciągle wzrasta
Stan tak krytyczny zły stan psychiczny
Przez polewanie tracimy wszyscy
Z polania wody żadnych korzyści.

Jak się polanie na życie kładzie
Więc to oparte jest na przykładzie
A zapoznacie się właśnie z tym bliżej
To co poniżej.

Frycek Lejwoda gdzieś od Katowic
Zwykły czarownik doktor jasnowidz
Leczył metodą polania wody

Śledztwo jest w toku zbiera dowody
W oczy zaglądał ściskał za uda
Zaklęcia szeptał i czynił cuda
A panny młode leczył bajerem
Wiedział co robi nie był frajerem
A za usługę brał to co łaska
Cieszył się doktor cieszyła laska.

Leży w szpitalu i myśli zbiera
Przedwczoraj leczył żonę boksera
Polewał wodę tak pięknej pannie
Że się znaleźli w łazience w wannie
Ale nie długo tam przebywali
I trochę wody narozlewali
Lecz się wizyty nie spodziewali
I skutki straszne z samego rana
Cała łazienka zdemolowana
Wandziula cała łzami zalana.

Frycek raz jeden dostał pod oko
Wzniosło go o jakiś meter wysoko
Nim zdążył krzyknąć wypadł przez okno.

I nieprzytomny nie kumał wcale
Po reanimacji i po zawale
Teraz żałuje że zrobił przewał
Że niefortunnie wodę polewał
Skończyć karierę w sposób tak brzydki
Cóż czeka Frycka wóz inwalidzki.

Polewań wody mnoży się wiele
A gdy polewasz to jest weselej
Polewaj wodę umiarkowanie
Wszystko polejesz nic nie zostanie
Gdy źle polejesz może by krucho
Możesz spaść z góry na ziemię suchą
Stracić opinię nogę czy ucho

Więc lejąc wodę czyń więc to słusznie
Graj umiejętnie śmiej dobrodusznie
Tak ją polewaj by nie wyciekła
W innym przypadku trafisz do piekła
I na sto procent to są dowody
Że w żadnym piekle to nie ma wody
I nie ma straży choć w tyłek parzy.

Zrzędzenie marzenia

Skóra swędzi ojciec zrzędzi
Po wypłacie brak pieniędzy
Gospodyni podchmielona
Zupa nieźle przesolona
Od leżenia boli dupa
Naczelnik zalał się w trupa
Policja schwyciła przygłupa
Przewody ukradli ze słupa
To wszystko co w jedno się zlało
Dlaczego tak właśnie się stało
Co robić do kogo zadzwonić
Jak przed tym problemem ochronić
Nikt nie wie po co i dlaczego
Tak właśnie się stało kolego.

Na reklamy wydajesz moc pieniędzy
Niedomagasz nie pomagasz
Zewsząd słychać ciche szepty
Kup lekarstwo na swędzenie bez recepty.

Połóż plecy na drucianej korze
Poleż dwa dni to na pewno ci pomoże
W mig opuści twoje ciało to swędzenie
Uważaj na przyrodzenie.

Ojciec zrzędzi po wypłacie
Przechlał forsę zbrudził gacie

Kac go tłucze tak go męczy
W pokoju na progu klęczy
Nawet stanąć już nie może
A choć plucha jest na dworze
Z buzi suchej żar wybucha
I gderania żony słucha.

Jak zaradzić zniszczyć kaca
Wiadro wody wlać na głowę
Można przy tym stracić mowę
Iść do knajpy ale za co
W barze za picie nie płacą
Zbrakło strawy małe dzieci
Święty z nieba nie przyleci
Bo tam ciągle u nich praca
Anioł nigdy nie miał kaca
A choć musi również klęczeć
To nie musi się tak męczyć.

Pijesz pierwszy drugi trzeci
A masz żonę małe dzieci
To wyrzeknij się szatana
Pozbędziesz się kaca z rana
I tej strasznej przykrej suszy
Ryjek w górę podnieś uszy
Ale najpierw mówię tobie
Posprzątaj to po sobie.

Zupa nieźle przesolona
Gospodyni podchmielona
Obojętnie swatka żona pana wdowa
Jeśli o soleniu mowa
Może nawet i przesolić
I patelnią przyfasolić
Powiedziała dobra Hania
Do starego męża Frama
Nie wcinaj się do gotowania

Chciało by się lecz by chcieć
Sam ugotuj jak chcesz żreć
Nie narzekaj stary dziadzie
Zeżryj śledzie w czekoladzie
Popij potem zimną wodą
Ciesz się że masz żonę młodą.

Tyłek boli od leżenia
Narzekała śliczna Renia
Nie narzekaj więc za młodu
Biuścik w górę i do przodu
Zaraz Hania ci pokaże
Cycki w górę i na plażę
Czas już przerwać złe nawyki
I odrzucić narkotyki.

I od marca się opalać
A nie leżeć opierdalać
By doczekać się siwizny
Nie bój się opalenizny
Mąż się znajdzie no i juści
Już cię szczęście nie opuści.

Na naradzie pan naczelnik
Komisyjny wziął rozdzielnik
I podzielił kasę gminy
Na wielodzietne rodziny.

Na wypłaty i na długi
Na ciągniki i na pługi
Co zostało wziął do chaty
Myśli sobie spłacę raty
Za nowego mercedesa
Ale miał dziwnego stresa
Sprawa źle ta zakończona
W domu czeka śliczna żona
I po prostu bez przyczyny

Poderwał się na dwie dziewczyny.

Panienki dorwały przygłupa
Naczelnik zalał się w trupa
I goły wrócił do chaty
Przepadł mercedes na raty.

Pan policjant chlał na pozór
Zawieszony dostał dozór
Siedzi glina za łeb trzyma
Nie na służbie i bez pracy
Machnął więc setę portera
Do lektury się zabiera .

Czyta pierwszy tom drugi i trzeci
Niezłe bajki bo dla dzieci
Czyta szósty siódmy czwarty
Ale glina jest uparty
Dwa miesiące się mordował
Przez bajeczki tak zwariował.

Więc przywiązał się do słupa
Koledzy zwinęli przygłupa
Powieźli do szpitala
Ten doktora o...
Kto to widział ducha w barze
Gra w szpitalu na gitarze.

Kto nie ma miedzi ten w domu siedzi
Kto siedzi długo boli go dupa
Zabrakło światła na pewnej wiosce
Ktoś w nocy buchnął przewód ze słupa.

Takiego typa to tylko trzasnąć
Jak można teraz po ciemku zasnąć
Łóżko zaścielić wydoić krówki
Jakąś cebulę wyjąć z lodówki

Zrobić by żona w ciąże nie zaszła
Do zupy wrzucić chleb zamiast masła
Zapalić lampę a nafta droga
Ujrzeć obrazek a na nim Boga
Jechać rowerem a ciemna droga
Ratować wuja bo nagły zator
Więc jak po ciemku zapalić traktor
Słowem co robić gdy zbraknie światła
To chyba kara na wioskę naszła
Po co narzekać na głupią rzecz
Umyj więc tyłek i przestań żreć
Wcale ciemności nie musisz bać
Więc zmów paciorek i pora spać.

Wszystko się przyda

W pewnym mieście Alfons Zyga
Stary skąpiec wszystko mu się w życiu przyda
Mucha co do izby wleci
Czyjaś żona obce dzieci
W szklance fusy od herbaty
Dwie połamane łopaty
Ten bierze wszystko na raty
Pracuje na cztery etaty
Bardzo chytry Alfons Zyga
Takiemu wszystko się przyda.

Patrzeć przykro szkoda wzroku
Spodnie pękły wczoraj w kroku
Nie zszyje szkoduje na nici
Buzi nie mył już od roku
Światło gasi już po zmroku
Wyparł się nawet rodziny
Do spania żałuje pierzyny
Miele zboże piecze placki
Miewa przy tym ciągłe sraczki
Drugi rok zająca mrozi

Wodę pitną z rzeki wozi
Sprzedał kozę ciągnie pług
Nawet sąsiad jemu wróg.

Po pierwsze po drugie po trzecie
Co znajdzie do domu zawlecze.

Jestem stary myśli Zyga
Trumna mi się kiedyś przyda
Pobiegł sprawdził wszystkie ceny
I kupił trumnę z przeceny.

Dobrze myślał nie był głupi
Umrze kto mu trumnę kupi
A gdy w środku się położy
Kto mu wszystko w środek włoży
Nóż motykę jakieś graty
Szczotkę pilnik stare szmaty
I widelec też tam przyda
Myślał skąpiec Alfons Zyga.

Bał się umrzeć więc się chował
Popadł w nerwy i zwariował
Jest w szpitalu na Podhalu
W wielkim psychicznym lokalu
Darmą wodę pije duszkiem
A pod głową ma poduszkę
Przywiązany jest do łóżka
Opiekuje się nim wróżka
Ta twierdzi że jest z bezpieki
Podaje darmowe leki.

Pomyślał więc stary Zyga
Ta może to teraz się przyda
Lecz raptem coś go napadło
Bo kiedyś zapłacił za jadło
Ze stresu mu serce wysiadło.

Leży prosto i nie rusza
Uleciała skąpca dusza
Teraz już się nic nie przyda
Nic nie straci nic nie wyda
Już nie myśli stary wyga.

Stał się zimny mocno zbladł
Trzasnął w deski skąpy dziad
Czarne spodnie czarny sweter
Zakopano go na meter
Leży dziadek teraz w ziemi
I nie czeka aż się ściemni.

Dla Tomaszka na urodziny

W marcu jak w garncu
Na dworze plucha
Młodzieńcze Tomaszku
Dziś tego wysłuchaj.

Sto lat sto la i stolatek
Niech nam żyje syn Tomaszek
Niech mu mina się rozjaśni
Niech w ten dzień urodzinowy
Znikną wszystkie troski z głowy
Niech na zawsze ci zagości
Fala szczęścia i radości.

Tomasz rośnij nam wysoko
Żeby panny miały oko
Żebyś powodzenie miał
A więc życie garścią brał.

Wiwat Tomaszku kochany
Jak oblecisz wszystkie stany
A dlaczego to wiadomo

Przyleć do swojego domu
Kiedy tylko będziesz mógł
Niech ci błogosławi Bóg.

Hapi birday to you.

Kura

Pewnej nocy o północy
Otworzyła kura oczy
Obok kogut w ustach fajka
Spogląda w gniazdo na jajka.

Kura myśli kogut w nocy
Pali fajkę o północy
Patrzy w gniazdo zamiast w oczy
Jeszcze jej na ogon skoczy.

Pomyślała zatem kura
Pozbędę się tego gbura
Co on ma tu do gadania
Wchodzi ot tak bez pukania
Co jest przyjścia tego powód
Po co przyszedł tutaj kogut.

Kura kręci się nerwowo
Rusza szyją macha głową
Pogdakuje sroży pióra
Jak się pozbyć tego gbura
Nagle w sercu zagdakało
Może mu się i zachciało
Może to i tego powód
Więc ogląda się na ogon.

Nie to bzdura to nie powód
Kur pięćdziesiąt jeden kogut
Choć przystojny i nie stary

Nie zawracał by gitary
Kurze na emeryturze.

A może to drugi powód
Może chodzi tu o rozwód
Groźna mina w zębach fajka
Może chodzi tu o jajka
Tych nie oddam bo są moje
Najwięcej się o to boję.

W gnieździe mieszczą się trzy jajka
On powinien o tym wiedzieć
To kosztuje bardzo drogo
Jeszcze trzeba je wysiedzieć
I poczekać na pisklęta
Czy aby o tym pamięta.

Nasuwa dylemat trzeci
Jak podzielić trójkę dzieci
Jak tę sprawę sąd rozwikła
Bo nie prosta bardzo przykra
Komu przyzna matko święta
Te dorodne trzy małe pisklęta
Wszystko widzi w czarnej chmurze
Kura na emeryturze.

Wariant otwarty jaki powód
Po co przyszedł w nocy kogut
Każdy to powinien wiedzieć
Przyszedł na jajkach posiedzieć
Rozweselić przy tym kurę
Popatrzeć co trzyma pod piórem
Pióra trochę poprostować
No i z kurą poflirtować.

I zobaczyć przy tym jajka
Ale po co mu ta fajka

Więc słuchaczu o tej fajce
Dowiesz się już w innej bajce.

I nasuwa się myśl wtóra
Mądry kogut głupia kura
Zamiast koguta przywitać
I o co chodzi zapytać
Robić jaja i nie wiedzieć
Znacznie trudniej je wysiedzieć.

Karaluch brzydal

Są zwierzęta lwy lamparty
Owce zające owady
Żywych istot jest tysiące
W lesie na polu na łące
Są i pszczoły trzmiele grzmiące
Muchy no i karaluchy.

Skąd się wzięły te ostatnie
Młode krzywe brzydkie stare
Skąd zjawiły się na ziemi
I dlaczego bo za karę.

Kara połowa lucha
Druga połowa bez znaczenia
Jakaś kara ale za co
To wymaga przeliczenia
Ale na to trzeba czasu
Idź do lasu.

To się dowiesz porozglądaj
Drzewa wielkie wierzba stara
Żaby ptaki pluskwy muchy
I przebrzydłe karaluchy
W środku wierzby popękanej
Co więc sprawia że karaluch

Jest najbrzydszy ze wszystkich w lesie owadów.

To przysłowie mówi stare
Jesteś brzydki to za karę
Ale kto zesłał karę
Na te karaluchy stare?

Karaluchy powstawały
Były białe i czerwone
W prążki paski i w kropeczki
Wąsy lekko przystrzyżone.

Karaluchów było dużo
Były chwackie aroganckie
Pożerały zatem wszystko mrówki
Płazy oraz trawę
Były to bestie silne
I niczego się nie bały
Pomyślały sobie kiedyś
Zawojować trza las cały
Całą ziemię łąki pole
Wziąć w niewolę.

Lament w lesie klęska bliska
Karaluchy wszystko wzięły
Pozostały tak mrowiska
Gdy się przyjrzeć podejść blisko
To wiadomo że mrowisko
To jest twierdza sznurem szyta
I nie łatwa do zdobycia.

Więc tych mrowisk było więcej
Jakieś milion sto tysięcy
Rozciągały się bez miary
Około tysiąca hektary.

Stare mrówy młodych połowa

Na każde mrowisko królowa
Budowały robotnice
Miasta wioski i ulice
Budowały i zasieki
Wały obronne i fosy
Cóż mógł zrobić takim mrówkom
Jakiś tam karaluch bosy.

Więc zaczęło dziać się wszystko
Król karaluch gad szalony
I na rauszu podchmielony
Pozamykał swoje żony
Poformował bataliony
I miliony karaluchów
Starych młodych pasibrzuchów
Każdy w zęby uzbrojony
Stanęły do wojny z mrówkami.

Król karaluch trochę głuchy
Bo chodziły o tym słuchy
Swoim dzikim wzrokiem zmierzył
I w mrowiska wnet uderzył
Rozgorzał się bój na łące
Mrówek trylion i trzy tysiące
Karaluchów dwa biliony
Co drugi to podchmielony
Bo na wojnie to tak bywa
Że trzeźwy wojny przegrywa.

Wojna trwała cztery wieki
Mrówki robiły zasieki
Dniem i nocą pracowały
Karaluchom dokuczały
Tak na jednym karaluchu
To siedziało pięćset w uchu
A na nodze dwa tysiące
Do tego parzyło słońce.

Mrówki będąc bardzo głodne
Cięły karaluchów spodnie
Obgryzały im pempuchy
Rozcinały oczy brzuchy
Cięły uszy nogi uda
Gryzły wszędzie gdzie popadło
Z karalucha niezłe jadło
A tak to na dobrą sprawę
Raz słonawe raz słodkawe.

Na każdego karalucha przypadało tak mniej więcej
Mrówek około dwieście tysięcy.

Zginął król i jego świta
Rozbiegają karaluchy
Wszystkie mocno pokąsane
Jeden krzyczy drugi głuchy
A więc klęska po kłopocie
Karaluchy są w odwrocie.

Pokąsane krzywe czarne
Nogi tak powykiwane
Plecy poobgryzywane
Każdy owad zwykła mucha
Drwi potwornie z karalucha.

Kto się spojrzy to się brzydzi
Karaluch się sam siebie wstydzi
I dlatego szybko zmyka
Aż mu dech płuca zatyka
I wychodzi tylko w nocy
Tak zazwyczaj po północy.

Stąd wynika prosta rada
Na słabszego nie napadaj
Bo odmienią się twe losy

Możesz stracić głowę włosy
Będziesz wolny no i gibki
Możesz nawet zostać brzydki
Gdy maleńki ci przepieprzy
Zmasakruje ci policzki
Do czterdziestu nie doliczysz
I do końca życia brzydki.

Więc nie wojuj i się naucz
Bo tak skończysz jak karaluch.

Że mrowisko to potęga
Nieraz połowy drzewa sięga
A mróweczki pracowite
Pracują bez przerwy przez życie
I to jeszcze raz powtórzę
Nie myślą o emeryturze
Wojsko również jest bez przerwy
Nikt nie idzie do rezerwy.

Gdy już zrozumiałeś wszystko
Usiądź tyłkiem na mrowisko
Posiedź z minutkę kochanie
To od razu zmienisz zdanie
Mrówki zawsze mają rację
Zrozum mrówczą sytuację.

Więc nie siadaj na mrowisko
Bo przepadnie stracisz wszystko
Nim zabrzęczą dwa akordy
Będziesz wolny lecz bez torby.

Mrówki wtedy pofolgują
Gdy ci mocno tyłek skłują.

Zagadka gagatka

Zagadka zgadywanka prawda nieprawda domysły
Jakieś przypuszczenia domysły razem z życiem przyszły.

Zgadnij co będzie jutro a co za dwa lata
Co ci bocian przyniesie czy siostrę czy brata
Pomyśl sobie beztrosko leżąc na dywanie
Że przyszłość to zgadywanka panowie i panie.

Ferdek oblatywacz z zawodu zgadywacz
Wesoły bardzo chłopeczek nie jakiś podrywacz
Ukończył szkół wiele bo miał dobrą głowę
Podstawowa szkoła zagadek średnia sprawy słuszności
Studia zgadywawczo poznawcze badawcze.

Ponieważ nasz uczony magister zgadywacz
Założył firmę prywatną Ferdek Oblatywacz Zagadka
I na swojego zastępcę przyjął brata Władka
A na kierownika kadr nie powiem bo to jest zagadka
(Żona Ferdka Anna Zyga Maria Teresa Fatyga.)

Biuro było ogromne pod względem fizycznym
I mieściło się we wielkim budynku fabrycznym
I graniczyło z ogromnym budynkiem muzycznym.

Budynek Ferdka do remontu nie wyglądał ładnie
Zapłacił za niego niewiele chociaż sam zgadywał
Kiedy pożyczał pieniądze banki oblatywał.

Jego żona to gruba i niska jak kaczka
Anna Maria Teresa Zyga Fatyga Oblatywaczka
Znała się na księgowaniu praniu i sprzątaniu
Pomagała nieraz nawet w grzybobraniu
I zgadywała nieraz że mąż wróci rano
Że poznał nową uroczą i wesołą panią
I nie była wkurzona nieraz z ręki jadła

Kiedyś nawet skuterem do ofisu wpadła
               I to prawie nowym
Że jej Ferdek to tydzień był na chorobowym
                 Urlopie przymusowym.

I nikt by nie zgadł że coś to się stało
Bo go przez pół roku tak w środku bolało
Ferdek do pracy co dzień jeździ na rowerze
Za zagadki od klienta za dużo nie bierze
Ale ma jednak dużo codziennie roboty
Pracuje i nadgodziny zgaduje w soboty
I nawet w niedziele bo szkoduje dniówki
Rozwiązuje zagadki sprawy łamigłówki.

Współpracuje z sierżantem bo dba o rodzinę
Są sprawy kryminalne czasem i rodzinne
Z kapitanem policji założyli gminę
Sekretarza i burmistrza wsadzili na minę
I nowe naszło zajęli miasto.

Przez pięć lat działalności tak doszedł Ferdek do wprawy
Że jego firma przejęła niemal wszystkie sprawy
Kto kredyt dobry weźmie na niskie procenty
Kto w zusie dostanie grosza więcej do renty
Kto będzie w mieście wyświęcany a kto już jest święty
Kiedy ludzie strajkować wyjdą na ulicę
Czy jutro na placu miejskim spalą czarownicę
Dlaczego ksiądz nie powinien a żyje w ubóstwie
Że Franek swoją żonę jutro złapie na cudzołóstwie.

Zgadnął na przykład zapisał wszystko w kartotece
A to jego wykład na przykład.

    Dlaczego sąsiada synek dostał dwóje w szkole
    Kto tydzień temu w sobotę okradł przedszkole
    Z kim jego sąsiadka spała dzisiaj w nocy
    A dlaczego w jego łóżku a nie gdzieś w stodole

Kto wziął odszkodowania za spalenie w szkole?

Kto ukradł sołtysową krowę od obory
Z kim będzie rozgrywał wójt na wiosnę wybory
Za kogo wyjdzie za mąż sąsiadka zza miedzy
Za co Wojtek Swoboda w więzieniu siedzi
Bezczynnie niewinnie przewidział że deszcz będzie padał
Z czego się jego podwładny w kościele spowiadał?

Kogo dzisiaj na gazie pan policjant złapie
Ile ogórków ukradł i wyniósł mały Wicek w czapce
Czego najadła się owca i ją brzucho boli
Kto nasypał Wójtowi herbaty do soli?

Skąd weźmie Władek kuzyn forsę na trabanta
Z kim ucieknie z zabawy żona muzykanta
Że ktoś w mieście w totka sześć cyferek trafi
Że ksiądz na kazaniu kłamać nie potrafił?

Że krowa się ocieli będzie małe cielę
Że w piątek miało padać a pada w niedzielę.

Tak więc w tym zgadywaniu Ferdek był więc mistrzem
No i wkrótce awansował i został burmistrzem.

Społecznie się więc udzielał publicznie zgadywał
Pisał także krzyżówki sam je rozwiązywał
Że pracował bez przerwy zrobił niezły dochód
Żonie futro z lamparta domek i samochód.

W którym i w dzień i w nocy słychać było śpiewy
Że był to kupiony a nie jakiś lewy
Zakupił też komputery maszyny do prania pieniędzy
Cztery duże stojące obok wielkie przędzy
Kupił i sanatorium dla ubogich dzieci
Szpitale były bezpłatne zdrowych w środku leczył.

I lata mijały Sława Ferdka rosła
Znali go wszędzie w kraju znała cała Polska
No i mamy nareszcie Ferdka Prezydenta
Że ktoś mu kiedyś pomógł wcale nie pamięta
Przyjeżdża do swego biura ale tylko w święta.

Pamiętają go w mieście jeszcze jako posła
Ale wtedy to zgadywał i mu dupa rosła
A teraz to zgaduje ile dziś ukradnie
Oj Panie Prezydencie Ferdku czy to aby ładnie.

Kupił Ferdek kopalnię fabrykę tytoniu
I to za zgadywanie pomyśl więc gamoniu
Jak się można dorobić na zwykłej zagadce
Żeby nie robić przykrości społeczeństwu matce.

A dzieciom na kapitolu kupił prawny przydział
Gdzieś zniknął pewnej niedzieli i nikt go nie widział
Uciekł na wyspy owcze nic nie mówiąc mamie
Dalej tam rozwiązuje zagadki i kłamie.

I tak to trwało lat kilka ale dostał przydział
I to co się stało wczoraj Ferdek nie przewidział
Czego więc nie przewidział może ktoś zapyta
Że dzisiaj o północy wyciągnął kopyta.

Ale gdzie i dokąd pójdzie oblatywacz
Ferdek zgaduj zgadula niezwykły zgadywacz
Tego nikt nie zgadnie może tylko Bóg
Może zgaduj zgadule zagna w ciemny róg.

Niech zgadnie
    Czy w piekle jest brzydko czy ładnie.

Komornik potwornik

Komornicza ciężka praca

Stanisław Pysek Prusiński

Lecz nie zawsze się opłaca
Godność przy tym się zatraca
Ale państwo się wzbogaca.

Wiadomo więc o co chodzi
Skąd się to słowo wywodzi
Dawno temu człowiek chory
Wszedł do pańskiej gdzieś komory
I o obrok z koniem spierał
Koń go kopnął sponiewierał
I wyrzucił go z komory
Ten z obory szybko zmyka
No i mamy komornika.

Kto to jest komornik hrabia młody rolnik
Jakie szkoły skończył żonaty czy wolny
Zły podstępny chamski dobry czy służbista
Jednym słowem sknera sprawa oczywista
Komornik to facet co żyje z odzysku
Jest formą złodzieja o szerokim pysku
A więc jak Janosik zaczyna od zera
Ale daje bogatym a biednym zabiera.

Na urzędzie komorniczym
Prezes Józef kasę liczy
Wczoraj zabrał chłopu krowę
Dzisiaj skrzywdził młodą wdowę
Zabrał dzieciom wdowy chleb
Dostał od pasierba w łeb
Księdzu zajął też sutannę
Jak odprawiał msze poranne
Księżyna zdenerwowany
Bo do pasa nieubrany
Pomylił wesele z pogrzebem
I zamiast się udać na grób
Dał umarłemu ślub.

Różne bywają zdarzenia
Biedna inwalidka Genia
Też bardzo o wsparcie prosi
Bo dzisiaj komornik wynosi
Z jej pokoju telewizor
Łóżko papier i nożyczki
Duży wózek inwalidzki
Od pieca na węgiel drzwiczki
Bułki i koszyk na śmieci
I w mu pod rękę podleci
I jutro z samego rana
Wyrzuca babinę z mieszkania.

Cóż ma robić biedna
Ona więc umarła wystraszona
A więc z tego to wynika
Z zachłanności komornika
Ktoś napisał na pomniku
Ty umrzesz Komorniku.

komornik Andrzej Wzornik
Zajął pole i obornik
Zajął chłopu i teściową
Co świruje macha głową
Lecz dla siebie to źle zrobił
Kłopotów sobie narobił
Dotąd się z teściową męczy
I po nocach coś go dręczy
Też zrobiło mu coś z głową
Zamiast zysku ma teściową.

A pewien komornik z Gibałki
Zajął pewnej babie majtki
Cały tydzień nawet w czwartek
Nie zakłada Maria majtek
Władziowi to nawet na rękę
Tylko podgina sukienkę.

Stanisław Pysek Prusiński

I na wsi słychać odgłosy
Bo chodzi o papierosy
Więc o sprawę to taką
Że zajął on pole z tabaką
I jest więc go za co pochwalić
Bo na wsi przestali palić
Zamiast stać z petem za płotem
To wzięli się za robotę.

Nawet proboszcz jegomości
Podskakuje tak z radości
Bo gdy wszyscy mają pracę
Więcej forsy jest na tacę.

Co roku prawo się zmienia
Komornik zajął jelenia
A było to o Wielkiej Nocy
Gdy leśniczy sarny liczył
Do saren jelenia zaliczył
Kary zapłacił dwie stówki
Wygnano go z leśniczówki
Komornik przez to się napił
Tak leśniczego załatwił.

Wyszło więc nawet zdarzenie małe
Zajął dwa sklepy a w nich gorzałę
Komornik czysty w piersi się bije
Wójt i sekretarz drugi rok pije
Jeździ wartburgiem pijana bestia
Ale to przecież jest inna kwestia
No i urzędy też kasę zgarną
Można się teraz urżnąć za darmo.

Ksiądz aż ze śmiechu usta zatyka
Co dzień się modli za komornika
A i się taca bardziej wzbogaca

Wiersze pierwsze

Bo bez gorzały trudno o kaca
W które patrzeć strony przemysł zbrojeniowy
Teraz bardzo zadłużony
A wiadomo dlaczego?
          Dlatego gdyż sądzę
Bo świat na zbrojenia wydaje pieniądze.

Ogromne miliony za nasze niestety
Buduje się okręty wojenne czołgi i rakiety
A narody głodują brakuje ciągników
Zamiast wydawać na wojny szkolić komorników.

I na pewno to się opłaci więc po cóż się spierać
Można by sprzęt wojenny wojsku pozabierać
I dalej to tak zakończyć dalej za tym idę
Całą produkcje wojenną gdzieś na Antarktydę
A co jeszcze zostało do morza wyrzucić
By się tam pingwiny i foki miały czym się bawić
Czołgi i samoloty bojowe na wodzie zostawić.

A pieniądze za bomby przeznaczyć na lasy
Na rodziny wielodzietne na szkoły na wczasy
Na cele charytatywne rzeczy obiektywne
Dać dzidziusiowi zabawkę niech trochę popiszczy
Wydać na to co niezbędne przynosi korzyści.

Wiwat komornicy wiwat dobrodzieje
Walka jest wygrana cały świat się śmieje
Wszyscy się weselą księża zakonnicy
Panny kawalerzy wszyscy w okolicy
A po drugiej stronie płaczą komornicy.

Płaczą a to dlaczego wytłumacz kolego
Koleżanko i sąsiedzie co to teraz będzie
I stało się co miało rzeczy niepojęte
Wszystko zostało zajęte.

Pole nieścięte
Mleko skwaśnięte
W sklepach ubrania zeżarły mole
Żyto z pszenicą gnije w stodole
Zajęte serca majtki i biusty
Maszyna do krojenia kapusty
Wielkie wieżowce a w środku pustki
Chude się psisko z budy wyłania
Twojego męża zajęła Hania
Sklepy zajęte gdzie kupisz wannę
Woda na kartki więc pod fontannę
W spożywczym pustki gdzie kupisz mannę?

Węgiel zajęty czym upiec chleba
Kościół zamknięty a jest niedziela
Konta zajęte padnięte sploty
Na co przelejesz swoje banknoty
W hotelach pustki brakuje gości
Puste kościoły z braku miłości
 Knajpa zamknięta gdzie się bić bawić
Burdel nieczynny gdzie kesz zostawić
Ksiądz jest zajęty jak masz się zbawić
Pokuty nie ma jak się poprawić
Jak żyć tak dalej i nie przejmować?

Więc komorników czas zlikwidować.

Chyba w swej pracy trochę przegięli
I w krótkim czasie wszystko zajęli
Oprócz mogiły i w środku trupa
Czas na naprawę nie grać przygłupa.

Czy jesteś dobrym czy też złym typem
Postaw mu czoło precz z komornikiem
Używaj słowa siły perswazji
Trzaśnij go w lampę tak bez okazji
Nie daj oszukać i trzymaj stronę

Gdy się zagapisz zajmie ci żonę
A to najgorsze co może zdarzyć
I nawet we śnie miej go na oku
Gdy śpisz na lewym czy prawym boku
Czy w magazynie pracy w oborze
Miej go na muszce o każdej porze.

Tak więc radzi stary Łysek
Bez dopisek
                    Stasio Pysek.

Dla Tereski

Dziś jest ósmy marzec choć zimno niestety
Dzień tak bardzo ważny świętują kobiety
Ta płeć najważniejsza co życie upiększa
I znaczenie kobiet w wyobraźni zwiększa.

Powiem bardzo krótko razem ze mną mieszka
  Moja piękna żona kochana Tereska
  Kocham tę buziunię a gdy ona się śmieje
  To moje serduszko po prostu tętnieje.

Mój aniołku mój kwiatuszku
Mój ty śliczny mały duszku
Tak żyjemy wspólnie na jednym garnuszku
  Choć czasem jestem niedobry a na dworze ślisko
  Bardzo ciebie cenię przebacz mi więc wszystko.

Dziękuję ci i za to że brzuch mnie nie boli
Bo ty do swojej smacznej zupy mały mało sypiesz soli
Kotlety schabowe i placuszki z mączki
Stasio Pysek moje uszanowanie całuje twoje rączki.

Bajer power

Słowo bajer to przenośnia
Forma prawdy buntu kłamstwa
Słowo to dotyczy ludzi
Zwierząt kraju państwa
Słowem tak całego świata
Co chcielista to to mata.

Bajer to jest aspiryna
Na literkę a zaczyna
Czy uczony czy też frajer
Każdy więc posiada bajer.

Od samego świata powstania
Zbajerowała Ewa Adama
Ewie poszło bardzo gładko
Prosty bajer bo na jabłko.

Gdyby Adam wyczuł bajer
I miał trochę więcej manier
Jabłuszka by nie spróbował
Tylko się pod drzewo schował
Szatana na jabłko skusił
Żeby diabeł się udusił.

Tak pierwsi rodzice zawiedli
Choć wolną wolę posiedli
Nie pozbyli się bajeru
Prawdy kłamstwa i poweru
Z tego względu każdy frajer
Czy chce czy nie chce musi mieć bajer
Czy to chłopak czy dziewczyna
Od bajeru żyć zaczyna.

Bajer więc dotyczy prawdy
Trwania trwogi polityki
Rynku wojny woli chamstwa
I samego chrześcijaństwa
Nawet śmiechu i rozpaczy
Lenistwa oszustwa pijaństwa
We wszystkich dziedzinach życia
Bajer jest nie do ukrycia.

Jak masz bajer masz i power
Patrz Sienkiewicz i Tetmajer
Pisząc fraszki dobrze znali
Trafne słowa dobierali
Dodawali tam poweru
Używając w tym bajeru.

Kto rozumny i nie frajer
To na pewno lubi bajer
Rozumiesz więc teraz zawdy
Że bajer jest częścią prawdy
Smutku radości i płaczu
Od bajeru świat się zaczął
Różne sprawy i wybryki
Słowa proste i złożone
Nasze trwanie w dobrym bycie
Nasze piękne życie
Wymaga prawdy pracy rozrywki
Muzyki do tańca przygrywki
Mieszkania roweru
Prawdy szacunku poweru
I mówiąc dobitnie bajeru.

Posłuchajcie państwo rady
A oto bajeru przykłady.

Pan Kopernik to przez bajer
Nadał naszej ziemi power

I naukę tak rozkręcił
Ziemię do ruchu zachęcił
Osiągnęła więc obroty
Cały tydzień i w soboty.

Przez bajer i politykę o
Okrył Kolumb Amerykę.

Zmanipulowała Napoleona
Polska hrabina frywolna
I przez jej zalotne bajery
To Polska zrobiła się wolna.

Że bajer się opłaca wiadomo od dziecka
Przez bajer zniknął frajer
Bajerował wolno nie bardzo się trudził
Dlatego pewnej nocy już się nie obudził.

Lew bajerował krzykiem
Został naczelnikiem
Raistag spalił
I kolesi nie pochwalił
Ale w końcu dostał kopa
Tak powstała Europa.

A teraz czasy niezwykłe
Ludziom się bajery wciska
Więc rozbiegły się ludziska
Gonią po świecie za chlebem
Gdzieś pod niemieckim niebem
Brudni bosi na ulicy
Prości polscy niewolnicy.

Politykom coś się marzy
Ale mogą się poparzyć
Mietek przyłóż go do rany
Bajer ma opanowany

Wiersze pierwsze

Więc się panowie nie boją
Lecz się w armaty zbroją.

Zniekształcono i historię
Stworzono nową teorię
Groźba wojny wielka trwoga
Jakieś pretensje do Boga
Bajer rośnie i przenika
Dziwna głupia polityka
Wszystko płynie od północy
Tylko jakiś dziki frajer
Uwierzy w unijny bajer
Dowód to stu procentowy
Bajer jest formą rozmowy.

Z bajerem każdy na co dzień styka
To telewizja to polityka
To jest bajeru drugie wydanie
Szanuj więc bajer umiarkowanie
I go codziennie dobrze używaj
Nigdy bajeru nie nadużywaj.

Nie mów żeś biedny chociaż bogaty
Słuchaj wskazówek mamy i taty
Bierz więc kredyty i spłacaj raty
Możesz mieć jedną czy cztery chaty
Na śluby roczne kup żonie kwiaty.

Zmieniaj złotówki lokuj we franki
Pilnuj się żony a nie kochanki
W pracy uważaj i szanuj bosa
Nigdy nie wtrącaj w nie swoje nosa
W każdą niedzielę chodź do kościoła
I nie wagaruj bo czeka szkoła.

Oszczędzaj kasę chleba nie smaruj
Gdy przeskrobałeś przyznaj nie czaruj

A gdy się biją uciekaj w krzaki
Gdyś podchmielony to nie rób draki
Słuchaj teściowej choć nieraz stęka
Nie próbuj skrzywdzić uschnie ci ręka.

Rzeka zamarzła nie wchodź do wody
Pamiętaj zawsze nie będziesz młody
Nigdy koguta a kury macaj
Gdy zabłądziłeś szybko zawracaj
Nie bój tramwajów stroń od wypadku
Nigdy nie bluźnij przy babci dziadku.

I nie popieraj złej polityki
Głośno nie stękaj choć coś cię boli
Żadnych pieniędzy nie dawaj w łapę
Gdy mróz na dworze zakładaj czapę
Masz szansę zgrzeszyć i się nawrócić
Nie pozwól innej się zbałamucić
Zawsze się grzecznie zwracaj do żony
Czy jesteś trzeźwy czy podchmielony.

A gdy już wady z siebie wyrzucisz
Z prochu powstałeś w proch się obrócisz
Bajer i życie jest niepojęte
Masz więc okazję więc zostań świętym
Skorzystaj z szansy pomyśl o niebie
Już się zaczynam modlić za ciebie.

Dziadek i babcia

Podzielił dziadek schedę na części
Sobie wziął jedną babce trzy części
A w testamencie umieścił kruczki
Że domek z bajki dostaną wnuczki.

I źle się stało babka zgłupiała
I swoje części szybko sprzedała

Znalazła szybko bojfrenta Tadka
I opuściła biednego dziadka.

Dziadek rozpaczał po stracie babki
Lecz się nie poddał w około chatki
Kręci się sprząta podlewa kwiatki
Gotuje obiad upiecze placki dla swojej suczki
A przy niedzieli odwiedza wnuczki.

I tak mijają dni i tygodnie
Babcia z boyfrentem ubrana modnie
W różne kolory umalowana
Z restauracji ciągle pijana
Wsiada bez stresa do mercedesa
Dumna bogata ale jak sądzę
Puszcza z rozmachem dziadka pieniądze.

Znudzona Tadkiem poznała Władka
Rozbiła auto kolejna wpadka
Bo po pijaku często się zdarza
I o kłopoty często przysparza.

Romans pękł szybko
Tadek porzucił babkę tak sądzę
Bo się skończyły babci pieniądze
Bieda się wkradła myślała Babka
Trza będzie wrócić przeprosić dziadka
Różnie być może to nie jest pewne
Więc pomyślała udam królewnę
A może lepiej to zakonnicę
Czy może pannę czy ladacznicę
Jakim sposobem odzyskać dziadka
Myślała teraz strwożona babka.

Jest załamana często łzy leje
Nie ma gdzie mieszkać
Woda w piwnicy na głowę kapie

Śpi na podartej starej kanapie
Myszy insekty i karaluchy
W nocy sny straszne dziwne odruchy.

Musi się powieść modlitwy ranne
Muszę odzyskać go przez sutannę
Myśl zaświtała jak dziwna przędza
Bóg może wszystko udam więc księdza
I na kolanach w ogromnej skrusze
Ja swoją miłość odzyskać muszę.

Odzyskam męża dzieci i wnuczki
Tęskno mi również do naszej suczki
Tak więc około świąt Wielkanocnych
Babcia po cichu było to w nocy
W sutannie księdza siedzi wytrwale
Przy samym wejściu w konfesjonale.

W takich przypadkach Bóg wie co robi
I każdy człowiek przy tym ulegnie
Dziadek się zbudził więc przetarł oczy
I do kościoła chybcikiem biegnie.

Cicho w kościele w ławeczce siedzi
Pomyślał sobie czas do spowiedzi
Choć nie miał grzechów stary dziadyga
Lecz do zbawienia spowiedź się przyda.

Trochę kulejąc dziadek pomału
Zbliżył do kratek konfesjonału
Tak wypowiada swe grzechy rzadkie
Tak proszę księdza kochałem babkę
Łzy lecą ciurkiem płacze dziadzina
I o pokutę się dopomina.

W babci sutanna się poruszyła
Tak sytuacją się rozczuliła

I głosem twardym do niego rzecze
Słuchaj człowiecze wcale nie przeczę
Ja ci pomogę ja cię wyleczę
Z Boską pomocą ja cię oświecę.

Więc bij się w piersi dobrze ci radzę
Ja twoją żonę tu przyprowadzę
I głowę babcia do góry wznosi
Ona cię kocha i cię przeprosi
Potem się cała odda a juści
No i do śmierci cię nie opuści.
Jedno masz przyrzec tego nie zmienisz
I się powtórnie dzisiaj ożenisz.

Dziadek choć w cuda nie bardzo wierzył
Sześćdziesiąt razy w piersi uderzył
Aż trochę osłabł bariery złapił
Gdyby tak w głowę to by się zabił
Głowę do nieba jakieś dwa cale
Kocham cię żono wyznał bez trudu
                Doznał cudu.

O święty Panie i święta Matka
Dziadkowi z ręki wypadła czapka
Z konfesjonału wypada babka
Mocno całuje i ściska dziadka
Dziadek swe ręce kładzie na zadki
Babce urwało z księgi okładki
Tak się zdarzyło za Boską siłą
                Przypadek rzadki.

To się na milion lat tylko zdarza
Oboje biegiem szli do ołtarza
Ślub wzięli zaraz bez żadnej ujmy
Uroczy piękny no bo podwójny
To jest nauczka a trochę wpadka
Niech więcej babka nie rzuca dziadka

Więc czego uczy ten to przypadek
Niech lepiej babkę pilnuje dziadek.

Autor rodzina i wszyscy goście
Życzą rozumu dobrego bycia
No i dalszego wspólnego życia
Dostali w życiu trochę nauczki
Więc marsz do domu pilnować suczki.

Gderanie

Gderanie to pierwsze oznaki starości
To również odwieczna jest cecha ludzkości
Bo po co się kłócić i o co też spierać
Jak można tak sobie zwyczajnie pogderać.

Wiadomo nam wszystkim że gderanie szkodzi
Gderamy gdy nam jest bieda i gdy się powodzi
O tak sobie po prostu grzecznie kulturalnie
Czasem skorzy do wojny brutalnie nachalnie.

A tak na marginesie
To co ci to głupie gderanie przyniesie
Pomoże ci gdy jesteś w nędzy
Zagderasz pojęczysz da ci to pieniędzy
Spierasz się i gderasz z sąsiadką na mrozie
Stanie ci się krzywda nos ci odpaść może.

Maruda i gdera to jedna rodzina
Maruda zakończy to gdera zaczyna
Maruda zaczyna a gdera zakończy
Ten proces trwa wiecznie nigdy się nie skończy.

Marudził gdy stary i gdera za młodu
Zabrali mu samochód dwa dni do rozwodu
I jedno i drugie tak spokój zamąci
Że chce się wyć krzyczeć istnienie zakończyć

I udać się z mieczem na wojnę
I walczyć a o co bo czasy spokojne.

Poniżej gderanie podane przykłady
Tak gderam po prostu ot tak dla zasady
Ugryzła cię pszczoła i wyjesz do bólu
Niestety pszczół nie ma bo pusto jest w ulu
Narzekasz i gderasz bo ciężko jest w pracy
Narzeka proboszcz bo mało na tacy.

Gdy buty masz ciasne i w palce uwiera
Gdy okno ukradli i wiatr ci doskwiera
Gdy brudny jest dywan kto ma go odkurzyć
Gdy jesteś na kacu i chcesz kogoś wkurzyć
Gdy z czeku buchnęli ci cztery dolary
Że żonę masz młodą choć sam jesteś stary
Że wojsko jest słabe zniknęły rezerwy
Że psisko się wścieka i szczeka bez przerwy
Że mąż wczoraj przechlał i dzisiaj się męczy
Że ksiądz ciągle stoi a powinien klęczeć
Że jesteś na lekach na serca nerwicę
Że zamiast dwanaście palą jedną świecę
Że okręt twój płynie buchnęli kotwicę.

Gderając już tracisz zasoby miłości
Gderanie zabija oznaki radości
Gderanie grzech ciężki a gdy w środku siedzi
Wymaga natychmiast niezwłocznej spowiedzi
Gderanie to niszczy też twoje marzenia
Nie gderaj we święta bo szkoda sumienia.

Gderanie to urok to bzdury nie praca
Nie gderaj zastopuj gdy mąż późno wraca
Nie gderaj pamiętaj w południe i z rana
Gdy korek wystrzelił w sufit od szampana.

Teściowa umarła i długo cierpiała

Bo zięć był niedobry i ciągle gderała
Gdy coś w tobie wyje potrzeba ci seksu
Dostałeś po pysku zabrakło refleksu
Więc trudna odpowiedź trudniejsze pytanie
Korzyści tu żadnych zwalczajmy gderanie.

Czy jesteś bogaty czy jesteś ubogi
Usiądź sam na skraju polany lub drogi
I pomyśl choć przez chwilę pani moja panie
Zastanów się poważnie i wyrzuć gderanie
Gderanie odrzucisz na nowo powrócisz.

Powrócą marzenia i miłe wspomnienia
Nastaną lepsze czasy nowe przyjemności
Nowe zasoby siły ku nowej przyszłości.

I to nowe wspaniałe przed tobą otwiera
Popatrzcie wszyscy dawniej gderał
A teraz nie gdera a ona z całymi godzinami gderała
Zrobiła się jakaś swojska uprzejma wspaniała.

A w nagrodę wygrali wczasy na riwiera
Wszyscy są szczęśliwi nikt tam już nie gdera.

Śmiech

Duża sprawa jegomości
Śmiech to formą jest radości
I nie można się więc bać
Trzeba się po prostu śmiać.

No i tak się właśnie dzieje
Ty się śmiejesz ja się śmieję
Ona śmieje się do ciebie
Śmieją się anioły w niebie
Duchy nieczyste niebo gwiaździste
Przyroda żywe istoty telewizyjni aktorzy

Ludzie przewlekle chorzy
Kobiety w podeszłej ciąży przodownicy
Amerykanie Polacy Chińczycy
Złodzieje i nieudacznicy.

Wiadomo że coś się dzieje
Skoro świat cały się śmieje
Do śmiechu potrzeba przyczyny
Śmiać się i stroić miny
Nawet na fotografii
Śmiać się nie każdy potrafi.

Śmiejesz się to coś się dzieje
Czy głupio czy śmiesznie się śmiejesz
Z dobrego a czasem ze złego
To pomyśl a dojdziesz do tego
Że śmiać się opłaca kolego.

Gdy śmiejesz twój gniew się zatraca
I twoją tożsamość wzbogaca
I niby to wiele nie znaczy
Lecz czujesz się jakoś inaczej
Śmiech nie wyrządzi ci szkody
I ten kto się śmieje jest młody
Poparte są na to dowody.

I zaraz się dowiesz kolego
Że śmiać się opłaca dlaczego
Wymieniam nie czyniąc pośpiechu
Ważniejsze rodzaje śmiechu.

    Śmiech typowy
Przechodząc od dołu do głowy
Nie czyni on w ciele pustki
Nie uszkodzi nerek trzustki
Ten urody ci nie ujmie
Śmiech typowy cię zrozumie.

    Śmiech wariacki
Tak się dzieje
Wariat się z wszystkiego śmieje
Kaczki wróbla czy słowika
Nawet buzi nie zatyka
Ten się niczym nie kłopocze
Gdacze głośno i rechocze.

Gdy go wąż ukąsił w nogę
Gdy łbem walnął o podłogę
Ten nie może więc się bać
Nie musi on o rozum dbać
Bo rozumu już nie kupi
Mądry patrzy śmieje głupi.

    Śmiech polityczny
Nie wiadomo co się dzieje
Ten po prostu to się śmieje
Z jakiej formy czy reformy
A dlaczego no i z czego.

Śmiech to pusty i pogięty
Jakby ktoś łaskotał w pięty
Niedoróbka śmiech o kasę
Ten dopiero to ma klasę
I ze śmiechu aż przytyka
Śmiejącego polityka.

Raz do przodu raz do tyłu
To już było a co będzie
Siedzi małpa w pierwszym rzędzie
Nieudaczna nieuchronna
Zwariowana śmieszna morda lorda.

    Śmiech dziecka
Śmieje się choć nie rozumie

A choć mówić sam nie umie
Śmiech ma szczery i beztroski
Prosty zwykły niczym boski.

W buzi dzisiaj trzyma palca
Śmiech pokochał tego malca
Małe dzieci trzeba kochać i robić wesołe miny
Tak po prostu bez przyczyny.

    Śmiech złodzieja
Okradł kasę
Ten dopiero to ma klasę
Zakopał skarby pod lasem
I na drzewie walczy z czasem.

Lecz się stało gałąź pękła
Aż wiewiórka się przelękła
Nagle bowiem z drzewa spadł
I nie będzie więcej brał
A może i nawet śmiał.

    Śmiech księdza
Chociaż teraz na wsiach nędza
Zbierają wieśniacy dla księdza
Żeby rozgrzeszenie dać
Trzeba księdza dobrze znać
Za pokutę to się śmiać.

Wieśniak bosy ksiądz obuty
A na dworze zimny luty
Śmiać się trzeba podskakiwać
Nogi od ziemi odrywać
Mrozu nie trzeba się bać
Wprost przeciwnie z niego śmiać.

    Zakonnika śmiech
Klęcząc modląc się w bezdechu

Nie ma mowy więc o śmiechu
Bo śmiać się gdy zgaśnie świeca
Gdy dusza wyjrzy zza pieca
Czasem zadrze w górę kieca
To do śmiechu nie podnieca
Tutaj to się nic nie dzieje
I dlatego nikt nie śmieje.

   Śmiech rolnika
Rolnik w znoju orze sieje
Koń choć głupi z niego śmieje
Gdy na obrok mu nie styka
To przestaje rżeć z rolnika.

To jest taka prosta rzecz
Trzeba tyrać żeby żreć
Konia sprzedał wziął kredyty
Na traktory ze zgryzoty
Stał się chory i na spłaty go nie stać
Teraz mu się nie chce śmiać.

   Panna w ciąży
Jasik Manię osierocił
Było dobrze wszystko sknocił
Miał potrzebę tak naglącą
Dziś Mania w szóstym miesiącu
Szuka Jaśka dziś ze świecą
Łzy jej po policzkach lecą
Plotki lecą szepcze brać
Czy ma płakać czy się śmiać
Trzeba Jasia za to sprać.

   Śmiech kierowcy rajdowego
Gaz do dechy tyłek w siodło
Żeby znowu się powiodło
Na liczniku prawie trzysta
Dzień pogodny droga czysta

A mercedes z rfnu
I paliwo z cepeenu
Pierwsze miejsce zapewnione
Patrzy w lewą prawą stronę
I uśmiecha się wesoło
Co to raptem pęka koło
I tragedia taki pech
To być miał ostatni śmiech.

To przestroga dla szotera
Gdy więc w drogę się wybierasz
To nie piłuj tak pojazdu
Bo ulecieć możesz z gwiazdą
I rodzina na tym straci
Firma za pojazd zapłaci
I w szpitalu możesz śmiesznie
W bandażach wyglądać boleśnie.

   Śmiech jąkały
Śmiech jąkały to kawałki
Nie wiadomo o co chodzi
Czy to śpiewa czy zawodzi
To jest wada a więc czemu
Przytrafić się może każdemu
Tobie to się może stać
Proszę z tego przestać śmiać.

   Śmiech małp
Głupie żarty śmieszne miny
No i z czego bez przyczyny
Co dlaczego co się dzieje
Małpa wciąż się z czegoś śmieje
Małpa śmieje się gdy pani
Pupą tarła po dywanie
A w godzinę tak niechcącą
Wylała zupę na twarz śmiejącą
Zjadła tłuczek od orzechów

Brzucho pękło jej ze śmiechu.

   Śmiech więźnia
Do odsiadki lat czterdzieści
W więzieniu nikt nie pieści
Męski żeński recydywa
Marne żarcie karaluchy
Śmiech tu bywa raczej suchy
Nieprzyjazny rechoczący diabelski.

No więc nie ma co tu kryć
Czy to śmiać się czy też wyć
Chcesz po prostu się dowiedzieć
Złam więc prawo pójdziesz siedzieć
Spotkasz tam przyjazną brać
Razem się będziemy śmiać.

   Śmiech policjanta z drogówki
Na krzyżówce stoi glina
W lewej ręce radar trzyma
W prawej ręce bankomaty
Komu śpieszy się do chaty
A spieszących teraz wielu
I do pracy do burdelu
Jadą ludzie w różne strony
I niejeden podchmielony.

Zetnie zakręt śmiesznie w lewo
I przypieprzy autem w drzewo
I zadyma na ulicy
Kierowca na kierownicy
Śmieszną głowę spuścił nisko
Jechał szybko było ślisko
Czasem tak się może stać
Gdy prowadzisz przestań śmiać.

   Śmiech starca

Sił nie starcza śmiech nie łechce
Leżysz w łóżku wstać się nie chce
Nie ma siły nawet wstać do klozetu
Psia go mać jest daleko
A w lodówce kwaśne mleko
Czy się martwić czy się bać
Czas pomarzyć może śmiać.

Jedna rada dla staruszka
Gdy cię babcia zepchnie z łóżka
Bo z powodu z braku wzwodu
Wypnij pierś swą idź do przodu
Koszulinę na się wdziej
Włącz muzykę i się śmiej.

Żeby pozbyć się rozterek
Wsiądź spokojnie na rowerek
I do przodu starcze grzej
Nie bądź smutny więc się śmiej.

   Śmiech marudy
Frajda granda i obłudy
Nie słuchajmy więc marudy
Maruda śmiechu nie wzbudzi
Zamiast śmiać się ten marudzi
Śmiech marudny niepolubny
Smutny twardy zimny trudny
A po prostu jest paskudny.

   Śmiech listonoszki
Bardzo proszę list do pana
Listonoszka tak ubrana
Buzia śliczna uśmiechnięta
Błyskają czarne oczęta
Pocałować chce się chętnie
Dolary w kopercie namiętnie
I rozkosznie chce się śmiać

Ciocia z USA dała znać
Policz stary te dolary
I nie musisz już powtarzać
Tylko się ze śmiechu tarzać.

    Śmiech pracownika naukowego
Naukowo udowodnić
Bić rekordy nic nie robić
Więc pracować bez oddechu
Nie jest nawet to do śmiechu
Pozostała więc teoria euforia wynalazki
Nie śmiej się nie robisz łaski
Pustelniku świętojański.

    Śmiech sąsiada
Nie wypada kpić z sąsiada
I przyjaźni trzeba trwać
Czasem gdy się nabzdryngoli
Trzeba pomóc jemu wstać
Każdemu się może przytrafić
I z czego się tutaj śmiać.

Dam ci radę żyj z sąsiadem
Możesz nawet konie kraść
Nie spozieraj na sąsiadkę
No bo możesz podpaść waść.

    Śmiech rowerzysty
Dziś sobota dzień przejrzysty
W sam raz dla rowerzysty
Śmiej się bracie i pedałuj
Sił nie żałuj pędź po lesie
Rower szczęście ci przyniesie
I rozegna wszystkie smutki.

Jedna prośba jest do ciebie
Więc przed jazdą nie pij wódki

Bo to możesz się przewracać
I do domu trzy dni wracać
I od żony dostać dechą
I nie będzie ci do śmiechu.

    Śmiech teściowej
O podwójnej mamie mowa
Mądra roztropna teściowa
Pragnęła mieć zięcia księcia
I nigdy nie zrozumiała
Dlaczego córka wybrała
A co się nieczęsto zdarza
Znakomitego pisarza.

A gdy się młodzi pobrali
Tańczyli bawili śmiali
Zwiedzili Azję Malezję
Czytali kochali poezję
Z mamusią na wspólne wakacje
Tak w końcu przyznała im racje
Na serio nie trzeba więc brać
A czasem serdecznie śmiać
Tańczyć o uśmiech teściowej trza walczyć.

    Mój uśmiech autora
Czas zakończyć przyszła pora
Usłyszeć śmiech autora
Napisał od deski do deski
Śląc uśmiech dla pięknej Tereski
To śmiech jest głośny wzniecony
Tak przeznaczony dla żony
Autor wyglądał śmiesznie
I nieraz go męczył boleśnie.

Co nie śmieszy a boli
Tereska jej ciężka robota
Wyrwała autora z błota

I patrząc pokornie rozterką
Przykryła autora kołderką
I patrzą oboje z nadzieją
Co było i z tego się śmieją.

I czas ten im biegnie jak z górki
Bo ostre kocicy pazurki
Bardzo się wtedy przydały
Więc autor jest zdrowy i cały
Jej śmiech to naprawdę rzecz święta
Całuje Tereski rączęta.

Przykro mi

Przykro mi że nie jestem hrabia
Choć pracuję to mało zarabiam
Że lubię śledzie z ikrą
Nie myślę tak zbytnio szybko
Że zataiłem grzechy
Złamałem ząb przez orzechy.

Stuknąłem w pysk policjanta
Pozbyłem się żony amanta
Wczoraj przejechałem bażanta
Przegrałem samochód w karty
Że jestem bardzo uparty.

Że czasem leżę nie stoję
Że się teściowej nie boję
Choinki na święta nie stroję
Że żona chce ze mną rozwodu
Że sprawy nie poszły do przodu
Miewałem też kaca za młodu
Gdzieś w górach zaginął baca.

Że mam luz w kierownicy
Że boję się czarownicy

Wiersze pierwsze

Że brudno na mojej ulicy
Że inni to żyją nad stan
Ja jestem dziad a nie pan
Przykro że babkę okradli.

Że wczoraj wuja napadli zbóje
Że syn mój ma aż cztery dwóje
Za dużo się wszystkim przejmuję
Że piję że budzę leżeniem się trudzę.

Za nieudane lata
Za sędzię co przymknął mi brata
Za trzęsienie ziemi w Chinach
Za myśli o ładnych dziewczynach
Że wąż mnie ukąsił w malinach
Ponieważ jestem hultajem
To często teściowa mnie łaje.

Że się wczoraj nie ożeniłem
Wczoraj prawą nogę skręciłem
Jak ugotuje to pies nie spróbuje
Przedwczoraj pobiłem się z wujem o ciotkę
Że życie nie jest takie słodkie
Przykro mi że jestem leniem
Przepraszam już tego nie zmienię
I teraz to sami widzicie
Jak ciężko przechodzić przez życie.

Zapomniałem o jednej przykrości wielkiej
Wczoraj zapodziałem od śmieci szufelkę
Jak się nie znajdzie to już po sprawie
Przepraszam przykrość swej żonie sprawię
Wcale nie znaczy może przebaczy.

Przykrości moja przykrości własna
Bądź mi nauką jak tęcza jasna
Nie masz na śledzie lecz zaproś gości

Stanisław Pysek Prusiński

Wtedy w twym sercu radość zagości
Chociaż ci czasem na chleb nie styka
Z przykrością czekaj na komornika.

Powitaj jego z wielką radością
On ci sandałki zajmie z przykrością
I puści boso w samej koszuli
Ziemię przeprosisz to cię przytuli
Byłeś bogaty a teraz mikro
Coś więc spieprzyłeś czy ci nie przykro.

Przykrych przykładów mnoży się wiele
Był mały problem wiejskie wesele
Wódy i jadła było tak wiele
Wszystko to zaszło tuż po kościele
Sól chleb kiełbasa wszystko jak w niebie
Pan młody wessał dwa litry w siebie
Więc jak przewracał było nam przykro
A panna młoda dziewczyna z ikrą
Straciła cnotę z Antosiem Mikrą.

Młody się ocknął przeprosił gości
Znów się narąbał z wielkiej przykrości
Innym przykładem jest Wacek Słaby
Bał się pająka konia i żaby
Z przykrością czekał jak Magda żona
Wracała w nocy zadowolona
Bo bardzo długo tkała wrzeciona
Nic więc dziwnego że rozpalona.

Wacka ogromna przykrość zbierała
Bo mu przez miesiąc nic nie dawała
Lecz przypadkowo w trąbę przylała
Nie dożył Antoś biedny starości
Zwinął się szybko w wielkiej przykrości
A na mogile daleko w tyle
W tle fruwają gęsto liczne motyle

Magda poznała Andrzeja Vitro
Nie pali świeczki nie jest jej przykro.

Przykrość jak sadza płuca rozsadza
Z przykrością w wuja robi cię władza
Bardzo im przykro że ta reforma
Jest jakaś dziwna przykra naiwna
Przykro się przyznać przykro też zdradzić
Głupio umierać spadając z dachu
Przykre sekundy i już po strachu
Zapomnieć linę i iść do piachu
Przykro mi brachu.

Precz ze skrobanką sprowadzimy vitro
Zaadoptujesz już mniej jest przykro
Mile widziana pomoc sąsiedzka
Mąż twój nie może więc nie masz grzechu
Zrób to z przykrością lecz bez pośpiechu.

A gdy na siłach dobrze się czujesz
To może nawet psa adoptujesz
Który z radością ku tobie leci
Z przykrością myślę pies to nie dzieci.

W korcie bandyta zarzuty nowe
Tu mu pojutrze mają ściąć głowę
Z przykrością łajdak do żalu zmusza
Głowa na pieńku więc umrzeć musi
Zrozum jak przykro musi być duszy.

Przykro jest mówić przykro też słuchać
Sprawy problemy trzeba poruszać
Choć to się nawet wydaje głupie
Więc czasem zamilcz usiądź na d...
Bo w życiu trzeba dużo miłości
By było najmniej wszelkich przykrości.

Sprytny biały fartuszek

Biały fartuszek zakrywa brzuszek
Jeden rębuszek drugi rębuszek
Krótki dekolcik twarz roześmiana
Za dnia w południe wieczorem z rana
Piękna dziewczyna oczyma strzela
Aż serce wali i onieśmiela.

Czy jesteś młody czy może stary
Śpiewak dentysta rybak narrator
Pewnego ranka chwyci cię kolka
Gdzieś w głębi serca powstanie zator
Cóż wtedy poczniesz
          Powiedz amator.

Piękna i zwinna mądra uczciwa
Nad obolałym główką pokiwa
I w dzień powszedni czy przy niedzieli
Ona przyjaźnie rad ci udzieli
Pomoże ubrać piżamy w kraty
Poda lekarstwa wracasz do chaty
Ratuje życie Pyska czy Mietka
Piękna Barbara Krysia Violetka
I nie ukrywam przy drzwianej szparce
Boże daj siłę tej pielęgniarce.

Zadyma dym ma

Zadyma po prostu kojarzy się z dymem
Zadyma istnieje gdzie spotkasz zadymę.

Zadyma jest wszędzie w mieście na urzędzie
W pracy w domu głośno po kryjomu
Najgroźniejsza jest jednak zadyma światowa
Chcesz zrozumieć zadymę i przyjrzeć się bliżej
Musisz się więc zapoznać z tym co jest poniżej.

Wiersze pierwsze

Zadyma istnieje gdy coś gdzieś się dzieje
Innego dziwnego dobrego czy złego
Zadymę wywoła więc panna w spódnicy
Czy może kawaler pijak na ulicy
Profesor urzędnik policjant despota
Teściowa zięć kierowca czy strzelec
A nawet gdy znajdzie się w wodzie topielec.

Zadymę rozpocząć lecz trudniej zatrzymać
I trzeba się przy tym namęczyć na złościć
                  Wykłócić wyżymać.

Zadyma krajowa prezydent na haju
Biedni ludzie beczą na chleb nie wystarcza
Kryzysem i biedą się ludzi obarcza
Więc budzi się agresja długa liczna procesja
Strajkujących ludzi zadyma się budzi.

Palą wszystko idzie z dymem
Jak ugasić tę zadymę
Wysłać wojsko i policję
Powystrzelać opozycję
Więc bogaci z kraju wieją
Biedakom w oczy się śmieją
Co ukradli zabierają
Od Bałtyku i do Krymu
Zapomnieli zabrać dymu.

W kraju wojna a dlaczego
Górnik pobił leśniczego
Policjant pobił robotnika
I nic dobrego nie wynika
A kolejarz był na ciągu
Wykoleił sześć pociągów
Beczy owca muczy krowa
Pies urywa się z łańcucha

W nowej szkole bunt wybucha
Wierni kłócą się w kościele
No a żeby to w Popielec
Ksiądz do końca coś nie dopiął
Bo się nagle skończył popiół
I ci co nie naznaczeni
Wyszli wszyscy obrażeni.

I zadyma się zaczęła
Że parafia jest przeklęta
Ksiądz przeprasza głośno woła
Nie wrócili do kościoła
Przez zadymę stracił ludzi
Może w końcu się obudzi.

Jeszcze gorzej bo teściowa
Już przed zięciem się nie chowa
Wczoraj tak się zadymiła
Że mu laską przyłożyła
Na policję zadzwoniła
Od córeczki odłączyła.

Całą miał czerwoną szyję
Już jej więcej nie pobiję
Jak posiedzi tak do zimy
Wyjdą mu z głowy zadymy
I przestanie wreszcie czytać
Takie bzdurne poematy
Jak na przykład powieść głupia
Powrót taty bez wypłaty.

Ale zięciu choć wkurzony
To nie zląkł się wcale
Więc zadymę wczoraj zrobił
I to nawet w kryminale
Trochę to niesprawiedliwie
On jeden a ich dziesięciu

Przedłużyli mu odsiadkę aż do lat piętnastu
Szkoda chłopa bo nie wyjdzie robić dym na miasto.

A robotnik pracując fajeczkę zapalił
Zaczęła wyć syrena i szef go wywalił
Zadyma niekorzystna bo utrata pracy
Jest to ostrzeżenia dla wszystkich palaczy.

Zadymę łatwiej zacząć lecz trudniej zagasić
Trzeba się zastanowić długo i pomyśleć zatem.

Nie ugasła rozgorzała przeszła na krainę
Znowu się przyłączyła w większą zadymę
Do tego doszło i mamy konflikt światowy nowy.

I niszczy co dotąd stworzone przedtem ciężką pracą
Ale dlaczego tak się stało więc po co? I na co?
Rodziny się morduje i wszystko zniszczone
Ogień się rozprzestrzenia i wije dym czarny
Zadyma może się zmienić w konflikt nuklearny.

Gdy więc wszyscy na temat ten dobrze pomyślmy
Gdyż w przeciwnym razie gdy nie ochłoniemy
To zadyma się rozszerzy i wszyscy znikniemy.

Gdzie jest kierownik?

To jest sprawa bardzo duża
W wyobraźni się wynurza
Coś dziwnego jak wojownik
Mianownik liczebnik sterownik
Po naszemu to kierownik.

Kierować dużo znaczeń jest w tym słowie
Nie każdy się o tym dowie
Jak kierować porządnie
Równo prosto i rozsądnie

Stanisław Pysek Prusiński

Zacznij od swojej osoby
A mianowicie od głowy
Co mieści się w naszej głowie
Któż więc sprawdzi któż odpowie.

Cóż nie sprawdzisz bez wyników
Dużo żyłek paprotników
Biegną linie niewidzialne
Prądy trądy rozkręcalne
Jakieś sery i śmietana
Jedna jakaś dziwna masa
Pierwsza druga trzecia klasa
I co dalej oprócz masy
Jakieś dziwne kropki lasy
Wszystko to zamknięte w głowie
Co to znaczy któż to powie
Kierownika mamy w głowie.

Pozostałe więc organy
Tworzą jeden organ zgrany
Co osobę ma porusza
Jeszcze jest niezbędna dusza.

Dusza to jest już dyrektor
Co porusza sercem głową
Wszystko we mnie żyje rusza
I odradza się na nowo.

Więc żebyś już żyć już mógł
Jeszcze jest naczelny Bóg
Wszyscy z tym się zgodzić muszą
Bóg panuje nad twą duszą
Gdy cię kiedyś wezwie Bóg
I zapyta o wyniki
Obojętnie skąd pochodzisz
Z Europy Ameryki
Zaliczysz test bez umiaru

To przejdziesz do innego wymiaru.

Wtedy właśnie się okaże
Jak będzie w następnym wymiarze
Odpoczywasz biegasz rodzisz
Do osłony szczelnej wchodzisz
Całe życie w szklanym worku
Piszesz mówisz stoisz w korku
Więc oszczędzaj szklany worek
Cały tydzień piątek wtorek
I przez wszystkie swoje lata
Ucz się pracuj dziury łataj.

Sto a teraz co?

Stuknęła setka Pysiaka wierszy
Dzisiaj jest setny jutro sto pierwszy
Czasem tych krótszych czasem tych długich
Wpisanych w kartki jak wody strugi
Słów używanych czasem niechcianych
Może grubiańskich niespodziewanych
A również chamskich.

Pysek przeprasza za brzydkie zdania
Jakieś niesforne głupie pytania
Wymaga rychłej szybkiej spowiedzi
Brzydkie wyrazy aż strach się bać
W tyłek szarpany czy psia go mać
Niegodności wynikłe z braku niedoskonałości
                Co czasem zdarza się u pisarza.

Przeprasza nawet tych co nie czytali
Bo by się może już załamali
Być może wpadli nawet w chorobę
Wyrwało włosy zamknęło mowę
Może by nawet skoczyli z dachu
Albo umarli zwykle ze strachu.

Przykładem jednym gdy gość wiersz dojrzał
I tylko jeden raz w słowa spojrzał
To się z rozpaczy ręcznikiem zdzielił
Nie przeżył tego więc się zastrzelił.

A co jest dziwne gdy go chowali
To mu nad trumną ten wiersz czytali
Przez jeden wyraz poszedł do piachu
Przez ciebie Pysek zginął ten łysek.

Czasem gdy piszę sam źle się czuję
Moja osoba też się buntuje
Walczę z natchnieniem zagryzam wargi
Sobie współczuję dziwnie się czuję
Czasem ogromna dotknie mnie żałość
Ponieważ widzę i czuję małość
To co przeżywa każdy poeta
Chcesz pisać mądrze a głowa nie ta
Braknie słownictwa i słowa wagi
Chciałbym być lepszy lecz brak odwagi
Wiersz napisany jest czasem nagi
I bez uroku jak spojrzeć z boku
Coś ty napisał Pysek ty ćwoku.

Frazes przenośnia jakby półmisek
Co też wyprawia ten prosiak Pysek
W utworze powstał tak wielki zamęt
Wkurzyło Pyska wypił atrament
I pogryzł pióro w te roczne święta
Tak niefortunnie że stracił zęba.

Teraz gdy mówi to nawet syczy
Nieraz gdy w wierszu wyrazy liczy
Czasem pokłamie i podonosi
Nikt nie chce słuchać bardzo poprosi
Czasem go komar czy mucha słucha

Gdy pies usłyszał urwał z łańcucha.

Czasem wierszykiem powita gości
Czasem słuchają tylko z litości
Po prostu nie chcą robić przykrości.

Kiedyś się trafił słuchacz wspaniały
On wierszy Pyska słuchał dzień cały
Widząc w utworach dużo prostoty
Słuchał bo nie miał nic do roboty
Nie jadł śniadania ani obiadu
Niezłe utwory nawet do składu
Przy końcu wierszy zaczął się bać
Więc bryk pod kołdrę i poszedł spać.

Sen miał okropny wyskoczył oknem
A do kościoła metrów niewiele
Dobrze się stało trafił niedzielę
I było zimno ludzi niewiele
Wszystkie wyrazy brzydkie wygadał
Ze dwie godziny chyba spowiadał.

Z konfesjonału więc ksiądz Posiłek
Tak za pokutę kopnął go w tyłek
Że jak poleciał aż go łapali
I na leżąco komunię dali.

Powiem o Pysku jak do tej pory
Nawet i niezłe są te utwory
Przebija radość i polityka
Czasem ukradną komuś indyka
Czasem coś rożna pośmiać się można
Można się siedząc nawet utuczyć
A przy okazji czegoś nauczyć
Dużo jest strachu dziwnej fantazji
Scen zwariowanych i przebiegłości
Wychodzi czasem i coś wielkiego

Na przykład miłość kochaj bliźniego
                      Używaj sprytu
Bo jak się spieprzy wszystko do kitu.

Czytaj więc wiersze różnych poetów
Czy też pisarzy przeróżnych czasów
Kochaj poezję rozważaj troski
Staniesz się inny zwyczajny boski
Nawet i książka choć bardzo trudna
Gdy ją zrozumiesz nie będzie nudna.

Więcej się uczysz gdy więcej czytasz
Lepiej zrozumiesz gdy się zapytasz
To są wskazówki więc spojrzyj z bliska
Autora wiersza poniżej Pyska
Który za nowy wiersz się zabiera
I aż z radości łezki wyciera.

I tak szybciutko tak ciach i raz dwa
Napisze wierszyk numer sto dwa.

Problem problem

Sprawa którą poruszam trwała długie lata
Dowiedziałem się o tym wczoraj gdy u adwokata
Wyciągałem z więzienia kumpla mego brata.

Trochę to sprawa dziwna nie wygląda ładnie
Kłócił się ksiądz ze złodziejem kto dla kogo kradnie
I komu to zyski przyniosło kto burzy a kto buduje
Czy ten jest szczęśliwy co jest leniem
Czy ten co na niego pracuje.

W tamtych latach na wioskach pasowała nędza
Kiedyś przypadkiem złodziej okradł Wacka księdza
Bo gdy ten na pasterce chleb z wiernymi łamał
Złodziej się do zakrystii właśnie wtedy włamał

I chciał ukraść kielich złoty dwa tysiące złotych
I naszyjnik pozłacany misternej roboty.

Ksiądz obudzony ze snu do zakrystii wpada
Po drodze wyciąga spluwę i do siebie gada
A gdy ujrzał złodzieja strzelać nie wypada
Więc głosem jakby z niebios do złodzieja gada.

    Nie zastrzelę cię w kościele
    Ale czasu masz niewiele
    Podejdź do mnie trochę bliżej
    To opłatkiem się podzielę
    Dzisiaj Boże Narodzenie
    Podejdź chłopie miej sumienie.

Złodziej podejść się ośmielił
Ksiądz opłatkiem z nim podzielił
Ze złodziejem pocałował
Bo coś z góry zaplanował
Ręce sznurem pokrępował
Pogadamy teraz panie
Usiądź proszę na dywanie.

    Mam dla ciebie propozycję
    Nie zadzwonię na policję
    Sierżant tu nic nie pomoże
    Wiem co zrobię pomóż Boże.

Złota myśl mu się nasuwa
Do złodzieja się przysuwa
I cicho mu szepcze do ucha
Ogląda się czy ktoś nie słucha
O czym mówi któż by zgadł
    Będziesz u mnie z tacy kradł.

    Wiem jakie masz życie trudne
    Być złodziejem sprawy brudne

Ja po prostu cię zatrudnię
Nie zapłacę ci za wiele
Przyjdziesz trzy razy w niedziele
W święta również tutaj wpadniesz
To z mej tacy coś ukradniesz.
Dam ci spanie opierunek
Coś pomożesz gospodyni
  Ksiądz ci krzywdy nie uczyni.

A w niedzielę ludzi wiele jest w kościele
Będziesz chodził po ofierze
Rękę wsadzisz i zabierzesz
Do kieszeni z mojej tacy
To jest taki rodzaj pracy
Ksiądz się cieszy ty się cieszysz
Bo pracujesz i nie grzeszysz
Forsę którą z tacy wziąłeś
Po mszy świętej mi oddajesz
Nie za dużo Boże Święty
Jakieś dziewięćdziesiąt dwa procenty.

Więc rozwiązał złodziejaszka
A gdzieś w szafce była flaszka
Żeby tak na powodzenie
A że było Narodzenie
Po kielichu i dla faktu
Po drugim na końcu kontraktu
Zaczął Tadzio swoją pracę
I w niedzielę zbiera tacę.

A w zakrystii forsy mało
Kleryk liczy kasę całą
Parafianie mało dają
Chociaż dobrze zarabiają
Coś się dzieje co u diaska
Trzeba więc zaciskać paska.

Nawet to biskupa dziwi
Przedtem dawał teraz chciwi
Jakoś dziwne się wydaje
Księdza na chleb już nie staje.

Co tu robić trudne czasy
Proboszcz ludzi diabłem straszy
Praca ciężka mało kasy
Grzmi z ambony z wielkiej chęci
Ciągle mało trzeba więcej
Chociaż kuria nie ma kasy
Kupił duży dom pod lasem
Mercedesa i pływalnie
Duży warsztat i przędzalnie
Bramy strzegą wilki ostre
Wszystko przepisał na siostrę.

Złodziej po wsiach nic nie bierze
Jeździ na nowym skuterze
Nie narzeka na złe czasy
Nawet pojechał na wczasy
Nie ze swojej księdza kasy.

Coś tu śmierdzi coś tu nie gra
Biskupa aż trzęsie febra
A i taki czas nastaje
Jak pożyczy nie oddaje
A o Tadku tak wspomina
Że okradła go gadzina
Z opowieści tej wynika
Naucz kraść więc robotnika
I to nie jest cacy cacy
Daj mu szpadel zamiast tacy
Czy to prawda czy pan zgadł
Czy Tadeusz czy ksiądz kradł?

To detektyw zrobił cud

Jest więc złodziej ksiądz i Bóg
Są kościoły w nich ambony
Każdy jest zadowolony
W więzieniu siedzi Tadek
Ot tak na wszelki wypadek.

Wypadek Radek

Są w rodzinach babcie dziadki
Ojcowie dzieci i matki
A bywają też przypadki.

Że się czasem coś pochrzani
Mama synka czasem zgani
Synek mamy nie posłucha
Mąż czasami to popije
No i oko se podbije
Córka odszczeknie do matki
Uschną nie podlane kwiatki
Czasem sąsiad spadnie z klatki
Takie zwyczajne przypadki.

Ten przypadek sprawa rzadka
Dotyczy małego Radka
Łobuziaka ośmiu latka
Rude włosy kusa czapka
Co nie lubi mówić wierszy
Na podwórku bije dzieci
W klasie jest trzeci od końca
I bardzo nie lubi słońca.

Wbiega do domu nasz mały Radek
Od progu wrzeszczy
   Dziaduniu dziadek!
   Wujek Tadek miał wypadek
   Ja widziałem mały Radek.

Z pokoju wypada dziadek
Coś usłyszał aż podskoczył
Wybałuszył wielkie oczy
Coś usłyszał lecz był głuchy.

    Co ty mówisz jaki spadek
    O tym pieprzył już pradziadek
    Kiedy umarł stryjek Zadek
    Wtedy nam zginęła kotka
    Ksiądz ją widział koło płotka
    Później ją znalazła ciotka
    Aż na drzewo za nią wlazła
    I nie zeszła bo umarzła
    Było lato a to strach
    Wtedy brat naprawiał dach
    I on słyszał jak się darła
    Jak doleciał już umarła
    Jak naprawiał rynny rurę
    To go wcięło w rury dziurę
    I się nagle zwalił z dachu.

    I w sobotę go znaleźli
    Na dużych saniach przywieźli
    Dobrze że to było latem
    Choć już nie żył dostał batem.

    To nie o to chodzi dziadek!

Znowu krzyczy mały Radek

    Wujek Władek miał wypadek
    Gdy przepływał dziś przez rzekę
    Oblał się gorącym mlekiem
    Doił krowy na jeziorze
    Zawsze o porannej porze.

Nie załapał jego dziadek

Zamilkł zbiera myśli gładkie
To za trudne dla głuchelca
Wezwał do pomocy babkę.

Wrzeszczy dziadek do jej ucha

   Słuchaj słuchaj ty starucho
   To się skończyła wojna
   Ale ta wujenka hojna
   Zabiła cztery indyki
   Wysłała do Ameryki
   A w Chinach Indianie z Peru
   Przyjechali do pegeeru
   Policjant szukał rowerów
   Pamiętasz u Lodzi chrzciny
   W zeszłym roku u rodziny
   Księdza Zenka podziały
   Jaki ten Krzysiek jest mały
   A ja już pracować nie muszę
   Ktoś mi w nocy buchnął stówkę
   Jutro idę na majówkę
   Wiesz o czym mówię starucho

Dziadek pluje babce w ucho
Babka w bok się odwróciła
I do starca wykrzyczała

   Ja nie jestem taka mała
   Nie pieprz głupot ty staruchu
   I chwyciła go za ucho
   Dobrze słyszę nie krzycz głośno
   Wie że wnuki dobrze rosną
   A u Hanki jest wóz z bańki
   Wczoraj mąż jej potłukł szklanki
   Bo się upił wuj złamany
   I połamał jej organy
   A u skrzypiec struna pękła

Tak teściowa się przelękła
A potem się śmiała głupio
Na pewno jej nowej nie kupią pierzyny
Do kościoła iść dwie godziny
A Monika to nigdy nie będzie królewną!
U sąsiadów dziś był ksiądz
Nie chciał starej gęsi wziąć
To choleryk wziął ją kleryk.

Nagle zamilkła Babka
Spojrzała groźnie na Radka
Kopnęła go w pośladek
Wystraszył się i uciekł Radek
    Może mama coś pomoże
    Wujek może umrzeć Boże!
Więc do kuchni wpada Radek
    Mamo mamo był wypadek!

Nie dokończył bo się zaciął
Zdębiał na to co zobaczył
Takiej rzeczy to nie słyszał
Na walizce zdechła mysza
Mama kwiatki podlewała
I na niego nie spojrzała
Ale kroki usłyszała
To od razu zawołała.

    Mam cię ośle mały koniu
    Co tu robisz ty wałkoniu
    Teraz to ty jesteś w szkole
    Ja ci zaraz przyfasolę
    Ja ci zaraz dam wypadek
    Jak cię cmoknę pasem w zadek
    Dwója z matmy i historii
    Dość twojej euforii
    Już ci placka nie upiekę
    Jak upiekę to tak spiekę

Żebyś ząbki se połamał
I mamusi już nie kłamał
Jak cię złapie mały głupie
To urośnie strup na strupie.

Co tu robić z takim smykiem
Rzuciła w Radka nocnikiem
Radek z kuchni się wycofał
Rozpłakał się i zaszlochał
Wpada do siostry pokoju
Siostra krzyczy

    Mam cię gnoju
    Kto mi ubrudził pierzynę
    Chyba zabiję gadzinę
    Kto wczoraj podpalił kota
    To tylko twoja robota
    I zaczęła strzelać z procy
    I trafiła w Radka w zadek
    Jeszcze głośniej płacze Radek.

Zwiał z pokoju biedny Radek
I na schodach miał wypadek
Tak na schodku się poślizgnął
I o poręcz głową gwizdnął
Więc poleżał z pół godziny
Uciekł z domu od rodziny
I popędził na policję.

Na Policji siedzi Radek
Opowiada jak to Tadek
Jego wujek dostał rurą
Gdy opalał się pod chmurą
Ktoś mu ukradł nowe wrotki
Babce urodziły kotki
Stryj zabrudził ojcu portki
Opowiadał że się zmienił

Ustatkował i ożenił
Ojciec jego na rowerze
Podczas jazdy portki pierze
I przeżyte wydarzenia
Swoje dalsze zamierzenia
Może i godzinę całą
Uderzenie skutkowało
Tak pomieszał rozum Radek
Na schodach przez ten wypadek.

Słucha Radka sierżant Madek
Pyta
    Radek twój wypadek
        Czy wypadek wujka Władka?

To wkurzyło chłopca Radka
Więc wezwano inspektora
Porucznika i doktora.

Doktor wypisał leki
Dla inspektora z bezpieki
Obaj poszli do apteki
Wykupili sobie leki
I w barze przy piwie usiedli
Rozgryzali trochę Radka
I trochę wypadek Władka.

Sierżant tak się słabo poczuł
Że na biurko się potoczył
Założył sobie kajdanki
Zadzwonił do siostry Hanki
Żeby wezwała policję
Ze względu na jego ambicje
A nawet dla społeczeństwa
Założyli kaftan bezpieczeństwa
I właśnie przez sprawę Radka
Czekała sierżanta klatka

A Radek więc po kryjomu
Nawiał do matki do domu.

W sądzie stali babka dziadek
Matka siostra wujek Władek
Właśnie z tej Radka przyczyny
Ojciec odszedł od rodziny
Kocha synka nie jest święty
Ale płaci alimenty
Z dziadka renty.

W kaftanie sierżant Madek
A w bandażach mały Radek
Sędzia stary ledwo dyszał
Mało widział mało słyszał
I nie bardzo też rozumiał
Bo nic z tego nie załapał
Atramentem się pochlapał
Wydał wyrok z mocy prawa
Czworo dziadków i dwie babki
Co dzień mają wąchać kwiatki
Matka słuchać wujka Władka
I nie krzywdzić i nie bić Radka
Rozweselać i nie smucić
Do kieszonkowego dorzucić
Siostra Hania bez wyroku
Kłaść do łóżka już o zmroku
Stryjenka Hania i ciotka Henia
Po roku zawieszenia
Ale za co to ciekawie
Nie brali udziału w rozprawie.

Mały Radek mój ty panie
Czeka na odszkodowanie.

Nuda

O rety ale zalety!
Mocny piękny cudny mężczyzna
Niestety dotyczy to także kobiety
Śliczna erotyczna błyskotliwa
I taka żywa prawdziwa.

Oprócz zalet mamy wady
Koślawy głupi ucieka po kryjomu z domu
A kobieta żona wyśniona
Rzuca się w kochanka ramiona
I powód rozwód.

Powodem rozwodu jest nuda
To taka formalna utruda
Co niby nic nie znaczy
A rozumiana inaczej
Jest jak forma leniucha
Co się swojego ja nie słucha
Znudzenie widzi na zatracenie
I blokuje twoje wieczne zbawienie.

Czy nudą można się utrudzić
Czy są dowody na to
Czy nuda istnieje w zimę
Wiosną jesienią czy w lato
Czy nuda jest formą choroby
Może potrzeba ją leczyć
Czy nudzie można nakazać
Zabronić wybaczyć zaprzeczyć?

Nudy są różne formy teoretyczne
Praktyczne psychiczne i idiotyczne
Nuda obejmuje więc różne dziedziny
I to jest sprawdzone należy do życia.

A przykłady proszę bardzo
Nudna jesienna przyroda
U ołtarza panna młoda
Oczy cudne ale nudne
Trzy dni leje deszcz paskudnie
Miotła z nudy zmiata brudy
Obok budy Burek chudy
                Wyje z nudy.

Nuda może cię utuczyć
Brzydkich rzeczy cię nauczyć
Ze społeczeństwa wykluczyć
Słowem zmylić na manowce
Nawet zmienić twoje opcje
Jednym słowem gdy się nudzisz
Jeszcze bardziej się utrudzisz.

No i wyszła prawda cała w
Więc kiedy nuda powstawała
To nie było jeszcze ludzi
Świat bez ludzi się nie nudził
Nudę wymyślili ludzie
W znojnej pracy ciężkim trudzie
Tak nuda posiada praktyki
Różne złośliwe wybryki
Nuda pochopna przewrotna
Filantropna fantastyczna
Filozoficzna liryczna.

To prawda Pan Bóg się nie nudził
I tak się potężnie utrudził
Że siedem dni ciężko pracował
I świat nam wykombinował
I do tej pory się trudzi
Bo kocha szanuje ludzi.

Tak przed potopem cywilizacja sięgnęła szczytu

Wiersze pierwsze

Pełna obłudy zamknięta w nudy kleszcze
Bóg zesłał deszcze
Wody zalały miasta i wioski
Arkę Noego daleko wzniosły
I ocalała znów ziemia cudna.

Nowa epoka kamienna
Świat bardzo szybko się zmienia
Zdarzenie takie nadmienia
Ogromna opasła Genia
U boku chudego męża
Z nudy zabiła kamieniem wyjącego się węża.

Tak nudząc się na ziemi usiedli
Że z makiem gadzinę zjedli
I trzy dni leżeli z nudy
Po spożyciu paskudy.

Człowiek pierwotny siedząc w jaskini
Głupawe ruchy rękami czynił
Kamieniem w kamień tak tłukąc z nudy
Iskrę wykrzesał i ogień powstał
I od tej pory na ziemi został.

W czasach egipskich powstały mumie
I piramidy boskie posągi potężne skały
Niewolnik potem oblewa kamień
Krew spływa z potem z tysiąca ludzi
Kto tak pracuje ten się nie znudzi.

Zeus i Hera ich wyższe sfery
Również miewali różne chimery
I na Olimpie tak balowali
Że się żonami i kochankami zmieniali
Bo się nudzili i zabijali.

I cezar Neron bardzo znudzony

Stanisław Pysek Prusiński

Na lutni grając o Rzymie cudny
Gdy płoniesz ogniem nie jesteś nudny
Ogień podniebny czyn niechwalebny
Głupi po prostu i niepotrzebny.

I nasza era znowu od zera
Powstają miasta wioski kościoły
Ludzie poeci cudowne dzieci
Lecz nuda w parze po prostu leci.

Nuda czasami jest niebezpieczna
Lecz z drugiej strony jest pożyteczna
Jak niebezpieczna to powiem krótko
Nie miał co robić upił się wódką
Bolesław Rudy
Boli go głowa od nudnej wódy.

Bogacz w kasynie przepuścił kasę
Uczeń zaś w szkole opuścił klasę
Zapomniał trochę narobił w basen
Szofer przypadkiem pomylił trasę
Wziąwszy po drodze śliczniutką laskę
I do Berlina gna przez Alaskę
Nudne są wojny ciągle strzelają
Raz wygrywają raz przegrywają
Nuda narody ściąga do zguby
By się nie nudzić przykręćmy śruby.

Urzędnik w biurze plecy wyciera
I na zegarek ciągle spoziera
Szumi mu w głowie wyciera łokcie
Z nudy obgryza wszystkie paznokcie.

Nawet w kościele dzieją się cuda
Ksiądz usiadł z nudy w konfesjonale
I nie spowiada drugi dzień wcale
A dla parafian to czas jest trudny

Gdy duszę zmaga ten grzech paskudny
Opuść parafię stara paskudo
Krzyczy ludziska odejdź stąd nudo
Co dalej stanie się z naszym niebem
Nie będzie mylił już chrzcin z pogrzebem.

Sprawa jest w sądzie przeciwko nudzie
Odebrać prawa niech zginie w brudzie
A może zamknąć na dożywocie
Raz skończyć pustkę jakieś wybryki
Precz z Europy precz z Ameryki
Zamiast się nudzić lepiej pracować
Zacząć od nowa wszystko budować.

Gdy jesteś młody możesz to zmienić
A więc najlepiej to się ożenić
Przyda się nuda co masz się nudzić
Możesz się z żoną lepiej utrudzić
Pobiegaj w kółko tak na golasa
Bo wtedy nuda całkiem wygasa
Wtedy dopiero robi się cudnie
Chociaż deszcz leje i jest południe.

A gdy jest ślisko nie chodź po grudzie
Usiądź przy piecu udziel się nudzie
Bo lepiej będzie pewnie tak sądzisz
Gdy się poślizgniesz to się uszkodzisz.

Słuchaj więc ludzi czasy dziś trudne
Więc nie narzekaj na rzeczy nudne
Zbieraj oszczędzaj dolary franki
Kochaj swą żonę brzydź się kochanki
Nawet hrabinie bywają nudne
Nawet podstępne chytre obłudne
Przeżywają z żoną więc chwile cudne.

Chrypoteka

Wchodzi baba do doktora

    Panie lekarz jestem chora
    Coś mi w środku rwie się chrypi
    Coś tam piszczy głośno skrzypi
    Więc do biurka coś tam włożę
    Proszę niech mi pan pomoże.

Doktor powstał ruszył głową
I coś kręci się nerwowo
Trochę mało myśli
    Babo
    Chyba ty masz rentę słabą
    Ale niech tam.

Wziął słuchawki bada babę
W głowie szumy serce słabe
Wącha pita śliwowica
Może rak może nerwica
Ale skąd ta śliwowica
Myśli doktor renta mała
I śledziona jest do dupy
Zatwardzenie twarde kupy
    Pani wcale nie je zupy
    Jakieś plamy są na płucach
    Co to babę wciąż tak rzuca
    I na nerkach coś wycieka
Zbadał babę więc dokładnie
Stwierdził to jest chrypoteka.

Proszę pani rzecze doktor
    To nie jest żaden nowotwór
    To podobne do eboli
    W trzecim stadium bardzo boli
    Trzeba mocno się nadymać

Żeby bóle te wytrzymać.

Prawa strona lewa strona
Pani już jest zarażona
Droga pani niedaleko
Ta choroba chrypoteka
To jest gorsza od eboli
Gdy się umrze już nie boli.

Ja tu już nic nie poradzę
I etyka nie pozwala
Myśli doktor jak dołoży to pomogę
A jak nie niech wy...

Mogę tylko drogą panią
Pokierować do szpitala
Baba z klasą więc dziękuję

      Ja się chyba lepiej czuję
      Nie podołasz pan chorobie
      To już lepiej pójdę sobie.

Wróciła więc baba do domu
I choruje po kryjomu
Zioła parzy czosnek łyka
Choroba nie ustępuje
Nie pomaga jej to wszystko.

Dwa tygodnie nic nie jadła
I tak na zdrowiu upadła
I ze śmiercią pogodziła
Dzieci wnuki zaprosiła
I o wszystkim oznajmiła
Chrypoteka mnie pożera

      Jestem chora jak cholera
      Nie jem chleba nie jem zupy

Ciężko już jest unieść p...
Nie wiem czy doczekam zmroku
Ksiądz dziś przywiózł sakramenty
Pewnie umrę Boże święty.

Będziesz długo Babciu żyła
Pierwsza wnuczka przemówiła
To nic że nie robisz kupy
Nie jesz chleba ani zupy
Że lekarstwa są do dupy
Święty Boże ci pomoże.

I do tyłu odwróciła
Druga wnuczka przemówiła
   Babciu droga babciu miła
   Jesteś teraz taka szara
   Umrzeć przecież każdy musi
   Zechcesz mogę cię udusić
   Ale może lepiej będzie
   Ksiądz to zrobi po kolędzie
   I to koniec babciu miła
I na pięcie odwróciła.

Trzecia wnuczka przemówiła
      Moja siostra już mówiła
      Chrypoteka jak się złapi
      Możesz się zapytać taty
      Nie uciekniesz od łopaty
Jesteś stara babuleńko
I jak umrzesz żadne straty
I jak zechcesz dobrze słyszę
To ten domek mi przepiszesz
Ten na rynku koło straży miejskiej
Ten na wiejskiej.

Czwarty wnuczek ten od syna
Ten przemówił w takie słowa

Nie ma się i o co spierać
    Babciu droga czas umierać
    Przepisz pole koło strugi
    No i zapłać za mnie długi
    Te karciane no pieniądze zwrócić muszę
    I przysięgam na mą duszę
    Nie zapłacisz to uduszę
    Cię babeczko moja droga
I odwrócił się na pięcie
Od lat czterech był na rencie
Jedna nogę miał urwaną.

Teraz odezwał się syn starszy
    Niechaj mama tak nie patrzy
    Mamo co te bachy pieprzą
    Umrzyj po co ci kłopoty
    Nie masz nic tu do roboty
    Tobie jest potrzebny spokój
    Żonie mej potrzebny pokój
    Umrzyj proszę nawet teraz
I do wyjścia się zabiera.

Odezwała się sąsiadka
Taka dwu metrowa babka
    Słyszę że babka wam przeszkadza
    Mówić brzydko nie wypada
    Ja nie biorę was na strachy
    Wypierdalać brzydkie bachy
    I ty synu sukinsynu
    Bo się wkurzę i zastrzelę
    A zrobię to teraz w niedzielę
    Kałasznikow wyciągnęła
    I do góry wystrzeliła.

I ci duzi i ci mali
W dwie sekundy wszyscy zwiali
I już nigdy nie kłócili

Niektórzy to majtki zbrudzili
I więcej nie pojawili.

    Moja droga sąsiadeczko
    Jeśli zechcesz to pomogę
    Wygonimy chrypotekę
    Lekarstwo wcale nie drogie.

    Pierwsza setka spirytusu może ci wykrzywić buzię
    Dwa jaja rozbić do szklanki może jedno ale duże
    Wyciąg rumianku i jadu węża
    Przed spożyciem wspomnieć
    Zmarłego przed rokiem męża.

    Na chrypotekę to woda działa
    Może być miska duża lub mała
    Gdy dzień się zacznie po słońca wschodzie
    Tyłek namoczyć w gorącej wodzie
    To zaraz w środku krew zacznie krążyć
    Może coś nawet pani nie zdążyć
    Ja to posprzątam łaskawa pani.

Babcia sąsiadki się posłuchała
I tak zrobiła jak ona chciała
Tylko po domu długo latała
No i regały poprzewracała.

No wiec objęła ją dyskoteka
Ale puściła ją chrypoteka
Więc babcia żyje cieszy się zdrowiem
Co będzie dalej kiedyś opowiem.

Nowe naszło zmiany

Moja wieś rozległa była
Aż do morza się ciągnęła
Wielkie pola i obszary

W środku stoi zamek stary
Ziemi sto trzy hektary
Kościół też ogromny stoi
Stawy lasy młyny wodne
I dziewczyny tu urodne
W sklepie wiejskim ciuchy modne
Ziemia żyzna dobrze rodzi
Autobus do pracy dowozi
A maszyny dwa ciągniki
Przywieziono z Ameryki
Na ratuszu koło fary
Bije co dzień zegar stary
A gdy ktoś jak się zapije
To budząc go kurant bije.

Rzeźnie kluby trzy tartaki
I prądowe dwa wiatraki
W zoo zobaczyć można krowę
No i kozy pociągowe
A na rynku karuzela
Co niedzielę za...

Na ulicy jeszcze nowe
Świecą dwie lampy naftowe
Ulica i dwa zakręty
I jakiś garaż walnięty
Na warcie stoi w przyłbicy
Baterie przeciwlotnicze.

Jest i wartownia i baszta
A w środku pijana hałastra
Jedno biuro opozycji
I posterunek policji
A w środku śpi tam bez przerwy
Dwóch policjantów z rezerwy
Uzbrojeni w pałki wodne i pistolety gazowe
Każdemu przypada tylko pół litra na głowę

Mamy ule kwiaty róże
Pszczoły latające luzem
Robią przy tym dobry miód
Słowem jest to wioska cud.

Same jednak pozytywy
Lud tu możny wręcz szczęśliwy
Lecz gdy wojna nas dopadnie
Wszystko dobro nam ukradnie
Żeby temu przeciwdziałać
Trochę muszę się nałamać
Trzeba dużo popracować
By wioseczkę uratować.

Długo się nie przyglądałem
W niedzielę wylądowałem
Gdzieś pod lasem i na rżysku
Na naszym spółdzielczym lotnisku
Pomysł trochę był szalony
Gdy tak trochę podchmielony
I do żony się śpieszyłem
W starą szopę przypieprzyłem
Swoim nowym mercedesem
Rozpieprzyłem go z kretesem
I stało się spłonęło wszystko
I mercedes i lotnisko
Do lądowań przeznaczone
Nawet nie ubezpieczone.

Ja wyszedłem więc na sucho
Pękła ręka spuchło ucho
I dostałem deską w pałę
Trzy godziny nie widziałem
Ktoś tam widział salwę suchą
Krzyknął przyleciało UFO
Pamiętacie jak konował
Zombi kiedyś wylądował

Chociaż było to na trubie
Do tej pory ja go lubię
Dał więc wykład władzę wykradł
Był to dla mnie dobry przykład.

Pomyślałem przejmę władzę
Dyktaturę zaprowadzę
I odetnę tego lata
Od upadłej reszty świata
Powiem krótko drogi panie
Uwierzono w lądowanie
I zgodzono się z pomysłem
Tak zostałem więc sołtysem.

Po wyborach w dwie godziny
Udajemy się do gminy
I dajemy ultimatum
A więc już z dzisiejszą datą.

    Koniec podatków płacenia
    Na własność przechodzi ziemia
    Naczelnik niech głupio nie gada
    Powita nowego sąsiada
    Na gminę nie będziem napadać
    Wprowadzona kontrola roboli
    Nie słuchać co gmina p...
    Prawda jest wiejska i jedna
    Wprowadzona kontrola celna
    Kto nie posłucha to czapa
    Pij za swoje i jedz chleb
    Nie posłuchasz kula w łeb.

Tym razem naczelnik ruszył
Gdzieś się w oborze zaszył
Przyjął mnie sekretarz gminy
I robił straszliwe miny
I z biura wszyscy płakali

Stanisław Pysek Prusiński

Jak pana Sołtysa żegnali
Nowe państwo się nazywa
Samodzielna Ruda Krzywa.

A w niedziele na zebraniu
Zaraz po drugim śniadaniu
Tak rozparty dwa fotele
Wiele ogłosiłem mianowicie
Co poniżej usłyszycie.

Wybrany został nowy wiejski rząd
Komu się nie podoba to czeka go sąd
Wioskę drutem trza ogrodzić
Żeby obcy nie mógł wchodzić
Czy ci pasuje czy ci to zwisa
Od dziś podlegasz pod pana Sołtysa.

Proboszcz spowiadać ma całą dobę
Każdy otrzyma konia i krowę.

W szkole wprowadzić trzeba mundurki
Możesz tłuc pasem syna nie córki.

Hodować możesz ryby i grzyby
Wprowadzam karę zakucia w dyby.

Musi być trzeźwy jeden policjant
Lojalna musi być opozycja.

Umarłych palić prochy do urny
I nie przybijać gwoździ do trumny.

Mąż od dziś w domu musi nocować
Głowy przed deszczem broń Boże chować
Już od kolebki musisz pracować.

Chcesz się narąbać zapytaj żony

Wiersze pierwsze

Nigdy nie możesz być zadłużony.

Od dzisiaj żony nie wolno zdradzić
A zamiast węglem kolkami palić.

Gdy coś ukradniesz przestań się chwalić
Swojego konia przestać masz walić.

Glowy do góry nie możesz nosić
Gdy w łeb dostaniesz musisz przeprosić.

A do kościoła masz chodzić boso
Żąć żyto sierpem nie kosą
Ksiądz musi wszystko brać co przyniosą.

Żona nie może używać szminki
A dla sołtysa pięć kilo szynki.

Brudne dolary układać w skrzynki
Nie możesz żonie zrobić malinki.

Gdy koń się zmęczy ciągnąć za niego
Napić się wódy w barze z kolegą.

Urzędnik w biurze musi być czysty
Do domu zakaz wejścia baptysty
Listonosz w terminie dostarczyć listy.

W zimę pracować w lecie się lenić
W twoim ogrodzie ma się zielenić.

Do chlewa wchodzić w butach od gnoju
Nie pić mleka tuż po udoju.

Możesz mieć tylko lecz jedną żonę
Kochać się możesz sześć razy w nocy
Ale nie w piątek i po północy.

Kisić kapustę tylko nogami
Nie kłaść się do snu ale z butami.

Prać sam ubranie robić powidła
I na sąsiada nie stawiać sidła.

Za dziewczynami się nie oglądać
I tylko cudze żony podglądać.

Iść do dentysty gdy stracisz zęby
A na kolację tylko otręby.

A drzewo rąbać na swojej szopie
A tyłek moczyć tylko w ukropie.

Czy ci pasuje czy ci to zwisa
To są reformy pana Sołtysa.

Teraz to wszyscy z nami się liczą
Mamy po prostu swoje granice
No i obronę przeciwlotniczą
Mamy wyrzutnie imieniem Gad
Kto się pojawił po prostu spadł
Mamy strażnice i wojsko Chopu
Sprawdzają wszystkich przybyłych chłopów
Ale i lepiej się nawet czują
Kiedy panienki też obmacują.

Mamy paszporty i rację stanu
Pan w to uwierzył dziękuję panu
Wszystko jest łatwe z angielski izy
Każdy ma pracę każdy jest bizy
Please nie przeszkadzać robić głupoty
Today im working go do roboty.

Dzięki sołtysie dzięki ci panie

Żeś wylądował na naszym globie
Teraz to wszyscy mówią o tobie
Ty jesteś mocny siedzisz przy żłobie
Każdy ma dobre zdanie o tobie
Rządź więc spokojnie przez długie lata
Lecz rządź z rozmysłem nie graj wariata.

Biorę łapówki oczy przymykam
Tak rozpieścili mnie urzędnika
Wieśniak salceson do mnie przynosi
Skosztuj sołtysie błaga i prosi
Muszę zakończyć te zdania spójne
Dałem se radę i rządzić umiem.

Marycha

Zdrobniale mówią na mnie Marycha
Jestem wyniosła uparta cicha
Jestem rośliną mnie się uprawia
Gdzieś w Gwatemali czy Hondurasie
Mnie używają jestem na czasie
Lubią mnie Władki Kasie i Basie.

Gdy mnie spożyjesz buzia się śmieje
A z twoim ciałem dziwnie się dzieje.

Niegrzeczny Piotruś

Prosi Piotruś swoją matkę
Mamusiu zrobisz mi kanapkę?

Dobrze zrobię Ci kanapkę
Rzekła mama do Piotrusia
Ale najpierw przeproś Babkę
Bo zrobiłeś przykrość babce
Coś rzadkiego było w czapce
Jak na głowę założyła

To się cała ubrudziła.

Piotruś mówi nie mamusiu
Babcia chodzi w kapeluszu
A do czapki zrobił kotek
Nie kłam Piotruś mówi mama
Przeproś Babcie bardzo proszę.

Przeproś Piotruś jeszcze dziadka
Bo ta babcia moja matka
A twój ojciec to syn ojca i twój dziadek
To wczoraj miał mały wypadek
Wczoraj była krótka lina
I zginęła mu drabina
To niechcący i po cichu spadł ze strychu
I długo oglądał chmury
Dobrze że nie uleciał do góry.

Dzisiaj odnalazł drabinę
To ktoś mu poderżnął szczeble
Bardzo przepraszam syneczku
To wszystko podobne do ciebie.

Jak przepraszać to już dwoje
Piotruś odrzekł ja się boje
I od płaczu się zanosi
A kto mnie teraz przeprosi
Kto mi wczoraj pogryzł kredki
Kto mi wylał tusz to teczki
Kto mi wczoraj buchnął fajki
Kto mi nie przeczytał bajki
Zeszłej nocy zrobił w majtki
Sen mi tata przerwał w nocy
Bo pijany wracał w nocy
I poślizgnął się w pokoju
Przy okazji potłukł szklanki
A jak go trzasnęłaś młotkiem

Do tej pory śpi pod płotkiem
To przez mamę w mordę mać
Nawet w dzień nie można spać.

Ale się zrobiła draka
Mama wściekła jak sobaka
Dzwoni więc do poprawczaka
Proszę zaraz zabrać dziecię
Złe jest przecie.

Skąd to tyle jest agresji
Piotruś żeby wyjść z opresji
Bardzo szybko po drabinie
I już siedzi na kominie.

Nie wygląda to zbyt ładnie
Piotruś lada chwila spadnie
Babcia dziadek mama proszą
Aż do płaczu się zanoszą
Zejdź Piotrusiu zejdź z komina
Mama zrobi ci kanapkę
Babcia upierze se czapkę
Dziadek drabinę naprawi
Tata nowy rower sprawi
Pani piątkę wstawi w szkole
Piotruś odparł ja p... co to było
Jemu to się wszystko śniło
Czasem dzieci i odważne
Mają i sny nieprzyjazne.

Krzyk Donbas

W dalekiej krainie tam gdzieś na Balasie
Straszliwy się dramat rozgrywa w tym czasie
W wojennej pożodze i złej nienawiści
Tam biją zwyczajni logiści
Zmieniono im frakcję na pozytywiści

Stanisław Pysek Prusiński

Lecz sen o zwycięstwie się nigdy nie ziści.

Tam kule świstają i czołgi warkoczą
Wybuchy rwą ziemię i za dnia i nocą
Wybuchy bombowe gruz leci na głowę
Równają więc z ziemią budynki piętrowe.

Dym pełza po gruzach całymi falami
I miesza się z krzykiem i bólem i łzami
Krew spływa ulicą i we dnie i w nocy
Wołanie o pomoc lecz nie ma pomocy.

Brat strzela do brata a córka do matki
Ojciec do syna tak ginie rodzina
Więc gdzie jest tej walki braterskiej przyczyna
Więc może i warto ten temat utrzymać.

W tej kwestii najwięcej wandale są winni
Bo to są parobki wasale unijni
To oni niecały rok temu mój panie
Wcisnęli swój ryjek na ruskim wolnym dywanie.

To oni pragnęli dla siebie korzyści
I wszczęli tam rwetes i czas nienawiści
Koślawy sojusznik to mu się opłaci
To on i ta sprawa skłóciła dwóch braci.

Typowe restrykcje i cła zaporowe
Ściągnęły więc same kłopoty na głowę
I dobrze że tamtych od stołu wygnali
By może mniej trochę tam ryja wsadzali.

Przycichło więc latem i tak nie wiadomo
Bo ktoś z tej to branży szaleniec zagroził atomem
I wcale się nie zląkł za taką namową
Zagroził dla świata zagładą jądrową.

I walka trwa nadal i aż do tej chwili
Choć w świecie w ten tydzień pokój ustalili
Przyglądam się nawet samemu najczęściej
Co znów pieprzy bzdury a sam tyłkiem trzęsie.

Szpitale są pełne poranionych braci
A kto im za ból ten i mękę zapłaci
I któż im pomoże zlituj się więc Boże
Ty jeden pomożesz bo Ty wszystko możesz.

Krzyk ciąg dalszy

Historia teoria mamona euforia
To świata przymioty przywary nawyki
Jak walczyć o pokój jak bronić od wojny
Jak wdrażać jak dobro wytwarzać.

To Pan Bóg świat stworzył i oczy otworzył
Wiadomo jest więc od zarania
Lecz bywa odwrotnie i to bezpowrotnie
Obłuda nieprawość głupota i zazdrość
I fałsz bezpowrotnie przysłania.

Choć Bóg czyni cuda nie znika obłuda
Na kłamstwo się uszy zatyka
I gdy źle się dzieje co robią złodzieje
Na wszystko się oczy przemyka.

Ten świat jak myśliwy tak zrobił się chciwy
I syty poluje na zwierza
Drapieżne pazury sięgają za chmury
Więc połknąć mniejszości zamierza.

Stworzona machina zagłady przyczyna
Bezsense układy podboje narady
Zamrozić ten bezsens niech przyjdzie godzina
Niech padnie na łapy diabelska gadzina.

Biblijne poglądy światowe przesądy
Teorie i ludzkie nastroje
Stworzyły więc taką złą myśl pogmatwaną
Że to co ziemskie to moje.

Odpowiedź jest krótka nie twoje nie moje
Nie wasze nie nasze zawczasu
Tak to co istnieje i to co nastąpi
To własność wyłączna jest czasu.

Lecz możesz się wściekać i gniewać i zżymać
Lecz czasu co biegnie nie możesz zatrzymać
Więc szanuj się bracie i nie bądź tyranem
Bo czas jest i będzie i był twoim panem.

Gdy myślisz odwrotnie i masz trochę czasu
Więc weź urlop dniowy i udaj do lasu
I zapłacz po prostu zwyczajną prostotą
Nad swoją dziecinną zwyczajną głupotą.

Pamiętaj że babcia ci kiedyś mówiła
W tym miejscu w tym lesie jest dziadka mogiła
Co zginął przedwcześnie zabili go w lesie
Bo wierzył że wojna nam wolność przyniesie
On zginął od kuli a obok bratanek
                    Co też go otruli.

Bóg stworzył świat cały ojczyznę i pole
I dał mnie i tobie i nam wolną wolę
Więc módl się i pracuj i szanuj ojczyznę
I wyrzuć za siebie diabelską zgniliznę.

Lilia i Kleofas emeryci

Emerytura to cud to raj
Nie masz co robić w pokera graj

Albo w kasynie wygraj tak sądzę
Może choć milion to są pieniądze.

Nowe się życie przed tobą tworzy
Ale uważaj może być gorzej
Stroń więc od bitki czy od gorzały
Bo możesz stracić żywot swój cały.

Rzuć papierosy czy może fajkę
Opowiedz żonie jakąś więc bajkę
Usiądź przy ławie przy dużej kawie
Pomyśl o jakiejś dobrej zabawie.

I się nie przejmuj czas niech ci leci
Bo twoje dzieci mają też dzieci
Więc razem z żoną baw się wspaniale
Gdzieś na weselu czy w karnawale.

A w żadnym razie nie jedź na gazie
Bo na co kłopot jeszcze powtórzę
Bądź razem z żoną na emeryturze
I nie postępuj nigdy pochopnie
Ale roztropnie.

Jak emerytka na życie się kładzie
Widać poniżej na tym przykładzie
Dziadek Kleofas syn szczerbatego
Tego olbrzyma co to kosy klepał
Miał dwóch synów i jedną córkę
Chodził do szkoły zawsze pod górkę
Żonę wspaniałą lecz nie z tej ziemi.

Zaraz po ślubie jak się pobrali
Przez cały tydzień to tak strzelali
A się kłócili co to twoje moje
Aż się skończyły wszystkie naboje
A skrzynka mieści tysiąc czterdzieści

I dużo huku.

Lecz po tej wojnie się pogodzili
I nawet trojga dzieci spłodzili
W pełnym rozejmie tu niedaleko
Mieszkali w domku nad piękną rzeką
Dzieci po plaży pięknej biegały
Było tam pięknie wspaniało ciepło
Czasem się jakieś prosię upiekło
Dzieci urosły i się wyniosły
A babcia z dziadkiem w domku zostali
Choć podstarzeli lecz się kochali.

Pewnego razu Lilia zasłabła
I do studzienki przy lesie wpadła
Kleofas spuścił się więc po sznurze
I uratował ją z drugiej turze.

Sam też się najadł i dużo strachu
Bo do tej studni skakał on z dachu
Sprawnie to zrobił i się namęczył
Tak się dla babci dziadek poświęcił.

Gdy z wysokości nabrał szybkości
Doleciał szybciej i nie zagapił
Trochę się przy tym i wody napił
I trochę potłukł ciało niemłode
O tę twardawą źródlaną wodę.

Ale nie stękał lecz fason trzymał
Wyciągnął Babcię długo wyżymał
Jej majtki cienkie śliczne stringlane
I bardzo drogie i wyszywane
Złotymi nićmi że oczy przyćmi.

Babcia chwyciła dziadka za szyję
    Lilia cię kocha

Wiersze pierwsze

    Kleo ja żyję
I podskoczyła bardzo wysoko
Za pierwszym razem trafiła w oko
Za drugim razem dziadek był duży
Głośno cmokając dała mu buzi.

Więc co nie robią dziadki dla babek
To był zwyczajny prosty wypadek
Lecz bohaterski jak czyn żołnierski
Lilia mu dała krzyż kawalerski
I wielką szarfę złotą przypięła
I głośno rzekła potem westchnęła
    Kocham cię Kleo
I tak się długo dlań poświęcała
Że na Kleofsie trzy dni leżała.

Inny przypadek rozegrał w lesie
Kleofas Lilii jagody niesie
Był jakiś smutny i czymś przybity
Nagle wypada wąż jadowity
Kleofas krzyczy bronić się musi
Kopie bestyję uderza w szyję
A wąż się wije i głośno syczy.

Lilia wypada by bronić męża
Całym swym ciałem rzuca na węża
I rączętami bestyję dusi
Nogą przygniata powyżej pasa
To ona taka skromna i mała
Dziadkowi życie uratowała
Dziadek jej w zamian oddał uczucia
I tak oboje żywi i cali
Przez cały dzionek obejmowali.

To jest naprawdę przypadek rzadki
Jak mocne babcie ratują dziadki
To bohaterstwo czyste braterstwo.

Innym zaś razem wycieczka w lesie
Kleo dla Lilii szampana niesie
Patrzą na drzewa skowronek śpiewa
To jej na głowę włoży wianuszek
Pogłaszcze ręką kosmaty brzuszek
Wygłosi nawet miłosną mowę
Łyknie też czasem bezalkoholowe
A to jest sedno bo tylko jedno
Bo jest oszczędny wydatek zbędny.

Wodę to piją z jednej szklaneczki
I tak szczebioczą jak jaskółeczki
I szczerzą do się sztuczne ząbeczki
Dla Kleofasa to nie jest męka
To jest przyjemność nigdy nie stęka
Gdy swoją Lilię na plecach niesie
A gdy upuści to i podniesie.

Czasem się Lilia i trochę rzuca
Może ma rację gdy się wykłóca
Ale na szyję się zaraz rzuci
I jak całuje to głośno mruczy.

Razem w ogródku razem na scenie
Emerytura to jest marzenie
Razem na ryby razem na grzyby
Tu nie ma przeproś gdyby tak gdyby
I czasem chorzy i ledwie żywi
Lilia i Kleos ciągle są młodzi
Ku sobie mają głośno cmokają
                            Nie narzekają.

Ścigany czas

Czym zastąpić czas żeby nie płynął
Co zrobić jak talent rozwinąć

Jak przeżyć gdy żyły ci zatka
Jak śpiewać nie powie już nawet Synatra
Bo umilkł na zawsze i tylko wspomnienia
Ścigany przez czas i marzenia.

Gdy oczy zamykasz i uszy zatykasz
I milczysz gdy siedzisz w bezruchu
Czy biegniesz przed siebie czy wodzisz po niebie
Spojrzeniem wiecznym marzeniem.

Czyś syty czy głodny obdarty czy modny
Czas płynie i mijają się wiosny
I jesień i zima czasowa witryna
Jest dzisiaj a jutro jej nie ma.

I mądry i dziwny i stary jak wyga
Nie marnuj więc czasu bo bardzo się przyda
I już go nie cofniesz nie kupisz nie dotkniesz
Do tego zostanie minuta tej ciszy
I kto cię w tej ciszy usłyszy.

A czas to jak więzień ścigany przez prawo
Nad czasu sędziowską rozpina się ławą
Przysięgłych bez końca początku odchodzi od normy
I ciągle się wacha jak fale wzburzone
Raz w prawą do góry i gdzieś tam na stronę
Zbierając istnienia bez przerwy po drodze
W ogromnej fantazji i w każdej okazji.

Wygląda więc na to że na czas ktoś czeka
Ten ktoś kto jest blisko zarazem daleko
A czasem też żegna i często się wścieka
Gdy tylko się zjawi to znów gdzieś ucieka
I tworzy okręgi przezroczy napełnione eliksirem
Przedziwnych osoczy luksus owym mirem
I tworzy coś wielkiego co jak nierealne
Z reguły czasowej jest nieobliczalne.

Skąd zatem reguła czasowa jest wzięta
Urodziny śluby radosne jak święta
Cudne południe szarówka w nocy śpiew kuranta
Czasowego dziwnego wielkiego amanta.

Cóż zatem mamy czynić nie marnując czasu
Przestać myśleć na lenia może iść do lasu
Nie pracować milczeć miewać dziwne wizję
Może siedzieć bezczynnie patrzeć w telewizję
Będąc w barze i upić się do nieprzytomności
Nocą oglądać niebo czy umrzeć z miłości
Pozbyć się bardzo szybko nieproszonych gości
Do akwarium za szybkę wpuścić złotą rybkę
Kurzyć fajkę i sobie opowiedzieć bajkę.

Powyrywać rude włosy przeklinać w niebiosy
A w niedzielę o poranku szukać nocnej rosy
Także na spędzanie czasu mamy różne stosy
Kawałki czasu pędzą jak wiatr z Barbarosy.

Więc zaleceń na spędzenie czasu bywa wiele
Posłuchajmy jak spędzają czas swój nasi przyjaciele.

    Kobieta
Żona mężatka zakupy
Gospodarzy zupę warzy
Robi kluski czasem krzyczy
Sprząta krząta kasę liczy
Chodzi do kościoła nie zdradza
Nosa w czyjeś sprawy nie wsadza
W piątki pości
O kwiatuszki w wazonie się troszczy
I pracuje nóg nie czuje
Czasem trochę ponarzeka
I czas jej płynie jak rzeka.

    Młoda Panna
Bluzka modna i spódnica
Czasem coś nawet prześwieca
Buty długie szpikowane
Trochę ciasne majtki krasne
Zdanie właśnie oczy jasne
Biust wypukły z każdej strony
W uchu kolczyk przekręcony.

Złota strefa lubi szefa
Spotkania w restauracji
Daje buzi po kolacji
Nosi stringi pali fajki
Opowiada modne bajki
Ćwiczy sporty zwiedza korty
Ważne przewodzi mityngi
W soboty gna na dancingi
Biega z pieskiem ćwiczy deskę
W kick boksie nikt nie jest lepszy
A kto podpadnie przypieprzy
I nie wygląda to ładnie
Więc lepiej niech nie podpadnie.

    Stary Kawaler
Stracił kasę lecz ma klasę
Przegrał jednak wyścig z czasem
Wolny czas spędza pokrótce
Czy to przy winie i wódce
Traci pieniądze w kasynie
Uwodzi kto się nawinie
Jak każdy ma dziwne nawyki
Czasami żre narkotyki
I robi głupie wybryki
Gdy wolę Bożą poczuje
To wtedy się ustatkuje
Rodzinne gniazdko zbuduje.

Stanisław Pysek Prusiński

Mąż 20-60
Krząta się robi porządki
Czasem mocno zalatany
Oszczędza bo lubi money
Pracuje i na dwie zmiany .

Kocha żonę dzieci wnuczki
Reperuje samochody
Czasem w barze urżnie pyska
I chyłkiem do domu pryska
A gdy żona go przyciśnie
To on milczy ani piśnie.

Chociaż stęka jest na chodzie
Czasem rybę złapie w wodzie
Przy kominku odpoczywa
Tak to czasem z chłopem bywa.

Czas teściowej
Ta przed zięciem się nie chowa
Dobrze rządzi i nie błądzi mocna głowa
Po pół litrze patrzy chytrze.

Masz teściową duży zysk
Gdy podpadniesz trzaśnie w pysk
Gęś upiecze dla zachęty
Wnuczkom coś odpali z renty
Pierze ręcznie nie używa
Więc nie wiele odpoczywa
Bóg teściową zesłał w darze
Zagraj mamie na gitarze
Gdy obrazisz przeproś chamie
I ucałuj rączki mamie
Nic tu nie ma do ujęcia
Dobrze mieć takiego zięcia.

Czas Rodziców

Wychowali ciebie smyku
Za wysoko nie podbrykuj
Musisz robić co ci każą
Masz nie płakać być wesoły
I nie spóźniać się do szkoły.

Chociaż masz rodziców biednych
Masz ich tylko jednych
A zrozumiesz wtedy znacznie
Kiedy może ich zabraknie
Oni tak o dzieci dbają
Karmią lubią ubierają
I do szkoły posyłają
Do kołyski ci śpiewają.

Przez życie pracują ciężko
Nad płcią męską i nad żeńską
Wspomagają cię w potrzebie
To oni spłodzili ciebie
Więc nie musisz już błaznować
Masz po prostu ich szanować.

    Czas konia
Co ma robić koń na wczasach
Gdzieś tam w pod Lubelskich lasach
Odpoczywać darmo żreć
Cóż więc koń dziś może chcieć
Ciągnął wózek do tej pory
Pojawiły się traktory
Na kredyty i na ropę
Koń opuścił swoją szopę
I przygląda temu z bliska
Aż ze złości ślina z pyska leci w locie
Poszedł więc na bezrobocie.

Na zasiłku sześć miesięcy
Odpoczywa i się męczy

A może go gmina przydzieli
Na wyścigi do Brukseli.

    Czas aktora
Coś się stanie
Przez to ciągłe udawanie
Trudna praca jest aktora
Udawać musi doktora
Policjanta czy amanta
Polityka i wariata
Takiemu to wszystko lata
Będzie żyć do końca świata.

A po zdjęciach na salony
Ten to nie pilnuje żony
Tylko z inną się przechadza
I na boku może zdradza
I prelekcje i wywiady
Odpoczywać nie da rady
Duża kasa pierwsza klasa
Trzeba biegać na golasa
I udzielać się wizyjnie
Teatralnie perfekcyjnie
Tu nie można często mylić
Słuchać grania i gitary
Więc się pilnuj koniu stary.

    Ryba
Pierwsza była ryba no a może woda
Pierwsze może lasy a później przyroda
Najpierw może lasy a później na wczasy
Może drzewo winne albo ananasy
Czas nas nie pieści czasu ubywa
Dlatego ryba w wodzie pływa
Macha ogonem i się uśmiecha
Z falą się ściga drwi z wieloryba
Co nie żartuje na życie dybie

Nie niszcz narybku zgiń wielorybie
Wypłyń do lasu nie mamy czasu.

    Karnawał
Czas karnawału czas radości
Spręż się mocno zaproś gości
Gdzieś nad wodę w góry w lasy
Teraz mamy dobre czasy
Rozprostujcie swoje kości
Czas się cieszyć szkoda życia
Mnóstwo żarcia dużo picia
Razem biedni i bogaci
Teściowa za wszystko płaci
Mamy czeki bez pokrycia
Zapłacimy więc w naturze
Cztery krowy mleko kurze
Ser tylżycki kozie cycki
Tańczą miasta tańczą wioski
Tańczy cały naród polski
Czas nie stoi czas nie leży
To Polakom się należy.

Co chcesz

Roziskrzone niebo tęczy kolorowe sploty
Niebywale wyjaśnia wszechświat jak duszy poloty
Jak początek baśniowy i królewna śpiąca
Światłości powstałej może nie być końca.

Więc co się stanie gdy ziemia straci pamięć
Gdy zabraknie jej ochoty
Na ciągłe wokół słońca obroty
Układy planetarne zmienią linie papilarne
Czas zatrzyma się na stałe
Zniknie duże zniknie małe
Gdzie podzieją się niestety
Święta ziemia i sąsiadujące planety

Pytań wiele jak dogmatów
Jest w przestworzach wiele światów.

Gdy więc w przestrzeń wypłyniemy
Czy nas przyjmą czy zginiemy
Czy też znajdzie się kawałek miejsca w przestrzeni
Dla naszej planety ziemi.

Myślę że to tak się dzieje
Glob istnieje ja istnieje
Gdy odchodzę znika ziemia
Nie ma świata bo mnie nie ma.

Rozpatrując drugą stronę
Moje życie zakończone
Świat pozostał i wciąż żyje
Cóż tej prawdy nie ukryjesz
Czy odrodzisz się na nowo
Reinkarnacja i od nowa
Inne myśli inne słowa
Nowa karta kolorowa.

I odpowiedź cóż to znaczy
Tak być musi nie inaczej
Dusza jest to bowiem program
Zapisana w życie taśma
Trudna prosta i niełatwa
Ale jasna zespołowa
Czyny gesty strach protesty
Powtarzają się od nowa.

Więc zapytać siebie muszę
Jaką chciałbym dostać duszę
Po cóż więc się w kółko spierać
Trzeba będzie więc wybierać
Duszę złotą plastykową
Posrebrzaną czy bojową

Ugodową postępową.

Tak to dziwne nie do wiary
Dusz jest wiele i rozmiary
Dusz są różne w metrach inczach i na milę
I zatrzymaj wzrok na chwilę
Na krótką czy długą duszę się skusisz
Odpowiadać dziś nie musisz.

Mamy dusze i cnotliwe
Złote srebrne urodziwe
Złe sękate jędzowate
Zwapniałe gorące pyskowate
Więc na składzie dusz gdy spojrzysz
Może swoją duszę dojrzysz.

Dobrze już wybrałem duszę
Cóż więc dalej czynić muszę
Dusza w twoje ciało weszła
I po ciele się rozeszła
Tak dostałem złotą duszę
Cóż więc dalej robić muszę.

Ciało z duchem idzie w parze
Dusza tobie nie rozkaże
Wolną wolę masz kochany
Za to będziesz rozliczany.

Czy zyskałeś czy straciłeś
Twoja dusza złota cała
Tak przez życie pordzewiała
Któż więc weźmie taką duszę
Teraz się zapytać muszę.

Dam ci jędzowatą duszę
Więc odwrotnie ty niecnoto
Zmień jędzowatą na tą złotą

Stanisław Pysek Prusiński

Trudna sprawa nie da rady
Ciągle kłótnie trądy zwady
Miłość radość pycha kruszy
Lepiej wyrzec się tej duszy.

Brzydka dusza płacze szlocha
Ta to wcale cię nie kocha
Gdy posiądzie twoje ciało
Będzie wszystko cię bolało
I okropnie się utrudzisz
Bardzo szybko się nią znudzisz
Brzydka duszo opuść ciało
Życia mi się odechciało.

Pani młoda dusza stara
To dopiero straszna kara
Ale za co i dlaczego
Więc odpowiem ci kolego
Dokuczając dniem i nocą
Brak miłości roztropności
Co na koniec będzie w spadku
Tylko pustka i po dziadku.

Zapisano cię na straty
Umarł biedny był bogaty
A dopiero proszę pana
Dusza pokombinowana
W nocy zła a w dzień odwrotnie
Zmienna jak w kalejdoskopie
Raz się cieszy raz się złości
Raz obżera a raz pości.

Gdy tę duszę już wziąć musisz
Lepiej wcześniej się udusić
Proś o duszę więc normalną
Prostą ludzką niebanalną
Mądrą uczciwą i dzielną

Tak zwyczajną niepodzielną
Tak po prostu we dwie strony
Żebyś był zadowolony.

Tak ją musisz pielęgnować
Chuchać dmuchać i trenować
By w całości ją dochować
Może kiedyś oddasz duszę
Wtedy wstydzić się nie muszę
Masz ulepszyć a nie spieprzyć
Uczyń duszę doskonalszą
I wspanialszą uczuciową
Mucho prawdy złości newer
I szczęśliwym być forever.

Ciekawy autor wspomnienia

Żył kiedyś poeta gdzieś od Ostrołęki
Co wiersze pisywał i tworzył piosenki
Choć pisać się starał i myślał i tworzył
Niestety on sławy swej nigdy nie dożył.

Niegłupi to pyszczek do pracy się garnie
Lecz to co napisze wygląda tak marnie
I choć się wysila to nic nie wychodzi
Po prostu odwrotnie na zdrowie mu szkodzi.

Więc pisze o życiu miłości i wojnie
Porusza tematy radosne spokojne
Rymuje powiększa słownictwo upiększa
O słowa się martwi lecz sławy nie zwiększa.

Gdy słuchać nie chciano zapłacze za ścianą
I wkurza się macha czupryną rozwianą
Bolało go serce wątroba mu gniła
Tak jego poezja od środka paliła
Utwory me słabe nie ma czym się chwalić

Pomyślał pysiunio czas wreszcie je spalić
Więc czas już zakończyć te karty teatru
Więc pali wierszyki wysyła do wiatru.

Niech tam gdzieś co przestrzeni powietrznej zagości
Wiersz jeden pysiaku o życiu radości
Chodź jeden ptaszyna oczęta zatrzyma
Na strofach piosenki co było i nie ma
Na innej planecie a takie są przecie
Poezja pysiaka się spotka w komplecie.

A jeśli już chodzi o jakość utworów
To jest w nich dowcipu mądrości i stworów
Pętają się również i duchy i zmory
Lecz nawet zdrowieje kto bardzo jest chory.

Choć jego wierszyna nie godzien fejsbuka
To gdy go przeczytasz to rżysz do rozpuka
I to go podnieca i motor mu wali
I czasem sumienie i radość zapali.

Mijają więc lata a los figle płata
I cóż się więc dzieje z pysiakiem do kata
Poezja znów z dala z planety przylata
I w nową się twórczość i wiersze przeplata.

Chmiel

Ma na imię Chmiel Stanisław
A na drugie Chmiel Władysław
Dwa nazwiska dwa imiona
Takie same ma i żona
Tylko ona Wanda Chmielna
To jest pierwsze a na drugie
Chmielna Prztyka gdy to mówię
Aż przytyka coś z persona
Dumny on i dumna żona

Ale jak się przyjrzeć z bliska
To do czego te nazwiska?

Czy to coś to aby zmienia
Dziwi się nieduża Genia
Pan Reżyser wielki Wajda
Wielką wydał na to kasę
Wajda to niegłupi aktor
Stworzył plan i film się zaczął.

Skomponował wielka frajda
Duże sceny i przezrocza
Konie słonie las gdzieś w dali
Grali słabo udawali
Reżysera się nie bali
Bo reżyser dużo przeżył
Nigdy w pałę nie uderzył
No i wszyscy to widzieli
Więc robili to co chcieli.

Patrzcie patrzcie kozioł owca
Ślimak wyłazi z jałowca
Być nie może tu w tym lesie
Jeszcze coś na grzbiecie niesie
Cóż się dzieje osioł śmieje
Panna z rozpaloną twarzą
Na poboczu świnie łażą
Komar z bąkiem przekomarza
Ryba trzyma się ołtarza
Borsuk drapie się po łapie
A reżyser koło stajni
Zmęczył się i głośno chrapie.

Zobaczyli w mordę mać
Teraz się zaczęło dziać
Stop kamera o cholera
Małpa się na plan wybiera

Gdzie reżyser koza woła
Jutro się zaczyna szkoła
Wrzeszczy nauczyciel Sasza
Ktoś butelką kręci z wasza
Wrona kracze ma pytanie
Z dali słychać też gdakanie.

Szarej kurze wcięło rolę
Błazen piszczy ja się golę
Jak pracować z taką sitwą
Zgapił się i pociął brzytwą
Szwarceneger szuka bomby
Słoń się wtoczył lecz bez trąby
Zamieszanie jak cholera
Wszystko to przez reżysera
Bo przy stajni koło słupa
Widać nogi sterczy d...

Kto zatrzyma te rozróby
Taką akcje ty mądralo
Wszyscy twierdzą że umieją
Ale tylko tak pierdzielą
Wszyscy to się tylko chwalą
Kogo to stać na taką rolę
Jeden palcem dłubie w nosie
Drugi skrzeczy ja pindole
Mnie się nie chce co za darmo
Za taką zapłatę marną
To nikomu nie opłaci
Ten zarobił tamten straci
Biją się dwaj adwokaci
Pielęgniarka gra w palanta
Ksiądz zaczepił o sutannę
Hydraulik wlecze wannę
Pojawili się strażacy
Jeden stary drugi łysy
Płomień wznosi się do góry

Pożar już w powietrzu wisi
Zaraz płomień w górę strzeli
Lecz o urodzie zapomnieli.

Coraz gorzej wre na planie
Rumor rwetes narzekanie
Za łby się zaczęli ciągać
Po wodę jechać do wołgi
Może lepiej ściągnąć czołgi
Lecz ten pomysł nie wypalił
Most był lichy się zawalił
Przyjechało trzech z bezpieki
Szukają na moście przecieki
Szybko zwiała Kasia mała
Co do zająca strzelała.

Wtem żyrafa się wkurzyła
Strajk głodowy ogłosiła
Wilk nie widzi tu powodu
Za co mamy zdychać z głodu
Na co po co tyle smrodu
Szybko zwiał do samochodu
Za zającem do kapusty.

Gołąb dziobie pióro otrzymał
Długo patrzył i się żymał
Siedząc z dachu wszystko widział
Bo czekał na ziarna przydział
Nagle z góry głos zabiera
Przepraszam na renifera
Trzeba zbudzić reżysera
Koniec wojny strat i zewu
Nie dopuszczę do rozlewu
Ja pofrunę i odnajdę
  Tego reżysera Wajdę.

Na polanie nagle cisza

Wszystkich aż zamurowało
Jakiś mały głupi gołąb
Będzie rządził taką zgrają
Ptak na planie niemożliwe
Drą się wrzeszczą gady chciwe
Zwiewaj ptaku mały gnoju
Chcemy wojny nie pokoju.

Ale gołąb nie popuścił
Jeszcze niżej skrzydła spuścił
Bardzo przy tym się utrudził
Reżysera Wajdę zbudził.

Ten zakończył wnet brewerię
Co drugiego gdzieś na prerię
Co trzeciego na front wschodni
A czwartego na zachodni
Małpce słonie konie w konty
A obsługę na remonty
Kto miał wąty to rozstrzelać
Kto ustąpił zapierdzielać.

I zakończył wnet bałagan
Wajda Krzepko dzierży nagan
I gołąbek piórko w czubie
Kto podskoczy to podziobie
Więc się w końcu pojednali
Razem nowy film nagrali
Wiem na tym planie
Byłem panie.

Skutki biurokracji

Brawo wiwat sztuczne ognie
We dnie w nocy o północy
Mija zatem wiek dwudziesty
A dwudziesty pierwszy kroczy

Czy to koniec czy mam rację
Świat zginie przez tę owację
W szczególności krótko mówiąc
Tę wspaniałą demokrację
No i sztuczną biurokrację.

Demokracja dla każdego
Tylko tak nie do wszystkiego
To co tobie się należy
Odstąp teraz od zasady
Demokrację mają państwo
A zapieprzać muszą dziady
To jest taka polityka
I działalność jest w eterze
Więc światowa demokracja
Napisana na papierze
Biurokracja to sprawiła
Że się racja podzieliła
Na urzędników i panów
I zwykłych bezczelnych chamów
Co się przy swym upierają
I czegoś dopominają.

No i po co jest to wszystko
Panu zboże chłopu rżysko
Biurokracja zeżre wszystko
Darmo trudzisz nie chłopisko.

Na wsi ofis w mieście ofis
Biurokracja daje popis
Wszędzie jakieś komputery
Fruwają w powietrzu papiery
Jakieś dziwne rzeczy dziwa
A papieru wciąż ubywa
Przybywa więc wariacji
Tej głupawej biurokracji
Po angielsku to jest ofis

A po polsku to jest biuro
Ale to jest sprawy sedno
Ofis biuro to jest jedno.

Biurokracja się stworzyła
Gdy się ziemia wyzwoliła
Toś pomyślał gdzieś Was mamy
Do budynków się schowamy
Stamtąd więc będziemy rządzić
Pisać prawić szczekać sądzić
Robić w konia i mam rację
Właśnie przez tą demokrację
I jej siostrę biurokrację

Wielkie tłumy urzędników
Posłów panów polityków
Nawet zwykłych lewych stworów
Udaje się co dzień do biurów
I zaczyna pracę z rana
Że aż strach ciało przenika
Przeciętnego śmiertelnika.

Żeby łatwiej to zrozumieć
Poznaj pracę urzędnika
Naczelnika komsornolca
Policjanta czy ormowca.

Gdy dziewiąta rano mija
Pan kierownik od reformy
Kawa ciastko lampka wina
Fajka czy też papierosy
Koszula i krawat rozpięta
Mina jak zawsze nadęta
Porozkłada kartofelki
Telefony do bezpieki
Wzywa swoją sekretarkę
I ogląda się na szparkę.

Zapisuje coś na dysku
Zmęczył się i tak utrudził
Że o czwartej się obudził
I nie mówiąc nic nikomu
Trzasnął drzwiami i do domu.

W domu spokój żona mama
Reforma wdraża się sama
Urzędnicze prawo święte
Przerwa w pracy drzwi zamknięte
Sekretarka kręci głową
Pana nie ma pan służbowo
W Montrealu lody kręci
Co wy na to konsumenci.

Przykra sprawa stróże prawa
Policjanci i sędziowie
Zamiast pracę uskuteczniać
Co innego macie w głowie
W pracy to robicie siupy
Wóda hajda na zakupy
A po drodze łażą zbóje
Przejdziesz taki cię opluje
Trzaśnie czasem mocno złaje
Co nam demokracja daje
Żebyś tylko o tym wiedział
Gdy mu oddasz będziesz siedział.

Teraz wejdź do Pegeru
Zamiast maszyn stos papieru
Wójt się stołu ledwie trzyma
A na dworze tęga zima
Zasypało wszystkie wioski
Tak to działa system polski
Taka pani od sprzedaży
Stoi w kącie kawę parzy

Koleżanka mole ściga
Na fotelu babcia dryga
A pannica od kontroli
Nie pracuję bo ją boli
Coś na dole.

Stój matole i nie brykaj
Nie dostaniesz dziś ciągnika
Dzisiaj piątek ja pindolę
Kto jutro zaorze pole.

Frank się wkurzył zleciał z rampy
I poczołgał się do knajpy
Drobne na browarek zlicza
I niczego nie pamięta
To jest sprawa biurokracji
Nie zwykłego konsumenta.

Biurokracja szpitalowa
Lekarz położna salowa
Skoro o tym jest już mowa
Do reformy nie gotowa
Zamiast przyjmować pacjenta
Po kasę wyciąga rączęta
Nie masz kasy koniu stary
Nie zawracaj więc gitary
Lekarza zmartwi nie wielce
Gdy umrzesz gdzieś tam w kolejce.

Biurokracja bywa w piekle
A jest większa im jest cieplej
Gdy kogoś masz tam z rodziny
Przyjęcie trwa cztery godziny
Najpierw rozebrać się każą
Potem lekko cię przysmażą
Pogadają i połażą
Połaskoczą i przypieką

I wykopią gdzieś daleko
Na bezpłatne konsultacje
Wieczne bezpłatne wakacje
W kociołku matołku.

Biurokracja jest i we wsi
Sołtys w biurze bzdury pieprzy
Ile unia da dopłaty
Co wziął dziś poborca od taty.

Sołtys nawet się przejmuje
Kto dziś na wsi złapał ejca
Kto dziś sprzedał i co kupił
Jaka długość konia lejca
I pomaga mu sołtyska
Jego żona piękna Kryśka
Co liczy codziennie utargi
Przyjmuje od chłopów skargi
To jest wszystko zapisane
I w kufrze zaplombowane.

Nieraz jej to wszystko zwisa
Więc kieruje do sołtysa
Biurokracja i w kościele
Umarł biedak jadł niewiele
Bo i za co jak nie płacą.

Ksiądz obejrzał go dokładnie
Wyjął księgę i przeczytał
Proszę wyjąć dwa tysiące
Bez dyskusji i do domu
Proszę jeszcze przestać płakać
To powagi tym ujmuję
Gdy zaświecę cztery świece
Dodatkowo to kosztuje.

Dłużej już zostać nie mogę

Więc zapłacić za drogę
Bo paliwo też kosztuje
To już umarły nie straci
To rodzina za to płaci.

Zapytajmy jeszcze wójta
Tego chłopa się nie bójta
To uczony i szkolony
A jak kradnie p...
To już garścią teraz bierze
Co ukradnie to zapisze
Ktoś coś mówi Co nie słyszę
Proszę głośniej jaki średni
Proszę nie pleść takiej bredni
Co ten z miasta ten z urzędu
To mój kumpel z tego względu
Co się stało jakieś datki
Od jutra większe podatki
Tego nie chce jutro odda
Wójt tak łatwo się nie podda
Sam do siebie tak godzinę
Gada ale ma okropną minę.

I odwrócił się na pięcie
Coś zapisał zrobił zdjęcie
Nikt go winą nie obarczy
Jemu kasy to wystarczy.

Jeden głodny drugi syty
Tu brakuje na zeszyty
Ten dziś kupił auto nowe
Ten znów sypie na swą głowę
Proszek tani i coś chrzani
Zajada udziec barani
Wyrzucają skurczybyki
Jakieś folie i plastyki
I od góry i od sterów

Pełne szuflady papierów
Co z tym zrobić jak to sprzedać
Biurokracji trza się nie dać.

Reklam pełno pełne słupy
Jakieś baby nagie trupy
Biurokracja jest do dupy
Walczmy wszyscy z biurokracją
Przed obiadem i kolacją
Żeby zmniejszyć do jednego
Koleżanko i kolego
Do roboty trzeba wziąć
No i wreszcie przestać kląć.

Więc mieszkańcy całej ziemi
Wszyscy weźmy się do kupy
Trzeba produkować papier
Tylko do podtarcia d...

Kiecka

Wyobraźnia i zdania układy parady
I nikłe tęsknoty przedmioty
Przeróżne bilety podróżne
I nawet młodzieńcze zaloty
To wszystko się składa przychodzi
Przepada czasami człowieka zawodzi
Domyślasz się czegoś a może też pragniesz
To powiedz ja nie wiem dlaczego?

Umierasz z tęsknoty za swoją ojczyzną
A obok ocean cię pieści
I myśl ta uparta i dusza zaparta
Rozdziera się na wiele tak części.

Tęsknota jak suknia harmonia czy lutnia
Rozbudzi czas wielkich miłości

I w sercach i w dumie i może zrozumie
Wspaniała zagości radości.

To pierwsze jak suknia co ciało zakrywa
I to co najdroższe przed światem zakrywa
Jedwabnym i miękkim jak snem obojętnym
Odzywa się gdzieś tam się pali
A może ktoś czeka w oddali.

Tak suknia gotowa odrzekła krawcowa
Przymierzy ją pani gdy trzeba poprawić
A może przerobić wyciąć i skrócić
Dokonać przeróbki i wstawić ozdóbki.

Tak suknie i szycia maszyny okrycia
Są ważne dla całej ludzkości
Sukienkę zobaczysz to rozum zatraci
A nawet uczucie męskości.

W dawnych czasach moi mili
Wszyscy w sukniach więc chodzili
Pan i pani i dwór cały
Wszystko suknie przykrywały.

Ale niewygodnie było
Bo się panom podnosiło
I czasami jak hasali
To o mury zawadzali
Czym nie powiem
Wstyd panowie.

Nieraz to przypadki były
Że aż mury się kruszyły
Na wartowniach powiadali
Że sobie do nogi wiązali
I czekali aż opadnie
A niektórzy osadnicy

To słuchali czarownicy
I łykali jakieś zioła
By nie podnosiło ze stoła
Bo być może w pewnej chwili
Stoły w górę unosili.

Więc ogólnie ustalono
Prawnie sprawnie i poufnie
Żeby paniom pozostawić
Ale panom zabrać suknie
Żeby było i wygodnie
To przyznano panom spodnie
Otworek z przodu długi
Mogli oddać wody strugi
Dwie kieszonki też potrzeba
Żeby schować pajdy chleba
Mądra sprawa cały murek
Nie wystaje już ogórek.

Tak się mocno zagadałem
Że o paniach zapomniałem.

Moje drogie piękne panie
Jak dorodne smukłe łanie
Idzie dama nóżki stawia
Jak sprężyna się wygina
Piękna buzia papiloty
Suknia duże białe koty
Ciągną ją na lewą stronę
Każdy pragnie i pożąda
Taką panią mieć za żonę.

   Suknia
Zwie się po francusku że żą ma że
Po chińsku su tu fu far tu ha
Po rosyjsku zakrywajka
Po niemiecku hansa szansa

Po angielsku power cower
Po hindusku pula cecka
A po polsku to sukienka
A zdrobniale to jest kiecka.

Kiecki mają różne ceny
Są więc droższe i z przeceny
I domowe i służbowe
Grube proste oraz dziane
Czasem złotem wyszywane
I we wstążki przezroczyste
I srebrzyste i balowe
Wieczorowe i do pasa
Z falbankami trójkątami
Odkrywane kolorowe
Idzie złapać się za głowę.

Kupił Wania gdzieś z Doniecka
Była mocna bo sowietska
Dał w prezencie narzeczonej
Bardzo mocno polubionej
Za dwadzieścia rubli w sklepie
Dużo kasy aż telepie.

Lena drze się o mój Boże
Za dwie dychy to se możesz
Wydoić krowę w oborze misiu
Za dwadzieścia to się możesz pogłaskać po pysiu.

Więc rozpłakał się Waniusza
Co ma robić ręką rusza
Jakaś pani urodziwa
Piękna suknia ją okrywa
Kształtna że zdrowiem tryska
Oglądają się ludziska
Suknia całkiem przezroczysta
Jakby jeszcze było mało

Widać jędrne piękne ciało
No i czego by się chciało
Marsz do domu łysa pało
Ty do takiej nie masz szansy
Kawalerki by się chciało.

Zakrywają oczy dzieci
Chłopom ślina z buzi leci
Maszynista zamknął parę
Rzeźnik zgubił buty stare
Muzułmanin stracił wiarę
Kominiarz taki dziki
Poobrywał se guziki
A kamieniarz puścił bąka
Krawiec się od dzisiaj jąka
Kowal przytłukł nogę młotem
Biega w jedną i z powrotem.

Ksiądz to ujrzał uciekł dalej
Zamknął się w konfesjonale
Sam do siebie głośno gadał
Dwa razy się sam wyspowiadał
I ze strachu aż zzieleniał
Gdy wieczorem wchodził w wannę
I obejrzał na sutannę.

Głos z zaświatów szepcze cienki
Zachciało ci się sukienki
Za pokutę masz niewiele
Posprzątaj dzisiaj w kościele
I pieniądze które masz
Na biedaków jutro dasz
Bo zgrzeszyłeś czegoś chciał
Anioł by cię za to sprał.

Bonaparte był na plaży
Dużo dziewczyn swoje ciała

Całe lato całe w słońcu smaży
A wieczorem już na sali
Gdy już wszyscy się ubrali
Wydał dekret swój od ręki
Proszę zdejmować sukienki
I rozebrać się od pasa
Bo to hotel pierwsza klasa.

Cesarz wnet postępy czyni
Przyssał się do gospodyni
Jak zakochał się w hrabini
Polskiej pani spod Warszawy
Nie dla śmiechu i zabawy
Tak sukienki był ciekawy
Wysłał na wojnę legiony
Kiecką pani zachwycony.

Gdy jest mowa o sukience
To i ruskim nie po nosie
Że to kiecka jako pierwsza
Pojawiła się w kosmosie.

Walentyna Gagarina
Namówiło na wycieczkę
Przed odlotem założyła
Na tyłeczek czerwoną kieckę
Wali z kiecką do księżyca
Polecieli w kosmos razem
Z polecenia komsomołu
Żeby zbadać księżyc gwiazdy
I dołączyć do zespołu.

Kuszać musisz po obiedzie
Jury zaczął głośno wzdychać
Tak go mocno przypiliło
Że już nie miał czym oddychać
Wtedy wpadła walentynka

Jury co u ciebie słychać
Nagle okno się otwarło
I sukienkę jej zadarło.

Jury szybko na to przystał
Swoją szansę wykorzystał
Chcąc podciągnąć jej sukienkę
Jeszcze dalej wsunął rękę
I się stało mówiąc prościej
Wpadli w stan tej nieważkości
I zbliżali oddali
Ale przy tym i łapali i ściskali.

Jury puścił wszystkie stery
Rakieta przebija sfery
Kontakt z ziemią jest stracony
Tak godzinę się ściskali
A nieważkości się mijali
Ale czas był nadrobiony.

A najgorsze co się stało
Przez okno kiecke wywiało
Wywiad polski i radziecki
Do tej pory szuka kiecki
Źle nie było prawda cała
Lecz wyprawa się udała
Zrobili wszystkie badania
I urodziła się Tania
Juremu też było na rękę
Kupił Walenci sukienkę
Że zapanował nad sterem
Został również bohaterem.

Rozbieram kiecę i lecę
Krzyczy Kazia do Leona
Nie zapomnij tylko miły
Zapamiętaj o balonach.

Zamęt w raju zamęt w kraju
Co te kiecki wyprawiają
Nie wódź mnie na pokuszenie
Moja kiecko miej sumienie
Noś więc kieckę staroświecką
Nie pokazuj kolan wcale
Krótką smukłą przezroczystą
Noś więc tylko w karnawale.

O sukience z pierwszej ręki
Śpiewają chłopcy piosenki
Układają piękne nuty
Stracili dużo waluty
Urządzono pojedynki
Bale walki i biesiady
Tak powiadam całą prawdę
Bez sukienki nie da rady.

Choć byś mocno się zawzinął
Jak opadnie na podłogę
To nie oprzesz się sukience
Przegrasz walkę i po krzyku
Mój ty mały skurczybyku.

Pomyłka lekarska

Nie myli się ten co nie robi nic
Nasienie było pietruszką a urósł rydz.

Kupił wódkę zamiast chleba
Zamiast do piekła trafił do nieba
To normalne w pewnej chwili
Czasem można się pomylić.

Błędy teraz to są w modzie
I w technice i w przyrodzie

Czoło światu trzeba stawiać
Coś poknocić to poprawiać
Krótko mówiąc czas stworzony
Bywa czasem pomylony.

Jedno słowo drugim przeczy
Stworzyliśmy mnóstwo rzeczy
Pożytecznych dla ludzkości
Wszystko w bardzo dobrej wierze
No i głupich do obłędu
Że jak patrzeć litość bierze.

Do uczonych nie należę
Jestem prostym chłopem ze wsi
Umiem czytać pisać liczyć
Nucić pieśni religijne
A czasami rozrywkowe
Po pół litrze nie wariuję
Słowem mam normalną głowę
Mówię prawdę to co czuję.

To co mi się przydarzyło
To po prostu nie do wiary
Sześćdziesiątka mi stuknęła
Pamiętam jak się stało
W środku coś mnie zabolało.

Bez przyczyny tak osłabłem
Może coś tak taniego zjadłem
Tchu brakuje świszczy w płucach
Tętno powolutku spada
A ciśnienie bardzo duże
Myślę trzeba się przebadać
A więc w czwartek w rannej porze
Pomyślałem o doktorze.

Tak wiadomo w demokracji

Zacząć trza od rejestracji
Śliczna pani w okieneczku
O insurans poprosiła
To nie wszystko mówi stary
Płacisz trzydzieści dolary
Zrozumiałeś łysa pała
Głośno też zachichotała.

Przypaliłem więc kapuchę
Teraz tylko czekać muszę
Na doktora przyjdzie pora.

A gabinet jak marzenie
Piękna ława kwiaty w wazach
I postacie na obrazach
Jakieś malowidła słupy
Wnętrza ciała kościotrupy
Z boku zdjęcia noworodki
Jakieś plastikowe młotki
Komputery wielkie szafy
Na tablicy trochę zgięta
Wyraźne prawa pacjenta
Paragrafy na doktora
To ujrzałem w oka mgnienie
To nie było przewidzenie.

Znowu mnie zadyszka łapie
Nic nie mogę mówić sapię
Drzwi otwarły się tak szybko
Wpada doktor droga rybko
Rozbieraj się w oka mgnienie
Tak zmierzymy ci ciśnienie
Podłączymy respirator
Tlen nie bardzo w płucach zator.

Jedno słowo krótkie rzuca
Musimy prześwietlić płuca

Coś się w twoich płucach kryję
Dziwne że pan jeszcze żyje.

Ciemno w oczach widzę z dala
Zawieźli mnie do szpitala
Teraz się zaczęło dziać.
Ani ruszyć ani wstać
Prześwietlili mnie dokładnie
A diagnoza nikt nie zgadnie.

Teraz znowu w gabinecie
Na wyniki czekam przecie
Co się wtedy ze mną stało
Za godzinę się dowiecie.

Com usłyszał Boże drogi
Zdrętwiały mi ręce i nogi
Patrzę w lustro twarz mi zbladła
Dolna warga mi opadła
Chciałbym uciec lecz jak móc
Pomyślałem nie mam płuc.

Pani doktor rzekła kotku
Jesteś cały pusty w środku
Tam nic nie ma proszę pana
Mówi tak zakłopotana
Rentgen w panu nic nie znalazł
Dziwne jak pan tutaj się znalazł
Słysząc ot już tak się wije
Zrozumiałem ja nie żyje.

Padłem w fotel nic nie słyszę
Jeszcze bardziej kaszlę dyszę
Lat sześćdziesiąt pustka w środku
Pani doktor o mój Boże
To pomyłka to być może.

Proszę spojrzeć tu na kliszy
Już nie mówi tylko krzyczy
    Czy pan słyszy
Nie ma mózgu nerki trzustki
Tu są sto procentowe pustki
Pan jest zdrowy proszę pana
To diagnoza jest dla pana
Niech pan szybko się ubiera
Niech mi czasu nie zabiera.

Żegnam pana pan wychodzi
Tak następny proszę wchodzić.

Więc w garść znowu się zebrałem
I z gabinetu nawiałem
Gaz do dechy i do domu
Myślę umrę po kryjomu
Żyć a po co z pustym środkiem
Chyba walnę się tym młotkiem
Tym gumowym trochę śpiący
Więc stuknąłem się niechcący.

Głowa pęka myślę sobie
Co ja teraz z sobą zrobię
W środku pusty stary dziad
Nic nie może to być tak
To pomyłka.

Pomyślałem przyszła pora
Żyć trza dalej zmień doktora
Może on się tobą zajmie
Może w moim ciele znajdzie
Chociaż jedną drobną rzecz
Wyrzuciłem kliszę precz.

I sensacja moja racja
Prześwietlono mnie ponownie

I diagnoza jest odmienna
Inna jakaś niecodzienna.

Tamtej doktor zrzedła mina
Dowiedziała się gadzina
Przebaczyłem jej zawczasu
Rozumiem nie miała czasu
Żeby sprawdzić co się stało
Sama lecz się ty zakało.

To technika zawiniła
Sprawa dla mnie to niemiła
A to właśnie ta przyczyna
Prześwietlono manekina
I rentgena a to fakt
Podpięto do moich akt.

Nowy doktor dał wyniki
Dobry doktor z Ameryki
Dwa razy antybiotyki
Kąpiele najlepiej z Afryki
Na obiad hinduskie indyki
Na kolację ruskie pierogi
Za dni parę będę zdrowy.

Tyle strachu się najadłem
Że o dwa incze zmalałem
Ale cieszę się swym ciałem
Lecz się teraz dowiedziałem
Że wszystko w środku to moje
Że mam płuca nerki mózgu zwoje
To technika zawiniła
I omal mnie nie zabiła.

Niech to weźmie nagły bies
Ale miałem wtedy stres
Czas do kortu drogi panie

Walczyć o odszkodowanie
Za stres i utratę wiary
Za cierpienia nie do wiary
Należy a ro no how many dolary.

Rodzaje piekieł

Wstęp zakończenie śmierć i zbawienie
Teologiczna prawda bez końca
Niebo czy piekło czyściec monotonia
To jest nie dowód to nie ma końca.

I bez początku prawda z nonsensu
W ludzkich spojrzeniach jakby bez sensu
Ale i z sensem również odwrotnie
Ten nie zrozumie kogo nie dotknie
Dotknie ten czas ta szeroko wijąca wstęga
Natury rozkosz wielka potęga.

Tak więc pytanie sobie zadaje
Co więc się z ciałem po śmierci staje
To idzie w ziemię mu obiecaną
Czasem zaś przykrą nawet niechcianą
            Życia odmianą
Idziesz do piachu siostro i brachu
Masz twarz pogodną czasem zaś w strachu.

Skoro twa postać się nie porusza
Leżysz spokojnie gdzie biegnie dusza
Ten właśnie problem tu się wyłania
Przysparza wiele zakłopotania
Wychodzę z ciała co teraz zrobię
Szukam tunelu czy siedzę sobie
Szukam szerokiej czy wąskiej drogi
Nic nie posiadam
Nie otrzymałem z tej ziemskiej drogi.

Miliony duszek w każdym narodzie
Codziennie idzie w wielkim pochodzie
Każdego czeka sąd ostateczny
No a na końcu i żywot wieczny
Dlatego wieczny bo ostateczny.

A jaką miarą duszę się mierzy
Od czego zatem właśnie zależy
Czy mojej duszy gdzieś tam potrzeba
Czy trafię do piekła może do nieba
Może do czyśćca duszę skierują
I tam dokładnie mnie wymusztrują.

Żeby do nieba dusza trafiła
Musi być czysta szczodra i miła
Stanowcza mądra i religijna
Nie zakłamana prostolinijna.

Za życia dusza ciałem porusza
Gdy zgrzeszysz brzydko marnieje dusza
Robi się wstrętna twarda zapiekła
Przestaje wierzyć pójdzie do piekła.

Gdy już do piekła rozważyć muszę
Gdy osądzono więc moją duszę
Gdzie w którą bramę
I tu jest przełom znowu pytanie.

Gdy prowadziłeś życie szalone
Gdy zabijałeś i okradałeś
Czego więc w zamian się spodziewałeś?

Czeka za bramą piekło czerwone
I palenisko ogromne całe
A w środku węgle tak rozżarzone
I wokół węże czerwone
Małe a diabelczyny wciąż podskakują

I regularnie widłami kłują
I tak bez przerwy tak bez ustanku
Smażysz się palisz duchowy panku.

Piekło zielone piekło nerwowe
Zieloną mazię leją na głowę
Zjawy i zmory zielone stwory
Mogą ci puścić duszne zawory
Ciągły niepokój mój drogi brachu
Masz całą wieczność spędzić w tym strachu.

Piekło robotne

Puszczają nerwy
Orzesz więc pole w smole bez przerwy
I pług gorący w ręku cię parzy
Koń tu nie ciągnie diabeł na straży
Śmieje się głośno rogi ci rosną
Batem cię bije
W piekle robotnym tak duch twój żyje.

Piekło normalne tam wiater hula
Śniegi do pasa i brak powietrza
Ciągłe pragnienie głośne walenie
Z góry na duszę lecą kamienie.

Dusza twa mokra czarna od sadzy
Nie ma wytchnienia wszyscy tu nadzy
I na bieżąco
Raz bardzo zimno raz jest gorąco.

Piekło stojące duchy cierpiące
Wciśnięte w beton stoją bez ruchu
Wokół się wiją węże ogniste
I przemykają duchy nieczyste
Czytają twoich wybryków listę
A tych po prostu było nie mało

Co w twoim życiu się uzbierało.

Piekło wojenne ciągłe manewry
Wolisz teściowej słuchać bez przerwy
Broń nuklearna pali bez przerwy
Nie jest wesoło i nie do śmiechu
Jak więc się czujesz gdy w twoją duszę
Trafią od razu cztery katiusze
Więc się rozpadasz i znowu składasz.

Więc jak zapobiec przeciwko temu
By tam nie trafić nie mieć problemu
Żyć więc przykładnie bo tak wypada
Bluźnić zabijać i nie okradać.

Zamiast gorzałki pić czystą wodę
Kochać dziewczyny piękne i młode
W tygodniu modlić jedną godzinę
Szanować ojca matkę rodzinę
Co robić myśleć jak robić z głową
Chociaż jest wściekła szanuj teściową
Nie bierz rozwodu nie rzucaj żony
Więc uwierz bracie będziesz zbawiony
W zamian osiągniesz to niebo duże
To cała prawda bambo łobuzie.

Przestrzeń

Układ przestrzenny nieokreślony
Czas niepojęty zakorzeniony
Mija się ciągle i tak przeplata
Raz jest początek raz koniec świata
A co jest zatem za naszym światem
Nad wielkim przestrzennym duszy dramatem.

Nasz świat maleńki i z lotu ptaka
Jakieś jeziorko wijąca rzeczka

Domki maleńkie jak zapałeczki
Lasy i drogi jak małe steczki
Wielkie wieżowce są jak kropeczki
A wszędzie ludzie małe mróweczki.

Ziemia we świecie jak kropla w morzu
W czasie przemieszcza się i w przestrzeni
Mały człowiek istota ludzka
Chciał by te prawa ziemskie zamienić
Rzecz to ciekawa na własne prawa.

Świat nasz szeroki różne epoki
Przeminą z czasem nowe się staje
Nowe rodziny i nowe miasta
Lody topnieją wody przybywa
I coraz bardziej ziemi ubywa
Co dalej będzie gdy nas nie będzie
Co z grawitacją i przeciążeniem
Cóż się stanie z naszym istnieniem.

Świat podzielony na kontynenty
Zmaga się z czasem ten nieugięty
I ten co stworzył to co istnieje
Musi być mocny mądry i święty.

Pijak

To że nam alkohol szkodzi
Wiedzą wszyscy starzy młodzi
Niektórzy co kasę mają
Nawet go nadużywają
Ktoś tam pije dla spokoju
Na weselu czy pogrzebie
Bo to taka dzisiaj moda
Po kielichu no i w siebie.

Czy to w knajpie czy na polu

Nadużywasz alkoholu
Potem to okropnie suszy
Żar rozpala oczy uszy
I żołądek miej rozsądek.

Raz wynikła sprawa taka
Że pijaka nieboraka
To spotkała też przygoda
A tak było
Pana Mańka tak suszyło
Bo w sobotę machnął litra
Z Felkiem Waców od Jabłonki
Bo zgarnęli trochę forsy
Za cztery tony zielonki.

A że Maniek lubił pochlać
To nad rankiem suszy dostał
I do knajpy biegnie żwawo
Puka wali drzwi zamknięte
Pali w środku nie na żarty
Patrzy o kościół otwarty
O dziewiąta już godzina
I omal się nie przewraca
Myśli może to kościelny
Da mu coś na jego kaca.

Wbiega zatem do kościoła
Zagląda do konfesjonału
Może coś tam i zostało
Jakaś woda nie ma szkoda.

Więc się Maniek zdenerwował
Nawet się nie przeżegnał
Jakąś muchę z portek zegnał
I wychodzi powolutku
Głośno nawet i z ostrożna
Co to teraz w domu Bożym

Wody napić się nie można
Tak mu ciężko jest na duszy
Tak go suszy.

Nagle patrzy w garnku woda
A mój Boże Ty kochany
Jestem już uratowany.

I już szybko by się napił
Tak tej miski się ucapił
Ale coś go cap za rękę nogę ucho
I coś więcej dziwne dźwięki
No i słowa tej piosenki
Nie dla ciebie złe nasienie
Jak wypijesz to zamienisz się w kamienie.

I z daleka znów odgłosy
Stanęły mu na głowie włosy
Lecz rękę w wodzie umoczył
Nie wytrzymał ukląkł klęczy
No i powstać już nie może
Więc oniemiał i skamieniał.

A więc to przestroga taka
Nie zalejesz więc robaka
Wodą Bogu poświęconą
Przez pijaka pomąconą
Wodę tę anioł sporządził
A diabeł pijaka urządził
Wie o tym każdy babcia matka Franka żona
Że na kaca to ciężka praca
A nie woda poświęcona.

Kłamstwo

Tak kłamał aż język połamał
To przysłowie samo w sobie

Wiele prawdy też posiada
Jeśli wszystko już zawiedzie
Okłam dziada albo babę
Okłam nawet dziecię słabe
Okłam wuja stryja ciotkę
Tylko siebie nie okłamuj
Bardzo nad tym się zastanów.

Czasem kłamstwo się przydaje
Kiedy na chleb już nie staje
Gdy cię żona mocno złaje
Powiesz prawdę jeszcze gorzej
Wtedy nic już nie pomoże.

Kiedy jedziesz narąbany
Może gliniarz cię zatrzymać
Obojętnie rano wieczór
Czy jest wiosna lato zima
Buzię utrzyj i nie pytaj
I powietrza nie wydychaj.

Poproś o mandat na raty
Skłam go że wracasz do chaty
Że nie jesteś podchmielony
Wracasz do dzieci do żony
Że praca twa ciężka nie słodka
Że wczoraj umarła ci ciotka
Że ukradł ci ktoś co wygrałeś w totka
Że w pracy masz małe pobory
Że koń twój nie ciągnie bo chory
Że wczoraj ujrzałeś ducha
I wtedy to glina posłucha
A może i nawet uwierzy
Więc kłam gdy ci na tym zależy.

Sumienie się samo oczyści
I tylko dla twojej korzyści

Nie kłam tylko na spowiedzi
Ksiądz za darmo tam nie siedzi
Więc po co go kłamać w pracy
Ale kłamią i są tacy
I to robią w dużym trudzie
Grzeszni ludzie.

Kłamstwo tu się nie opłaca
I humoru nie poprawi
Skłamiesz coś tam poprzekręcasz
Tylko Boga tym zniechęcasz
Który wszystko wie o tobie
Skłamiesz nie odpuści tobie
Wyznaj prawdę szybko spadaj
Nikomu o tym nie rozpowiadaj.

Kto nie kłamie długo żyje
Bo mu Bozia grzechy zmyje
Kłamstwo to odmiana chamstwa
A więc mamy różne kłamstwa.

Rozróżniamy kłamstwa duże średnie
No i kłamstwa małe
No i kłamstwa tak ogromne
Na bardzo potężną skalę.

Okłamują się narody
Nawołując się do zgody
Oszukują prezydenci
Posłowie inteligenci
I pisarze czy poeci
Matki w ciąży małe dzieci.

Oszukują zakonnice
Bo chowają pod spódnice
Piękne i dorodne świece
Zamiast płonąć na ołtarzu

Dokonują sabotażu.

Kłamać mądrze kłamać głupio
Ludzie każde kłamstwo kupią
Kłamać w sądzie na urzędzie
Nic ci zatem nie ubędzie
A może fortuny przybędzie
Powiem prosto miejskie chamy
Kłamią dziś na kilogramy.

W sejmie z prawej z lewej strony
Kłamstwa ważą już na tony
A najlepiej to się czują
Gdy te kłamstwa zapisują
I czego się teraz pytać
Społeczeństwo musi czytać
Można przy tym się załamać
Co tu zrobić by nie kłamać.

Kłamstwo to kompletne zero
Jeszcze robią z tego ksero
Bzdury zwykłe bezeceństwa
Idą w nasze społeczeństwa
Mama tacie wujek mamie
I dziecina mała kłamie
Choć nie mówi tylko mruczy
Migiem kłamać się nauczy.

Kłamstwo można poznać bliżej
I go pozbyć o tym niżej
Kłamstwo to jest sprawa chytra
Weź cebulę i pół litra
Połóż w wannie się po uszy
Fazę daj na obudowę
Gdy zatrzęsie schowaj głowę
Kłamstwo wyjdzie obiecuję
Nawet tego nie poczujesz.

I już nic do powiedzenia
Śpij waść mocno i do widzenia
To już koniec proszę państwa
Skończył dobrze bo bez kłamstwa
Przez pijaństwo znikło chamstwo
                Moi państwo.

Coś o Europie

Europa to rodzina
Od Bałtyku się zaczyna
No i kończy na Wenezueli
I żeby wszyscy wokół wiedzieli
I pomyśleli że my strażnicy pokoju
Musimy leżeć na własnym gnoju.

To zakończenie ordynarne
Co tu ukrywać rządzenie marne
Nic nam dobrego jutro przyniesie
Rządzący dbają o swoją kieszeń
Mówiąc po prostu dobrze jest sądzić
Lecz nie pracować lepiej jest rządzić.

Każda reforma ustawa taka
Jest dla bogacza nie dla biedaka
Prezes kłamie po raz wtóry
Obiecując złote góry
A panicza wali młotem
Czasem sierpem go podcina
Czy to w polskiej czy niemieckiej
Czasem różnie jest w rodzinach.

Więc na co dzień to się widzi
I światem teraz rządzą tacy
Rządzą według prawa decydują komu dać
Kogo kochać kogo lać

Lecz nie trzeba się ich bać
Opór stawiać za łeb brać.

Historyczna prawda mówi
Że się bestia kiedyś wkurzył
I uważał że potrzeba
Wysłał miliony do nieba
Przy okazji moi mili
Nasi się tam zaprószyli
Przy okazji do zaświatów
Węgrów Rosjanów Polaków
Tak więc Słowian było wiele
Ostatnie gazowe wesele.

Wtedy takie czasy były gdy się zaradzić
Musiał ich do pieca wsadzić
Powolutku nie od razu
Chciał oszczędzać brakło gazu
Przed bestyją też tak rządzili
Uprawnienia przekroczyli
Uderzyli ostro z flanki
Zagarnęli złoto banki
I stworzyli w Niemczech kryzys.

Bieda kryzys fale strajki
Bestia nie uwierzył w bajki
Po cichutku dom zapalił
Koślawe prawo rozwalił
Wziął decyzję w swoje ręce
I dążąc do bytu poprawy
Zaczął tępić swoich szybko
W trypie późnym tych z Mławy
Pokazał gdzie złoto schował
To wtedy mu życie darował.

Małe byli i te biedaki
Wgonił do getta gnijcie robaki

Ucząc pokory no i naprawy
Zrobił to z serca dla dobra sprawy
Cóż biednym w getcie nie pasowało
Z braku swobody serce bolało
Wszczęli powstanie się nie udało
Żeby był posłuch i ich nie wiercił
Wymyślił obozy śmierci.

Głodni i bosi stojąc na mrozie
Żal było patrzeć co w tym obozie
Przez całą dobę tak się wydało
Dużo przez komin dusz uleciało
Tak w obozie ich tak męczyli
W końcu wojny ich wyzwolili
I już po wojnie część po kryjomu
Zaczęła szukać nowego domu.

Życie z wyzysku się nie opłaca
Przez to się godność ludzką zatraca
Na krwi się tucząc gdy o tym mowa
Historia ciągle wraca od nowa.

Miłość zwycięża

Bardzo dawno temu przed wieloma laty
Żył król i królowa i dwór był bogaty
Tysiące przestrzeni osiemset trzy chaty
Naokoło fosa na murach armaty.

Okolica piękna czas wesoło leci
Dwór kwitnie od środka z zewnątrz i rodzą się dzieci
Królowa wesoła a król pan morowy
Wyrusza czasami z drużyną na łowy.

W komnatach za murem sześciu synów sześć córek
I cztery gosposie i baba od przędzy
Na ścianach obrazy przodków i malarzy

Wiersze pierwsze

Piękne złote miecze trudno wyobrazić
Na środku zamczyska jest pomnik monarchy
W ogromnej postaci mieczem w dłoniach straszy.

W piwnicach zamczyska jest wielka winiarnia
Zasoby żywności magiel oraz pralnia
Jest wszystko co zechcesz i dusza zapragnie
Jest czysto i schludnie przyjemnie jest zajrzeć.

Wszystkie córki króla to panny urodne
Suknie piękne długie szyje smukłe modne
Synowie wysocy i w królewskich szatach
Żaden z nich nie pęka szable dzierży ręka.

A pani królowa główkę w szale chowa dama
Dumna piękna oczytana
W słowach nigdy się nie maże
Siedząc z wysokości wachluje wachlarzem.

Król jest tak potężny zbroja ciężka getry
I przystojny około dwa metry
Rządzi zatem mądrze solidnie w spokoju
Utrzymuje pokój nie myśli o wojnie.

Jednym ciosem miecza cztery głowy ścina
Szanuje go żona dzieci rodzina
Na narady dworu czasem żonę bierze
Szanują go zatem poddani żołnierze.

Gdzieś w końcu zamczyska droga jest już wąska
Maleńka chateczka kurka oraz gąska
A w środku komnatka krasnolud w przyłbicy
To jest pomieszczenie starej czarownicy.

Nazywa się Genia odzienia nie zmienia
Potrafi zamienić zająca w jelenia
Gdy zechce odtworzy i duchy wcielenia

Odgadnie i spełni też ludzkie marzenia.

Gdy jesteś już stary może cię odmłodzić
A gdy zechce skrzywdzić to może zaszkodzić
Natchnie cię dobrem i wzbudzi nadzieję
A gdy jej odbije to wszystko zmarnieje
I ujdzie gdzieś w knieje.

Na wałach obronnych i nieustannej straży
Zamczyska pilnują rycerze bojarzy
A kto się odważy na zamek napadnie
To odeprą atak w kilka dni przepadnie.

Na zamku dziedzińca codziennie trwa wrzawa
Pieką się zwierzęta warzy dobra strawa
Zgłodniałych parobków i tłumy gawiedzi
Czasem się obżera kiwa a więc różnie bywa.

Pewnego wieczoru gdy cały dwór bawił
Przed fosą zamczyska ogromny smok zjawił
Ogromne zębiska i łeb tak potężny
Łypał ślepiami i rzucał głowniami
Był czarny od góry czerwony od płowy
Zażądał od króla natychmiast rozmowy.

Wyszedł król na spotkanie przekroczywszy murek
Smok groźnym głosem zażądał wydania sześciu córek
I zniszczy więc zamczysko twierdzi smok uparcie
Jeżeli królu nie wydasz córek na pożarcie.

Zebrała się rada królewska żeby wyrok wydać
Uchwalili że obrona zamku na nic się nie przyda
Jutro o północy król swoje piękne córki wyda
Stwierdzono jednogłośnie ustali w zaparte
Jutro królewskie córki zostaną pożarte.

I byłoby może poszło ze złego smoka planem

Plany te pokrzyżował pewien rycerz Janek
Rycerz ten kiedy w nocy zwiedzał okolice
Więc spotkał przypadkowo starą czarownicę.

Opowiedział jej o jego do jednej z córek miłości
Czarownica przyrządziła dla rycerza eliksir męskości
Rycerz Janek włożył zbroję i przypiął do pasa
Lekarstwo zadziałało siła pierwsza klasa.

Dwór jest cały w żałobie król ledwo przytomny
Za fosą niecierpliwie czeka smok ogromny
Królowa żegna córki rycerz pędzi z górki
Staje na zamku podwoje
I krzyczy
    Smoku ja się ciebie nie boję!
     On mnie już nie przestraszy choć tak głośno wyje
      Ja go tym mieczem z żelaza w jeden dzień zabije
To mówiąc ukłonił się i króla odwołał na stronę
Król obiecał że zwycięscy da córkę za żonę.

I tak się stało ten rycerz wytrwały
Walczył ze smokiem dzielnie głowy obleciały
Stracił dużo krwi własnej i sił może połowę
Lecz zabił w końcu bestyje na dwór przywiózł głowy
Wszystkie łby przed królem wrzucił do rynsztoka
Pokonał smoka.

Tak wszystko dobrze się skończyło
Radości tak wiele na drugi tydzień odbyło
Huczne wesele cieszył się król i królowa dwór cały i okolica
A nawet stara niezdarna brzydka czarownica.

I jesteśmy na końcu bajka się skończyła
Dobro zawsze zwycięży miłość się spełniła
Bywają jedne na świecie jak w tej okolicy
To wszystko zasługa starej czarownicy.

Why?

Who are you
Who am I
Who are they
To jest to co czas w nas klei
Czy to wszystko co jest z nami
Sięgnąć myślami dotknąć zamierzyć
To co utworzyć w to coś uwierzyć
Co jest na czasie czy też przemija
To co zakręca czasami zwija
Głęboko gdzieś tam w psychice siedzi
Tak wiele pytań bez odpowiedzi.

Doba godzina kraje rodzina
To wszystko jakoś dziwnie się trzyma
To co minęło zanika będzie
Co się zaznaczy gdzieś w pierwszym rzędzie
Znika powraca tak z blaskiem słońca
Nie ma początku nie będzie końca.

Czasu nie można zmierzyć czy zważyć
Dotknąć zawrócić skrócić obrócić
Przesunąć przekląć czy zbałamucić
Rozwinąć czy też pokłócić.

Rozkodować co znaczy czas co żyje w nas
Poznać jego tożsamość marzenia
Dlaczego i po co się zmienia
Jak mu się powodzi i skąd pochodzi
Poznać jego słabości marzenia
Co zamierza dokąd zmierza.

Tak więc pomyślmy zawczasu
Nie mamy dla siebie czasu
Może tracimy go zbytecznie
Na coś co jest niebezpieczne

A więc trzeba znowu spojrzeć
By choć cząstkę tego dojrzeć
Nie zniechęcać się zawczasu
Szkoda czasu.

Czas sobie za dużo pozwala
On swoim istnieniem zniewala
Zbiorową indywidualnie i to co jest niewidzialne
Staje się nieraz realne lecz zawsze niepowtarzalne
I trwa to tylko do czasu
Stąd tyle jest ambarasu.

Z której nie spojrzeć by strony
Czas więc został przydzielony
Dla każdej żywej istoty
I dni powszednie i święta
Musisz o tym zapamiętać głuptasie
Gdy ci zależy na czasie.

Przemija więc czas dla nieżywych
Piramid budowli betonu
Ogromnych piętrowych domów
I wszystko co nie poruszy
Czas rozbije i pokruszy.

Potężna siła czasu przestrzeni
Wszystkie istnienie zamieni
Czas karmi komety pędzące
Podtrzymuje promieni słońce
Czas karmi połacie zieleni
Nurt rzeki morza zmieni.

Co dotyczy więc ludzkości
Czas dzieciństwa młodości starości
To trzy czasy stąd wynika
Przypada na czasu użytkownika
Zwana czasem śmiertelnika

I dalej żwawo nie z lękiem
Dzielmy czasy na lepsze i wielkie
Tak wygląda wszystko w czasie
Zrozum teraz nie po czasie
Weź się w garść zaciśnij kciuki
Dołóż czasu do nauki
I do pracy i miłości
Wypoczynku i radości.

To bardzo jest tobie potrzebne
I pojęcie bardzo względne
Na ofertę czasu przystaje
Bez namysłu wykorzystaj
Oto propozycje bliżej
Użyj tego co jest niżej.

    Czas urodzenia
Masz dopiero trzy niedziele
Stąd wynika że niewiele
Więc rozglądaj się na boki
Gdy usłyszysz mamy kroki
Niech ci zgoni z buzi muchę
Mokrą na suchej pieluchę
Czas już rosnąć trzeba mleka
Zapłacz głośno i nie czekaj
Ugryź w cycki
Małą rączką gładź i masuj
Rośnij szybko szkoda czasu.

    Chrzciny
Ale czas przeleciał szybko
Tak urosłaś mała rybko
Tata z mamą się uśmiecha
Ale wesoła pociecha
Więc w niedziele huczne chrzciny
Najechało się rodziny
Ksiądz pokropił cię zawczasu

Bardzo szybko nie miał czasu
Krzyż wykonał szybkim ruchem
Nie za darmo wziął kapuchę
Przeczytał dwie strofy z książki
Czas ma swoje obowiązki.

Wiwat mały noworodku
Tata kiwa się przy płotku
I toasty i wiwaty
Wszystko za pieniądze taty
I spirytus jest na raty
Więc się nie martw mój bobasie
Wszystko dobrze jest na czasie.

    Czas do szkoły
Dość leżenia czas do szkoły
I skończyły się wybryki
Pieniędzy potrzeba dużo
Tata zwiał do Ameryki
Zarobić na ciuchy piórniki.

Tak być musi czas pokaże
Ja nie płaczę się nie mażę
Chociaż też tęsknotę czuję
Mama głośno perswaduje
Czas dobrze robi
Tata kasę niezłą zrobi
Swojego dzidziusia nie rzuci
Za trzy lata z kasą wróci.

Zabrałem elementarze
I ja im wszystkim pokażę
Wujek pokazał mi pasek
Więc biegnę do szkoły przez lasek
Nauczyć się liter i wierszy
Bo muszę być pierwszy w tej klasie
Mi bardzo zależy na czasie.

Pomyślałem więc zawczasu
Na wagary nie mam czasu
Rozrywkę z nauką połączyć
I szybko szkołę zakończyć
I sprawny na czasie wesoły
Udać się do średniej szkoły.

Szkoła średnia się przydała
Nauczył się Antek Bimbała
Liczyć śpiewać grać pracować
Przed gniewem matki się chować
A gdy dostał z matmy dwóję
Bo w niedzielę popił z wujem
W poniedziałek dwie poprawki
Trafił do ostatniej ławki
Trochę strach czuł lecz się zmógł
Alkoholem było czuć.

Matmę pomylił z chemią
W dzienniku zrobiło się ciemno
Lecz gdy ojciec kupił furę
Wziął się w garść i zdał maturę
Ale na tym nie poprzestał
Do szkoły wyższej się dostał.

    Akademia policyjna
Trudna szkoła policyjna
Powiedziano mi zawczasu
Na głupoty nie ma czasu.

Tata kasy trochę przelał
Syn się uczył biegał strzelał
Wynik dobry duże brawa
Nieźle synu piękna sprawa.

Antoni w mundurek odziany

Zawsze trzeźwy nienaćpany
Manewry nauka i praca
Jeden raz tylko miał kaca
I myślał że wszystko się uda
Lecz zaszkodziła mu wóda
W karty samochód przegrał
Ale się wkrótce odegrał
I zmądrzał z czasem i wkrótce
Przestał myśleć więc o wódce.

To było czasu wynikiem
Został podporucznikiem
Nie stracił więc swojej pozycji
Na stałe pozostał w policji.

  Małżeństwo
Antoni Bimbała detektyw
Pistolet kamera obiektyw
Pracuje ciężko nie siedzi
Co niedziela do spowiedzi
W tygodniu przestępców śledzi.

Śledzi i z czasem wytrwale
Zamyka ich w kryminale
Ta praca to nie zabawa
Wydaje się niezła ciekawa
Lecz czas posiada dwie strony
Ty śledzisz też jesteś śledzony
Wynikła więc sprawa zawiła
Policjanta wyśledziła
Pewne dama z jego biura
I na niego się uwzięła
Szybko Antkiem się zajęła
Podskakiwał dostał w dziób
Za pół roku wzięli ślub.

Teraz Antoni bogaty

Po pracy goni do chaty
Dzieci przewija swe śliczne
Czas mu biegnie coraz szybciej
I wspaniale romantycznie.

Ogień i woda

Ogień woda dwie natury
Ogień z reguły czerwony parzy
Woda chłodzi pluska płynie w oceanie
W rzece w płynie no i wannie
Tata ogień mama woda
Naokoło jest przyroda.

Mama tatę gasi wodą
Bo to teraz taka moda
Że to woda jest dowódcą
A ogień się zawsze podda
I ugaśnie no i właśnie
Kiedy ogień wodę gasi
To się może coś urodzić
Ale żeby się spełniło
Dużo musi się nachodzić
Ogień koło młodej wody.

Ogień na wodę się napatrzył
I niedługo się oświadczył
Woda trochę marudziła
Ale w końcu się zgodziła.

Zrozumiała że jest chłodna
Potrzebuję trochę ognia
A jak błyskawice z burzą
To już dużo.

Matką chrzestną była ziemia
Ojcem chrzestnym wiatr nachalny

Ogień strzelał zamaszyście
Wiatr kołysał piękne liście
Gości przyszło bardzo wiele
Słowem wspaniałe wesele.

Ogień płonie woda płynie
I wesoło w tej krainie
Tata ogień mama woda
A ich dzieci to przyroda
Wszystko było w dobrej zgodzie
Nagle się pojawił człowiek.

Człowiek zaczął brudzić wodę
Przy okazji i przyrodę
Ogień wściekł się palił lasy
Lasy piękne jak rzecz święta
Przy okazji gady płazy
I zwierzęta różnorakie.

Sytuacja stwarza powód
Ogień bierze z wodą rozwód
Człowiek na to szybko przystał
Szybko wodę wykorzystał
Przy okazji ukradł ogień
I używa go na co dzień
Wykorzystał nawet wiatr
Ale w sposób chytry taki
Że porusza nim wiatraki.

Mama woda tata ogień
Teraz nie są w dobrej zgodzie
Ogień płonie pali lasy
Woda płynie ogień gasi
Teraz nawet kłótnie w modzie
Tak to bywa po rozwodzie.

Czy na starość czy za młodu

To efekty są rozwodu.

Rok 3002

Kalendarze roczne kalendarz miesięczny
Dni lecą bardzo szybko był dwu tysięczny
Czas upływa tak szybko niby wody strugi
Właśnie dzisiaj już mamy trzy tysięczny drugi.

Przez tysiąc lat ostatnich tak wiele się działo
Wszystko po prostu się skomputeryzowało
Stało się jakoś dziwnie że aż serce ściska
Co przez ten okres czasu zrobili ludziska.

Dawne znikło zrobiło się zwyczajnie pusto
Teoretycznie technika osiągnęła szczyty
Pękły mity znikła ludzka wola
To coś co do niczego nie dąży
Coś na wzór potężnego karambola
I jakby wielka kontrola.

Połączyły się planety
Księżyc Ziemia Mars i Wenus
Tworząc całość i świat sztuczny
Tak ogromny barwny butny.

Znikły lądy
Zmieniły się poglądy Ameryki i Azji
Brak poloty i fantazji
Zniknął kościół prawosławny katolicki luterański.

Czas jest inny niesłychany
W ogromnym chaosie skąpany
Jakiś smętny dziwny miękki
Komputerowej udręki
To co kiedyś niosła ziemia
To zniknęło tego nie ma.

Zabrakło zwyczajnej wody
Powietrza zwierząt przyrody
Wszędzie strzeliste wieże anteny nadajniki
Roboty podobne do ludzi
Nikt tu nie tęskni nie trudzi
Cóż więc zostało i nie bez racji
Z tamtej ludzkiej generacji.

Gdy się lepiej przyglądamy
Świat został skomputeryzowany
Wszyscy robimy to samo
Żyjemy zgodnie z programem
A więc gdy dżipa masz w środku
Nic już nie zdziałasz kotku
Jesteś technicznie zrobiony tak
Nic nie odczuwasz i nie wiesz jak
Cokolwiek zrobisz gdzie się obrócisz
To to zapisać na dysku musisz
Dlaczego jesteś i w jakiej wierze
Tu już od ciebie nic nie zależy.

Nie krzykniesz stopyt nie zadrzesz nosa
Wszystko zależy od twego bosa
Zareaguje zjedziesz do zera
A gdy podpadniesz dysk twój umiera
Boss twój to w pamięci wyciera wszystko
No i trafiłeś na wysypisko
Ostatnia ścieżka właśnie wypali
Gdzieś tam na szrocie gdzieś w Gwatemali
A i po czasie w Hondurasie
Śmieciarz się będzie nad tobą znęcał
I jakieś śrubki z ciebie wykręcał.

Dla życia twego jest harmonogram
Nie możesz nigdy wyjść ponad program
A gdy przekroczysz choć jeden próg

Zabiorą hasło tak jesteś wróg
I w układ trzasło zrobiło ciasno i byle jak
Zawsze być musi komuś na tak
Dam prosty przykład.

Gdy żona twoim gderaniem zmęczona
By ograniczyć twój bajer paluszkiem
Naciska na power pociągnie po stopie
Zamurowało cię chłopie.

A może i gorzej się skończyć
Bo może cię całkiem wyłączyć
I stracisz rodzinę i dom
Zabiorą cię jutro na złom
Od ciebie już nie zależy
Czy ci raz stoi raz leży.

Nie ma głodu ani chłodu
Wesel wojny i rozwodów
Nikt własności nie poruszy
W twoim ciele nie ma duszy
Tylko program i układy
Chcesz coś zmienić nie dasz rady.

Chociaż nic cię boli
Pozbawiony jesteś woli
O każdej twojej potrzebie
Ktoś decyduje za ciebie
Gdyż w głowie ma więcej techniki
I doskonalsze wyniki.

Twój dom w fantastycznej powieści
Może najwyższej pomieścić
Łóżko dielektryczne dwa fotele magnetyczne
Koparkę mikroskopijną zgniatarkę auto wizyjną
To wszystko dokładnie się zmieści
A mieszkaniu na sto czterdzieści

Blok w którym mieszkam ma może
Mniej więcej mieszkańców ze sto tysięcy
Ulice sklepy witryny komputerowe
Rodziny wydają dziwne sygnały
Nieraz wysoki raz mały
Promienie fale różowe
Głowią się mózgi komputerowe.

Tu nie ma dzisiaj i nie ma jutro
Zawsze tak samo zwyczajnie pusto
Naciskasz przycisk robot się zjawia
Gdy potrzebujesz auto podstawia
Coś się popsuło migiem naprawia
Knajpy są czynne przez całą dobę
Jedzenie zwykłe komputerowe
Naciekniesz przycisk pierwszy lub trzeci
Więc ci z lodówki szybko wyleci
Jakaś pastylka mrówka suszona
Jest nawet wódka niepodrobiona
Która zawiera mikro bioprądy
To coś takiego wkładasz do głowy
Cztery pastylki jesteś gotowy.

Szpitale czynne też całą dobę
Szpital odwiedzisz złapiesz chorobę
Komputerową ma się rozumieć
Sam się nie leczysz nie wszystko umiesz.

Domowy sposób tu się nie nada
I aspiryna również odpada
Tu cię wyleczą we dwie minuty
I choćbyś bardzo już tak popsuty
I już nie ważne choroba jaka
Coś polutują wyjmą scalaka
Wstawią ci nawet ze cztery diody
Przyszedłeś stary zostałeś młody
A gdy zbywają ci jakieś części

To jeszcze bardziej ci się poszczęści.

Lecz nie za darmo zamknęli bramę
Płacisz za wszystko zgodnie z programem
Tutaj łapówek wcale nie biorą
Ale jak ciachną to kasy sporo.

Jeszcze nie wszystko to o tym mowa
Istnieje miłość komputerowa
I niskie i wyższe sfery
Kochają się komputery.

Mówię o tym w dobrej wierze
Komputer także tęsknota bierze
I do nauki sportu refleksu
W wielu przypadkach nawet do seksu.

Nie ma problemu u nas pod ręką
Z komputerową zgrabną panienką
Możesz używać seksu do woli
Tylko uważaj na swego czipa
Wirus cię sięgnie i złapiesz hifa
Wirusowego musisz się bronić
Bo bardzo trudno jest go wygonić.

Mamy programy również seksowne
Na trzy tysięczny rok bardzo modne
Co udzielają się seksualnie
Legalnie i wirtualnie.

Gdy nie masz forsy i z tej przyczyny
Nie możesz pozwolić se na dziewczyny
To więc korzystasz z takiej maszyny
I wykochają cię z każdej strony
Będziesz szczęśliwy zadowolony.

Program dla dziewczyn zrobiony mądrze

Jak się spółkujesz nie zajdziesz w ciąże
Zakodowane masz to na dysku
Zadowolenie masz bez wytrysku
Zapłacisz drożej za większe dyski
Możesz mieć na raz cztery wytryski
Jeden za darmo za trzy zapłacisz
Gdy zechcesz osiem cztery za gratis.

A gdy o pracy już mojej mowa
Zwyczajna prosta komputerowa
Przez osiem godzin na komputerze
Głowa nie boli ja się udzielasz
Komputer myśli tak zapierdzielam
Liczę i piszę ja się nie chwalę
Czasem scalaka jakiegoś spalę
W głowie komputer mam dobrą formę
Ja się wyrabiam też ponad normę
Dobrze mi płacą za tę robotę
Więc i ower time mam też w sobotę.

Oni mi płacą sam nie wiem za co
Ręce się pocą rośnie kultura
Że aż gorąca jest klawiatura
Wracam po pracy z wielkiego miasta
Szybko podłączam się więc do gniazdka
Bo jutro przerwa jadę na ferie
Muszę ładować swoje baterie.

Ważne zero

Niech ktoś mi powie co to jest zero
Ja tego nie wiem nie wie uczony
Nie zawierają i tego strony
Ksiąg napisanych
Wszystkie epoki zera nie mają
Ale o zero wciąż się spierają.

Stanisław Pysek Prusiński

Pisarzu sknero co to jest zero
Uczony który mniemasz żeś mądry powiedz
Czy zero to jest początek czy może koniec
I z której strony ty tak uczony
Wszystko wiedzący czy ty zrozumiesz
Że wszystkie ery w tym nasza era
Nie posiadają zwykłego zera
Nie ma początku nie będzie końca
Wszystkie planety wokoło słońce
I wszystkie gdzieś tam odległe światy
Zero wielkie przestrzenie czasy zaświaty
Cywilizacja i demokracja to wszystko czas zabiera
Kradnie jedynki przezrocza zera
I czas się liczy i krzyk się wzbiera
Każdy zaczyna żywot od zera.

Teraz rozumiem droga chimero
Skąd więc powstało gdzie kończy zero.

Lecą minuty lecą godzinki
Postaw przed zero cztery jedynki
A więc za zerem ze cztery piątki
Gdzie więc są końce gdzie są początki
Ważniejsza piątka jedynka czy zero
Teraz to trzeba myśleć dopiero
Zero jest pierwsze a piątki z tyła
Jedynka z przodu miło mi było
Że zrozumiałeś skąd mamy zero
Bez zera nie ma piątki dziesiątki
Są poniedziałki czwartki i piątki
Jest panna młoda i narzeczony
Są duże dzieci i dzieci małe
Dwie równe płowy i życie całe
Przebiega z góry pewnym porządku
Nigdy od końca a od początku.

Więc taka prawda stąd też wynika

Wiersze pierwsze

Nie ma kopalni nie ma górnika
Gdy nie ma męża to nie ma żony
Gdy zbraknie tlenu jesteś spalony
Nie ma kościoła to nie ma wiernych
Więc nie używaj binokli ciemnych
Nie chodź po dachu tuż po północy
Bo ci się nogi mogą poplątać
I kto cię rankiem z ziemi posprząta
Gdy na osiedlu jest ludzi zero
I co jest z tego zero kolego
                              ba
Słuchałeś własnego ja.

Może to prawda że nasze zero
Powstało jeszcze przed naszą erą
Cztery miliardy lat temu
Nie było jeszcze systemów
Doba trwała tylko jedną godzinę
                     Widzisz przyczynę
Dinozaur posiadał rodzinę
W powietrzu i na ziemi żyły te gady
I nikt nie mógł dać im rady.

Żona dinozaura nie taka zwyczajna
Długie golenie i przyrodzenie
Łeb sam niczym supersam
Przebiegła sękata i bardzo pyskata.

Dwudziestozerowe metrowe dinozaurki
Też miały paznokcie
I długie krzywe rączęta
W paszczy potężne ząbięta
Uszy wysokie za głowę
Ciało twarde włosy brązowe
I też się nikogo nie bały
I co mniejsze płazy łykały.

Pan dinozaur był dorodny
Stu metrowy olbrzym modny
Dba o żonę i o dzieci
Gdy z polowania przyleci
I przywlecze na śniadanie
Dwutonową świeżą łanię
Półtonowego indyka wieloryba czy padalca
Dwustu funtowego malca
Wody pojemnik ma w buzi
To wszystko dla swojej rodziny
Ojciec dinozaur czyni.

Tak na polanie usiedli
W pięć minut to wszystko zjedli
Do ostatniej okruszynki
W sam raz nie było za mało
I nic się nie zmarnowało.

Bo świat tak wtedy nie mały
Tam różne stwory latały
Jakieś kosmate pająki
Porowate krzywe bąki
Dziwne pijawki okropne ssawki
I ośmiornice czarownice
Konie zielone z trzema głowami
I karaluchy potężne muchy
Wielkie kosmate dzikie zające
Biegały w wielkiej trawistej łące.

Ryczał dynozaur piszczały żaby
Stękały słonie ginęły orły
Świat bezlitośny zły i niedobry
Dużo hałasu i dużo krzyku
Kto był słabeusz ginął w minutę
Przeżarte ciała wszystko wyplute
No i wchłonięte gdzieś w atmosferę
Kto tam był słaby zostawał zerem.

Tak wtedy było za dawnych lat
Klimat się zmienił z nim zmienił świat
Zamiast ocieplić klimat oziębił
Pan król dinozaur tak się przeziębił
Że nie pomogły cztery pierzyny
Worki gorące i aspiryny
Przestał więc ryczeć nie zrobił kupy
Wszystkie starania poszły do dupy
Więc zaniemówił i wypluł płuca
Nagła diagnoza ten to miał pech
Gorączka trzystu procentowa po prostu zdechł.

Tak więc zabrakło wielkiego króla
Nie ma następcy świat się rozhulał
Każdy z nadmierną szybkością lata
Znikły radary zabrakło bata
Przepadły w wodę armatki wodne
Tak rozpuściło się towarzystwo
I każdy chce mieć od razu wszystko.

Kto coś oszczędził od razu przepił
Stało się strasznie klimat ocieplił
I nagle deszcze spadły ogromne
Klimat oziębił tak więc przypomnę
Sto wtedy było Celsjusza
Świat się zatrzymał zamarzł nie ruszał.

Nastała cisza zniknęły krzyki
Bez Europy i Ameryki
Życie zamarło na długie lata
To krzyk rozpaczy figle nam płata
Być może gdyby krzyku nie było
Być może inaczej by się skończyło.

Prośba

Kto jest psychicznie słaby
Niech tej powieści nie słucha
Bo może po usłyszeniu
Zobaczyć żywego ducha
Kto po cichu woła
W przebraniu białego anioła
Nie przyjmij to jako groźbę
Załatwi twą każdą prośbę
Więc zobaczysz mój skarbie
Jak anioł pomógł babie.

Biegnie baba do kościoła
Ratuj Boże głośno woła
Zrób coś panie drogi Boże
Stary mój w niedzielę orze
Sieje młoci kosi zboże.

Cóż mam robić kogo winić
Żeby mąż grzech przestał czynić
Kościół pusty nikt nie słucha
Nigdzie nie pośledzi ducha
Baba wszędzie się rozgląda
Przebiega z kąta do kąta
Zerka wszędzie stara jędza
Może gdzieś tu spotka księdza.

Więc tak siedząc w pierwszym rzędzie
Czeka może ktoś przybędzie
Może do kaplicy trafi
Jakiś kleryk gdzieś z parafii.

Nagle czuje ktoś jest za nią
Ogląda się biały anioł
Twarz kobiety tak przybladła
Tak to anioł chyba zgadłam.

Tak to święty niezła marka
Duże skrzydła i fujarka
Szaty białe i brązowe
Wianuszek okrywa głowę
Skrzypce czarne wiszą z boku
Stanął przed panią w rozkroku
I zapytał się o jedno
        Co tu robisz stara wiedźmo ?

Mój aniele szukam Boga
W gospodarstwie wielka trwoga
Może ty mi w tym poradzisz
Może chłopa tak usadzisz
No więc prosić się ośmielę
Żeby przestał pracować w niedzielę.

Anioł myśli głośno wzdycha
Sprawa głupia szansa licha
Długo myślał szansę mierzył
Wkurzył się w ławkę uderzył
Mam! zakrzyknął wiem już wiele
Nie będzie pracował w niedzielę
Nie posłucha w piekle zgnije
A jak nie sam go ubiję.

Z drugiej strony nie wypada
Ubić zwykłego prostego dziada
Dobrze było by i chcieć
Żeby w święta nie pracować
Nie daj babo chłopu żreć
W piątek pościć a w soboty
Wygnać do ciężkiej roboty
Żarcia zero postu wiele
Przestanie pracować w niedzielę.

Więc anioła posłuchała

Przez tydzień żreć chłopu nie dała
Ani wody nawet placka
Skutek prosty ostra sraczka
I z braku szybkiej pomocy
Umarł biedak w sobotę w nocy
I patrzcie nie trzeba wiele
By nie pracować w niedziele.

Zakopią biedaka pod lasem
Za usługę ksiądz weźmie kasę
Z której nie spojrzeć by strony
I anioł zadowolony
Bo on również ma problem z głowy
Nie będzie już z babą rozmowy.

A baba niebawem uwiędnie
Gdy sama się do pługa zaprzęgnie
W tygodniu zaorze niewiele
Więc musi pracować w niedzielę.

O tym jak Misiaczek strofował Pysiaczka

Tak wiadomo nie od dzisiaj
Że misiaczek to kierownik
Mądry dzielny i wojownik
Misiak jest przystojna bardzo hojna
Lubi pichcić tańczyć śpiewać
Wszystkiego się można spodziewać.

Słowem fajne jest to misie
Nie pracuje więc w serwisie
Tylko samo dla siebie
Nieraz o wodzie i chlebie
Jedzą płatki piją mleko
A do domu choć daleko
Czasem tęskno więc Misiaka
Do biednego Pysiaka.

Skoro mowa o Misiaku
Warto wspomnieć o Pysiaku.

On ma już zalety mniejsze
Jest stuknięty pisze wiersze
Nawet dymu się nie boi
Trzeba uciec to on stoi
Tylko głupie miny stroi
Czasem wściekły pal go cześć
Grzać do pracy nie dać jeść
Będzie głodny to zrozumie
I wszystkiego się naumie.

Jak na świecie i w przyrodzie
Misiak jest z Pysiakiem w zgodzie
Teraz zgoda to jest w modzie
Może czasem się poczubią
Lecz ogólnie to się lubią
No i się na żartach znają
No bo się i kochają.

Rzecze Misiak do Pysiaka
    Choć to sprawa nie tak wielka
    Gdzie się podziała się niebieska
    Do śmieci szufelka?

I wynikła sprawa cała
Szufelka gdzieś się zapodziała
Głupia sprawa nikt tu nie pił
Ktoś jednak szufelkę przepił
Pysiak coś tu trochę kręci
Stary bo ma zaniki pamięci.

Pysek kiedy go naleci
Czasem jakiś wiersz ukleci
Trochę mądrze trochę głupio

Ludzie teraz wszystko kupią
Trochę też się uśmiechają
Nie zawsze też wiarę dają
W to co pisze łysy Pysek.

W jego wierszach jest herezja
To taka dziwna poezja
Misiak słucha jedną stronę
I ma dość i jest skończone
Stop Pisaku przestań czytać
Jak nie chcesz se biedy napytać.

Misiak bardzo lubi kwiaty
W lecie lipcu zimie w maju
I obdarza je miłością
Spotyka się ze wzajemnością.

Misiak z Pyskiem się nie biją
Razem jedzą garnki myją
Mają jedne zdjęcie ślubne
Czasem po pracy i trudzie
I przy swoim domku koszą trawę
Wspólnie piją dobrą kawę
Obok siebie leżą przodem
Razem jadą samochodem
Wspólny pomysł wspólna szkoła
A we święta do kościoła.

Więc ogólna prawda taka
Misiak nie może żyć bez Pysiaka
A Pysiak bez Misienieczka
To jest prawda nie bajeczka.

Moda

Takie proste wyrażenie
Tak ogromne ma znaczenie

Wiersze pierwsze

I na dole i na górze
W zwyczaju kulturze literaturze
We wszystkich dziedzinach życia
Prawie że na samym przodzie
Mowa tutaj jest o modzie.

Co to proste słowo znaczy
Nie zmienisz na inaczej
Sąd wynika teza cała
Moda była i istniała
Jest na czasie i się dzieje
Z modą w parze świat istnieje.

Świat jest modny rześki płodny
Rzeki strumyki chaszcze
Lwie otwarte paszcze
Modne książki i ubrania
Słowem dużo do gadania
Jest o modzie i o słocie
I o chłodzie.

Jako human pierwszy Adam
Nie był modny tak powiadam
Bo na biodrze miał opaskę
Która zakrywała laskę.

Ale Ewa była modna
Duża smukła i dorodna
A kolana proszę pana
Posiadała dwie opaski
Lecz bez laski brzuszek płaski
Trochę lekko zalesiony
Małym laskiem z przedniej strony.

No więc sami tu widzicie
Modni nam pierwsi rodzice
Zostali skuszeni z rana

Stanisław Pysek Prusiński

W złoto ubranego szatana
Który przebrany modnie za węża
Skusił wpierw żonę a żona męża.

Lecz za modę nie podpadli
Lecz za to że jabłko modne złote ukradli.

I się stało jakbyś zgadł
Pan Bóg wygnał i we świat
Nie podoba wam się raj modny
Może lepszy chłodny świat.

By nie urazić ambicji
Nie wezwał nawet policji
Idźcie przeto dzieci młode
Hen za lasy góry wodę
Uprawiajcie waszą modę
Dałem życie wam urodę
Nie stosuję wam przymusu
Popróbujcie więc luksusu.

Ewa zbladła Adam w płacz
Cóż bez wyjścia poszli w świat
Mijają szerokie pola
Jakaś płacząca topola
Ani muzyki czy rokenrola
Ani pociągu czy stacji
Baru restauracji
Wokół pustki ziemia święta
Tylko lasy i zwierzęta.

Myślą trzeba jakoś żyć
Więc się trzeba tam skryć
Skosztowali trochę dyni
Wbiegli pędem do jaskini
Spanie słabe mech i chłód
A nad ranem wielki głód.

Wiersze pierwsze

Adam siłacz i nie ciapa
Jednym susem dopadł ptaka
No i w locie go oskubał
Pierwszy połów więc się udał
Trochę mięso twarde było
Ale jakoś przetrawiło się w żołądkach
Ewa dwa dni chorowała
Była silna wyzdrowiała.

Następnie udusił lamparta
Niełatwa walka zażarta
Trwała aż cztery godziny
Lecz zrobił to dla rodziny
I ciężko oddychał pod drzewem
Tak bardzo on kochał Ewę.

Wtedy skóry w modzie były
Całe ciała im przykryły
Zniknął głód a z nim chłód
Ludzkie sprawy poszły w przód.

Adam brodę swoją zgolił
I na więcej se pozwolił
Ogolony i umyty
Wziął się do kobity
Cztery dni się przytulali
Aż się w końcu oderwali.

Na jaw wyszło narzeczeństwo
Urodziło się maleństwo
Życie stało się łatwiejsze
A problemy coraz większe
Nowe mody nastawały
Słowem zmieniał się świat cały.

Egipt rozkwitł czasy płodne

Stanisław Pysek Prusiński

Wtedy to rydwany modne
Wielkie trąby piękne konie
Pierwsze zapisane księgi
Panny miały już podwiązki
A panowie suknie dziwne
Trochę nawet z przodu sztywne.

Przepasany sznurem pan
Miecz u boku w ręku modny dzban
Kamienny napełniony winem z rozpusty
Wypinając swój brzuch tłusty
Ręce brudne od kapusty
Ślina tłusta z buzi leci
Powtarzając po raz trzeci
Wznosi toast za Cezara
W głębi czarownica stara
Jakieś dziwne czyni czary
Grzmią gitary świszczą lutnie
Ktoś tam komuś głowę utnie
Kapłan na lud klątwę rzucił
Ktoś mu w lochu głowę skrócił.

Panie smukłe i powabne
Szerokie aż do potęgi
Długie wijące się wstęgi
Przeplatane szczerym złotem
A na długich szyjach brożki
I korale różnorodne
Jak na owe czasy modne
Srebrne kolorowe wstążki
Supły frazesy podwiązki.

Tak przed ślubem taka pani
Nacierana olejami
Pachnidłami bo z czarami
Kąpana we winie od rana
I cały dzień ubierana.

Żeby więc nie było skazy
Poprawiano wiele razy.

Tak wyglądał orszak pieśni
Gdy w lektyce ją przynieśli
Wszyscy padli na kolana
Witają swą panią z rana.

Zgodnie z tamtą procedurą
Pan przyjechał modną furą
Rydwan złotem ustrojony
Przez tuzin koni ciągniony
Więc po prostu to wesele
Trwało jakieś trzy niedziele.

Przeminęły czasy chińskie
Fińskie egipskie i krymskie
Nowe światy nowa moda
Powspominać nie jest szkoda.

Upadły wielkie potęgi
Piszą o tym różne księgi
Dawni pisarze poeci umarli
Też o modę się otarli.

Średniowiecze oświecenie
Wodziło na pokuszenie
Wielkie modne głupie wojny
Ciągle czas jest niespokojny
Katastrofy i upadki
Sprawy wielkie sprawy małe
To co niesie życie całe.

Taka modna Rosja carska
Się przejadła i upadła
Trochę szkoda bo za cara
Była moda trochę stara

Modne były uczty bale
Panny ruskie i korale
I romanse psy alzackie
Błyszczące szable kozackie
Burdy walki pojedynki
O jakieś ruskie blondynki.

Nastaje związek Radziecki
Moda na krótkie kiecki
Bluzy czerwone majteczki
No i proszę biustonosze
Weszły w życie w tym rozkwicie.

Na rabotu i do przodu
Nie będziemy zdychać z głodu
Razem wspólnie idziem w bój
Nasza kasa tobie wuj
W komitecie i wsi całej
Bimber modny więc z zapałem
Taką lufą strzelił z rana
Bo to modne proszę pana
A gdy kaca się nabawił
To wieczorem znów poprawił.

Koleś to kłopotów nie miał
Tylko jeden raz wytrzeźwiał
Gdy w nagrodę za ojczyznę
Podawano mu truciznę
Tylko paluszkiem pogroził
Ale do rana nie dożył
Za sowietów wszyscy godnie
Żyli nieźle nawet modnie.

Z pracą zawsze idzie moda
W Ameryce i indiańska
Była moda jak ułańska.

Preria zielona wszystkie plemiona
Poubierane na kolorowo
Jakieś piórasy wiszą nad głową
Na ciałach modne są tatuaże
Po włóczni rany tak pozszywany
Czarownik dziwne odczynia czary
W namiocie kończy się i wódz stary
Jakieś to modne wyczynia ruchy
Leczy bezpłodne dzikie dziewuchy
Choć nie za darmo ludzie się garną
I dużo płacą nie wiedząc za co.

A w Chinach Budda ubrany modnie
Świecą się nad nim wielkie pochodnie
Choć prosty chińczyk pracuje dobę
Ktoś musi płacić za tę ozdobę.

A w Europie to mówić szkoda
Teraz nastała ogromna moda
Moda na domy duże ogrody
Na supersamy i samochody
Modne kościoły i wielkie krzyże
I gdyby temu się przyjrzeć bliżej
A gdy zapłacisz no to kolego
Fryzjer ostrzyże nawet łysego
A umarłego się przypudruje
Więc leży cicho i nic nie czuje
I nie rozumie jak to się stało
Że jego modną duszę wywiało.

O polityce już nie wspominam
Bo mi od razu twarz się wygina
Modne są teraz gminy urzędy
Modna policja i stare zrzędy
A popularne też jasnowidze
Skorzystam z rady forsy nie widzę.

I zagranica stała się modna
Choć nasza polska ziemia jest płodna
Sprzedamy łąki fabryki lasy
Którejś niedzieli hajda na wczasy
Ale obawiam by nas nie wzięli
Na te bezpłatne gdzieś do
                    A re no.

Zmiana zmienić zmienię zmieniłem

Jak tu zmienić co tu zmienić
Konia w żabę chcesz zamienić
Jak się ubrać co więc zabrać
Zrobić świństwo kogoś nabrać
Klasnąć w dłonie kasę zabrać
Zmienić świni elementarz
A mówiłem nie pamiętasz
Jedna zmiana jeden baran
Druga zmiana dwa barany
Czwarta zmiana zgasło światło
Baran nawiał i zabrakło
Piątej zmiany cóż barany.

Zrozum zatem mój dziwaku
Prosty przykład na pijaku
Idzie pijak późną nocą
Przeziębnięty i zmoknięty
Trochę pospał na śmietniku
Alkoholem jest trzaśnięty
Każdemu się może zdarzyć
Błądzić do domu po północy
I jest ciemno nieprzyjemno
Jak to zwykle bywa w nocy.

Droga niezła chodnik klasa
Może trochę go zarzuca
Jakaś dziwnie długa trasa

Co się dzieje co u kruca
Deszcz na dworze błyskawice
Jakieś dziwne te ulice
Jakiś teatr skwerek ławki
Porozrzucane zabawki
Stary serek dzióbią kawki
Papiery luźne truskawki
Chociaż mocno boli sagan
Jest bałagan wczoraj schudnie
Dzisiaj w nocy całkiem brudnie
To zrozumieć idzie trudniej.

A na kaca dobre mleko
Cóż do domu tak daleko
Chyba pomyliłem trasę
Głupi pijak myśli z czasem.

W domu może czeka żona
Syn czy córka wystraszona
Może tata miał wypadek
Może upił go wuj Władek
Różnie może zdarzyć tacie
Tak przy piątku po wypłacie.

Stanął przetarł okulary
Niedowierza jestem stary
Wczoraj była Sienkiewicza ulica
Ta nazywa się Dziedzica
Tamta wczoraj jak pamięta
Była prosta dzisiaj kręta
Sienkiewicza wczoraj Cudna
Dzisiaj w nocy jakaś Brudna
Chyba oni zwariowali
W dobę dwa razy zmieniali
Nazwy ulic na ulicę
Zrobili to po kryjomu
Schowali się do domów.

To robota prezydenta
Tego wuja podpięta
Musiał nabyć się choroby
Zmienić nazwy w ciągu doby
Aż dwa razy to konowal
On nie zgłupiał on zwariował.

Józef pijak myśli chytrze
Żeby tylko po pół litrze
Oni jeśli tak zrobili
To chyba wannę wypili
Alkoholu gdzieś w ogródku
Dlatego doszła do skutku ta zmiana
Nazwy ulic proszę pana.

Ja jestem po małej ćwiartce
I widzę wszystko na kartce
Wziął długopis i na bramie
Narysował plan unijny
Prosty zwykły awaryjny.
.
Tu był płotek tu stał kotek
W bramie się paliła lampa
Moja babka tu mieszkała
O poznaje stara rampa
Naprzeciwko Franek kieca
Z boku Krótka dalej Jasna
Zamienili ją na Krasna
Przecinała ją Wawelska
Zamienili na Anielska
Na tej bramie pisze Wspólna
Tu dziś mieszka moja wujna
Dalej tu już trzy przecznice
Z nieba lecą błyskawice
Oświetlają te ulice
Józef trochę chyłkiem bieży

By go piorun nie uderzył.

Józef moknie i przy oknie
Liczy wszystkie te ulice
Czasem niebo się rozdziera
Głośny grzmot i błyskawice
Odejmuje i dodaje
Pisze duże liczby małe
Więc pogubił się w liczeniu
Więc na pałę walczy z czasem
Muszą trafić do chałupy
I na rozum prędzej trafić
Nową przyjął więc pozycję
Liczy na swą intuicje.

Przy ratuszu widzi taxi
Stoją fury jak się patrzy
Może taksiarz powie wreszcie
Gdzie mój dom jest gdzie ja jestem
O Halina jest znajoma
Trochę taka przymulona
Ledwo się fajery trzyma
No wiadomo teraz zima
To chlapnęła na rozgrzewkę
Może browar czy nalewkę
Poznajesz Józefa patrzy
Bo jest żoną wnuczka babci.

Hala drze się Józef z dala
Trza mnie zawieść na Rogala
To tam niedaleko szkoły
Józef stanął się wesoły
I nadzieja będzie w domu
Z rękawa flaszkę wytrzasnął
Chlapnął łyka by nie zasnął.

Co za Hala jaka Hala

Co się człeku przypierdalasz
Ja ci zaraz dam Halina
To się ziemi nie przytrzymasz
Co pan chrzanisz gdzie Wesoła
Gdzie jest pomnik jaka szkoła?
Chybaś pan z Wenusa spadł
To jest Kraków nie Warszawa i nie Szczecin
Zaraz z nosa ci poleci.

Halina pozycję zmienia
Chcesz pan jechać na Jelenia
Tam są tory przy latarni
Jeden zakręt jest na prawo
To tuż obok przy masarni
Ta ulica zwie się Biesa
Dobrze włączę dżipiesa.

Józef Ćwękać nie jest głupi
On takiej bajki nie kupi
Choć pijany we łbie próżnia
To jeszcze cyfry rozróżnia
I w liczeniu nie ma wprawy
Co się stało myśli łajza
Przenieść Kraków do Warszawy
Zamienili dziś stolicę
Ot przeto inne są dzielnice.

I nienawiść większa wzrasta
Zamienili nazwy miasta
Kraków teraz to Warszawa
A Warszawa to jest Kraków
W ciągu jednej tylko doby
Zrobili w wuja rodaków.

Józef wszystkie siły zebrał
Momentalnie więc wytrzeźwiał
Biegnie żwawo przez ulicę

I odnalazł swą dzielnicę
W domu ciepło fajna żona
To nic że ulica zmieniona
I zakończył swe pijaństwo
To nic że sprzedali państwo.

Codziennie wcześnie po pracy wraca
Wiadomo w życiu ważna jest praca
Czy to w fabryce czy też na roli
Ktoś coś tam zmienia i się pierdoli
Nie zwracaj zbytnio na to uwagi
Wtedy zrozumie wszystkie odgłosy
Gdy już zostanie nagi i bosy
Nie trać więc wiary i szanuj włosy.

Różyczki Tereski

Piękny wazon dwie różyczki
Zwyczajne miłe siostrzyczki
Prą się w górę uroczyście
Śliczne kwiatki smukłe liście.

Skąd się bierze w różach życie
O tym niżej usłyszycie
Do kompani dołączycie
I we wszystko uwierzycie.

Pani śliczna krucze włosy
Rankiem skrapia śliczne róże
Ma niebieskie duże oczy
Jak jej serce proste duże.

W jej spojrzeniu proste gesty
Zakochana w nich bez reszty
Daje kwiatkom cząstkę duszy
Więc różyczka pięknieć musi.

Róże tak ją uwielbiają
W takt muzyki się kiwają
Radość pani ich wzbogaca
I porusza bezszelestnie
Podlewanie to też praca.

Rosną piękne i bogate
Lubią Pani schludną chatę
Zapełniają też niestety
Biało śnieżne parapety.

Rodzina Kowalska

W kowalskim fachu to nie ma strachu
Tylko się musisz namęczyć brachu
No i uważać myśleć roztropnie
Nie zauważysz to koń cię kopnie.

Dziadek kowalem tata kowalem
I ja kowalem będę w przyszłości
Niech tylko ktoś mi wtedy podskoczy
To mu niechybnie przetrącę kości.

Ile to sportu a i uciechy
Tato w kowadło ja dmucham w miechy
Mama ochładza metal rozgrzany
Musi być dobrze zahartowany.

Tato przez cały dzionek pracuje
Naprawia pługi i kozy kuje
Klei maszyny i spawa walce
Ma silne ręce i zwinne palce.

Problem jest ze mną i to nie miły
Bo tak naprawdę ja nie mam siły
Do pracy w kuźni potrzeba pary
Mnie przewracają zwykłe komary

A to dlatego choć lat mam sześć
Brak apetytu nie jem i cześć.

Mama się zwija gotuje trudzi
Będę jadł dużo wyjdę na ludzi
Tatuś mi również do głowy kładł
Będziesz miał siłę gdy będziesz jadł.

Pewnego razu tato kuł konia
Przyprowadzono do kuźni słonia
Kując niechcący słonia przypalił
Słoń więc się wkurzył kuźnię rozwalił.

Więc pomyślałem koniec wałkonia
Muszę jeść dużo mieć siłę słonia
Więc w około kuźni oblany potem
Biegam wesoło z sierpem i młotem.

Tak trenowałem przez długie lata
Młotem rzucałem w gęsi i krowy
Gdy teraz wracam z Igrzysk w Atenach
Trzymając w rękach medal brązowy.

Wszyscy są dumni cała rodzina
Tak się kariera moja zaczyna.

Rozmowa z Szopenem

Dziwna sprawa straszny zamęt
W duszy mojej powstał lament
Przeminęło prawie życie
Zostałem jednak na fali
Dziękuję i witam ziomali.

Jest piątek godzina dziesiąta
Kręcę się w kółko i sprzątam
Właśnie fraszkę napisałem

Lecz tego nie przewidziałem.

Zerkam właśnie na pianino
Szopen z taką kwaśną miną
Jakaś dziwna mowa harda
Pomyślałem czy ja śnię
To Szopen odzywa się.

Edwardowi pomagałem
I w podzięce otrzymałem
Rzeźbę fryderyka Szopena
Naszego słynnego muzyka
A pięknie muzyki się słucha
On właśnie przemienił się w ducha.

Rzekł więc Szopen jestem w niebie
Właśnie odwiedziłem ciebie
Przyszedłem do ciebie boś chory
I dzieci twoje lubią grać moje utwory.

Stasiek Stanley ty nieponiu
Ty leniwy stary koniu
Obiboku darmozjadzie
Ty leniwy stary dziadzie.

Piszesz te bzdurne herezje
Przejdź w końcu na prawdziwe poezję
Przytrzyj tej swojej jadaczki
Pisz tak jak Mistrz Słowacki
Albo jak Adam Mickiewicz
Może być nawet Sienkiewicz
I pisz mądrze o przyszłości
Nie bujaj i nie nudź gości
Twoje utwory są dziwne
I słuchać je można z litości
Żeby nie robić przykrości.

I to mówi do mnie Szopen
Ten co stoi na moim pianinie
Nigdy się nie spodziewałem
Mistrza w tak rannej godzinie.

Tak to Szopen się odzywa
Twarz promienna całkiem żywa
Uszczypnąłem się za nogę
Patrzę w górę na podłogę
To Fryderyk z fortepianu
Rzecze nie zazdroszczę panu.

To ja Szopen proszę pana
Dość już tego szamotania
Lepiej wziął byś się za nuty
Ty nicponiu w ciemię kuty.

Filharmonia teatr kino
Dostałeś za darmo pianino
Masz na strychu książki nuty
Zamiast głupot ucz się grać
A nie leżeć psia go mać.

Cicho siedzę na wersalce
I patrzę na swoje palce
Na takich koślawych palcach
Mam zagrać mazurka czy walca.

Mister Szopen nie da rady
Nie wchodzę w żadne układy
Do nauki tom za stary
Do fortepianu gitary
I rozumu mi nie staje
Po prostu się nie nadaje.

Szopen odrzekł słuchaj ośle
Zaraz to ci wiąchę poślę.

Pamiętaj nikogo tu nie ma
Zaraz rozstąpi się ziemia
I zagrasz jak każę w niebie
Chcesz żebym posłał po ciebie.

To że jesteś po zawale
Nie obchodzi mnie to wcale
Ja też często chorowałem
Lecz na fortepianie grałem.

Rano wychodziłem w pole
Grałem do remi fa solę
Odpowiadaj na pytania
Bo jak nie to przyfasolę.

Duch Szopena był uparty
Pomyślałem to nie żarty
I obleciał strach me body
Muszę zagrać nie ma rady
Może trochę choć ździebełko
Więc usiadłem na krzesełko.

Nagle jasność mnie ogarnia
Duch to sprawił Fryderyka
I spod moich krzywych palców
Wyłoniła się muzyka.

Słyszę proste cudne dźwięki
Wypadły mi z buzi dwie szczęki
Serce z ciała się wyrywa
Mknie muzyka czysta żywa
Znikają z twarzy mej zmarszczki i blizny
To Pożegnanie Ojczyzny.

Dalej żywo Poloneza
Fryderyk aż zrobił zeza

I mazurka rąbie żwawo
Bądź wolna moja Warszawo
Stop przerwałem lecz za chwilę
Słoneczne Lawrenceville.

Coś tak dziwnego ze mną się dzieję
Tak się podniecam aż mdleję
Skąd ten muzyczny talent
Zagrałem własny testament.

Zrozumiałem w oka mgnienie
Jestem drugi po Szopenie
Nie będę już pisał wierszy
Poćwiczę to będę pierwszy.

Szopen słuchał mego grania
Lecz nagle spojrzał surowo
I powiedział bardzo krótko
Masz chyba Stanley coś z głową
Jesteś lepszy od Szopena
To w ogóle rzeczy zmienia.

Teraz to już mnie nie słucha
I żebym mu nie odebrał miejsca pierwszego
Odebrał mi ducha muzycznego
I skończona sprawa cała
Duch się ulotnił a rzeźba została.

Chciałem od Szopena być pierwszy
Lecz znowu powracam do wierszy
Ale spotkanie z Szopenem mój panie
Na zawsze w pamięci zostanie.

Koń i woźnica

Nie ma jak to w święta zgoda
Trzeba sobie rękę podać

Wokół sami przyjaciele
Do szczęścia nie trzeba tak wiele.

Koń z woźnicą żyli w zgodzie
A gospody były w modzie
Chłop do baru koń przy barze
Obrok sobie podać każe.

Chłop się napił spirytusu
Słabo stąpa i z przymusu
Koń pomyślał ja p...
Kto jutro zaorze pole.

A pole szerokie i długie
Kto będzie chodził za pługiem
Szkoda pijanego chłopa
Powinien zarobić kopa.

Nazajutrz koń się obudził
Do roboty wstawaj chłopie
Bo robota jest na polu
Jeszcze baba ci dokopie.

Chłop bezładnie leży w chacie
Jak to bywa po wypłacie
Baba pierze brudne gacie
I go tłucze po warsztacie.

Koń odzywa się do baby
Zostaw chłopa on dziś słaby
Wczoraj bowiem z przymusu
Wypił bańkę spirytusu.

Trzeba zatem go wyręczyć
Nie wolno tak chłopa męczyć
Koń powiedział Babo chciej
Pójdziesz z przodu będzie lżej.

Koń był cwany skiba długa
Założył więc babę do pługa
Baba ciągnie koń ją batem
Kurz unosi się nad światem.

Wieczór cały i nad ranem
Całe pole zaorane
Chłop jest dumny ze swej żony
A i koń zadowolony
No bo jest potrzebna zgoda
Koń chłopowi rękę poda.

Baba teraz jakaś cicha
Dwa tygodnie była licha
Tak okropnie się zmachała
Ale pole zaorała.

Zupę sobie podać każe
Chłop pogrywa na gitarze
Koń zarżał pomyślał troszeńkę
I udał się do baru na setkę.

Słonik Kai

Słonik konik małe lwiątko
Szara żaba czarownica
Gdzieś w kąciku piesek myszka
Drzewko a na drzewku szyszka.

Wszystko to zabawki Kai.

Mała Kaia się zabawia
Zabawki ciągle przestawia
I układa nieustannie.

Samochodzik do garażu

Żaba skacze gdzieś przy lesie
Czarownica czary czyni
W kącie gdzieś przy dużej skrzyni
Konik żwawo ciągnie wózek
A na wózku mały chłopczyk
Ma na imię bystry Józek.

Mała myszka we wiaderku
Koło maleńkiego płota
Wystawiła swój ogonek
Pilnie wypatruje kota.

A aniołek na szafeczce
Wpatrzony w niebieskie niebo
Małpka kusa brązowawa
Też wdrapała się na drzewo.

Wtem w oddali skrzek się rozległ
To zielony pasikonik
Kaiu Kaiu coś się stało
Zniknął słonik!

Kaia oczom nie dowierza
Co też plecie pasikonik
Rzeczywiście stał tu właśnie
Gdzie więc zniknął drogi słonik?

Dziecko aż dostało czkawki
I od płaczu się zanosi
Zniknąłeś kochany słoniku
Kto będzie mi szczęście przynosił?

Mama Kaię usłyszała
I do pokoju zajrzała.

Kaia krzyczy gdzie mój słonik!
Zauważył pasikonik

Oj niedobrze mamciu droga
Kochana zabawka droga.

Mama zagląda pod łóżko
Może przykrył się poduszką
A może córeczka mała
Na słonika nakrzyczała
I dlatego po kryjomu
Uciekł cichaczem z domu.

Sprawa to przykra niemiła
A może to czarownica sprawiła
I słonika zamieniła.

Nie ma słonia szczęście prysło
A może on spaceruje nad Wisłą
I opala swoją trąbę?

Być może ukradła go dziadka suczka
Do dziś nie znalazłam kapci
Lecz mamę coś nagle natchnęło
To robota kota babci.

Wczoraj babcia była z Mruczkiem
Pewnie słonia ukradł kotek
I wyciągnął gdzieś za płotek.

Mama Kai jest przebiegła
Więc z Kaią do babci pobiegła.

Babcia Kaię bardzo kocha
Bo to pierwsza babci wnuczka
Zawołała więc natychmiast
Miau miau kotka Mruczka.

Ty na pewno to zrobiłeś
Powiedziała babcia do Mruczka

Lepiej przyznaj się od razu
Widziała to dziadka suczka.

Szybko się przyznaj zrób mądrze
Bo babcia za ogon pociągnie.

Mruczek bardzo lubił Kaię
Więc poruszył dużym wąsem
I niedbale machnął łapką
Z jakimś dziwnym kocim dąsem.

I pokazał na pudełko
Kaia patrzy świecidełko
I oczom swoim nie wierzy
W pudełku jej słonik leży
Kaia słonika chwyciła
I do piersi przytuliła.

Dlaczego zabrałeś Kai słonika
Babcia Tereska się Mruczka pyta
Co masz na swoje usprawiedliwienie
Ty złe kocie nasienie?

Tak to ze zwierzakiem bywa
Kotek Mruczek się odzywa
    Czy dobrze mnie babcia Tereska słyszy
    To już wiek dwudziesty pierwszy
    Teraz są nie modne myszy
    Teraz wychodząc na błonie
    Koty polują na słonie.

    Prawdę mówię babci Teresce i mamie Klaudii
    Jest mi nawet przykro i to mnie nie bawi
    Ale tylko słoń szczęście przynosi
    A nie jakaś głupia mysza.

Dobrze że dziadek Staś tego nie słyszał

I tatuś Darek co naprawiał zegarek.

Kotek Mruczek dostał lanie
Ominęło go śniadanie
Kaia znowu ma słonika
I z radości w górę bryka.

Baba i piorun

Pewna baba od Wykrotu
Bardzo nie lubiła grzmotu
Gdy czasem grzmiało na dworze
W porannej czy wieczornej porze
Do piwnicy się chowała
I gromnice zapalała.

Myśli baba dniem i nocą
Głowa i ręce się pocą
Trzeba będzie to wybadać
I z piorunem się dogadać.

Hej ty grzmocie baba gada
Nic przeszkadzaj jak deszcz pada
Strzelające fenaberię
Przenieś gdzieś tam na Syberię
Gdy przestaniesz na zachętę
Oddam tobie całą rentę.

Piorun chytry był i lasy
Rzekł do baby połóż kasę
    Tam na lewo
    Pod te duże mocne drzewo
    Gdy oszukasz babo atara
    To cię spotka straszna kara
    I usłyszysz to w niedzielę
    Zamiast w drzewo w ciebie strzelę.

Sprytna baba pomyślała
Tak oszukam cię piorunie
Zamiast tysiąc włożę pięćset
Jak deszcz kinie po kłopocie
Zmyją cyfry na banknocie.

Pomyślała tak zrobiła
Pod dębem się zaczaiła
Głupi piorun kasę weźmie
No i na zawsze odejdzie.

Piorun wyjrzał z gęstej chmury
Zajrzał do drewnianej dziury
i zrozumiała nędza mała
O pięćset go oszukała.

No i bura się zaczyna
Piorun trzaska kasy nie ma
Miał już przestać co u diaska
Wziął pieniądze dalej trzaska.

Hej piorunie wziąłeś kasę
Przestań grzmieć nad moim lasem.

Piorun na to się odzywa
    Słuchaj teraz babo chciwa
    Nie będę powtarzać więcej
    Lecz zabiję cię za pięćset.

Chytra baba bardzo zmokła
Do piwnicy się przywlekła
I w piwnicy dotąd klęczy
A piorun dalej ją dręczy.

Kto jest głupi i uparty
Z piorunem to nie są żarty.

Tereska żywicielka

Mały domek zagajniczek
W laseczku się chowa
Mieszka tam babunia z synem
O tym będzie mowa.

To nie bajka ale prawda
W zimę w środku lata
Można spotkać starą babcie
Co za kotkiem lata.

Jest tu kura wielkie psisko
Pilnuje chałupy
Gdy ktoś zbliży się do domku
Strzępy zrobi z pupy.

Szczerzy zęby i pomstuje
Może nie wierzycie
Można szybko stracić majtki
Ale również życie.

Obok biega psiunio mały
Wyżeł i sierotka
Pan przygarnął go do domu
Gdzieś w laseczku spotkał.

Mruczy ssaczek to kocina
I trzeci w szeregu
Więc pomyśleć cóż więc robią
Oni na wybiegu.

Po niedzieli poniedziałek
Sprawa dla nich wielka
Bo pojawia się Tereska pani żywicielka.

Białe psisko Kuva

Stanisław Pysek Prusiński

Szczeka i merda ogonem
Mruczek wije się z radości
Te oczka szalone.

Kotek śmiesznie wita łapką
I wykręca pupę
Wszyscy na baczność czekają
Na Tereski zupę.

Baczność równaj szczeka Kuva
Pani mija płotek
Będziem jedli dobre mięsko
Podmrukuje kotek.

Posiliły się zwierzaczki
Mówi pies do pieska
Niech nam żyje w dobrym zdrowiu
Kochana Tereska.

Przychodź do nas jak najczęściej
Ze swą torbą wielką
Ty kochana droga śliczna
Pani żywicielko.

Kulinarna surówka Tereski
Na śniadanko kromka chleba
Płatki z mlekiem ser ryżowy
Popijamy czarną kawą
I posiłek mamy z głowy.

A południe to się czuję
Tereska obiad gotuję
I ziemniaki i schabowe
I jedzenie już gotowe.

Będzie bardzo smaczna zupka
A na końcu to surówka

Smaczny obiad bilans spory
Nie wydajesz na doktory
I wiadomo więc tak sądzę
Zostają w budżecie pieniądze.

Zjadasz i się dobrze czujesz
Więc jeszcze surówkę spróbujesz.

Skąd się więc surówka wzięła
Tereska marchew pocięła
Cebulanki główka mała
Szczypta soli i majonez
I dwa buraki czerwone
Trochę białej kapusty
Czerwone jabłuszko
Cztery pory i sok z cytryny
Zeszło tak około godziny.

Tereska kręci więc główką
Nakłada talerz z surówką.

Olaboga co się dzieje
Buzia cała więc się śmieje
Zjadasz więc surówkę smacznie.
Niebo w gębie proszę państwa.

Takim czymś się nie poszczyci
Żadna w Europie knajpa.
Delikatna bez kalorii
O anielskim niczym smaku
I bardzo wonnym warzywnym zapachu
Na babcinym majonezie
Więc zajadasz ile wlezie.

Nie dokaże tego kucharz Krysia Hania
Tereska ma talent do gotowania.

Ale najlepsze to jej surówki
Darmo gotuje nie chce łapówki
To jest prawda to nie ściema
Takiej drugiej kucharki to nie ma.

Normalność

Nie wyskakuj drogi chłopie
Bo ci życie tyłek skopie
I za dużo nie wymagaj
Dobrze czym głupot nie gadaj.

Pilnuj dzieci i kobiety
Bo to w życiu najważniejsze
Zawsze będą też problemy
Czasem duże czasem mniejsze.

Nie licz że ci manna kapnie
Nie łaź tak z kąta do kąta
Ogol się i załóż krawat
Ugotuj trochę posprzątaj.

Rób do żony piękne miny
Pospaceruj dwie godziny
Ukłoń nisko do sąsiada
Kulturalnie tak wypada.

Gdyś jest rolnik policz krowy
Sprawdź czy ciągnik już gotowy
Pora żniwa już za pasem
Nie wyleguj się pod lasem.

Szanuj wszystkich słuchaj żony
Będziesz zawsze czuł się
Dobrze zdrowy i zadowolony.

Uparty pracuś

Pierwsze było myślenie
A dopiero praca
To bardzo jak w kościele proste
Najpierw pieniądze a później taca.

Jeden przeto pracuje
Inny plony zbiera
But nie skarży się na palce
Chociaż je uwiera.

Coś wykonasz a nie pomyślisz
To efekt jest marny
To tak jakby się w lesie
Niedźwiedź zalecał do sarny.

Zatem trzeba żyć pracować
Kochać tęsknić pieścić
To wszystko ale z umiarem
Musisz jakoś zmieścić.

Pewien mądry uczony
Na uniwersytecie w dalekim powiecie
Wykładał nauki na różne tematy
Pracował przez całą dobę
Dorobił się fortuny samochodu chaty.

Mimo że w dzień wykładał
Bardzo się przejmował
To po godzinach na targu
Codziennie handlował.

Wracał późno do domu
I w wieczornym chłodzie
Kosił grabił podlewał
Warzywa w ogrodzie.

Zapracowany człowiek
Nigdy nie miał żony
Zawsze zajęty pracą
Ciągle podniecony.

Pokaźną fortunę zgromadził
Na zdrowie nie zważał
Zanim się jednak obejrzał
Szybko się zestarzał.

Siedzi pracuś mędrzec
Samotnik na pniu drzewa przy willi
Naokoło ptaszki świergocą
Głowę na dół chyli.

I nagle doznał olśnienia
I zrozumiał wszystko
Po co teraz staremu
Całe to śmietnisko.

Po coś się tak stary głupcze
Ty pracą zadręczał
Inni odpoczywali
Tyś na działce klęczał.

Handlowałeś na bazarach
Marnując godziny
W imię czego i dla kogo
Dla świata krainy.

Myśli zatem samotny pracuś
Tu nikogo nie ma
Nikt do niego się nie odezwie
Nikt nie powie tatuś
Oj bardzo niezadowolony
Jest teraz nasz uczony pracuś.

Nagle gdzieś z budy się odzywa
Głos pieska chrypawy
Widzisz panie uczony
Przepieprzyłeś sprawy.

To nie jest tylko do ciebie
Są inne przykłady
Taką zapłatę na końcu życia
Otrzymują dziady.

I odeszła duszyczka dziadziusia
Prosto aż do nieba
Nic ze sobą nie zabrał
Tam nic nie potrzeba.

Żądza

Sprawy proste zwykłe błahe
Trudne i skomplikowane
Wszystko wolno się porusza
Nie zawsze różami usłane.

Czyn za myślą nie nadąża
Zbiera plony i rozrasta
Krajobraz się ciągle zmienia
Na nowo coś nowe urasta.

I wyzwania rosną nowe
Zaprzątają nasze myśli
Wyciskają nowe sprawy
Czasem może się i wyśnić.

I nie sprawdzisz na przyrządach
Co byś zechciał co pożądasz
To wpisane w nasze życie
Jedno słowo słowo żądza.

Żądza żądny pożądany
Jest jak utwór niedograny
Niespełniona pusta zwrotka
Krótkiego zapisu ulotka.

On bogaty fury chaty
Żądny władzy zwykła sknera
Ona mocno napuszona
Złoto w palce ją uwiera.

Tak porządni ale żądni
Pożądają coraz więcej
Zagrabiają puste rżysko
Chcąc zagarnąć nawet wszystko.

Magister uczony czy docent
Wszystko na sto jeden procent
Pęd i żądza a do nauki
Zwykłe rozproszone sztuki.

Nic nie dajesz a pożądasz
Ugaś w sobie to pragnienie
Wzbudź w swym sercu bezlitosnym
Strumień łaski proste drgnienie.

I porządnie opieprz żądzę
    Koniec kropka
    Ja tu rządzę!

Gdy pożądasz dawaj w zamian
Nie obrażaj więc bliźniego
Na zwykły gest musi cię stać
Nie od razu trzeba prać.

Szukam sponsora

Sponsorował pan bogaty
Różne inwestycję
Przelewał ze swojego konta
Pieniądze na wojsko i policję.

Nie szczędził również kasy
Na żłobki przedszkola
Kto jest bogaty wszystko może
Skoro taka wola.

Przyglądał się tej dobroczynności
Sponsora pewien rolnik młody
Nie pojmował w swoim umyśle
Skąd takie dochody.

Jestem biedny myślał rolnik
Choć ciężko pracuję
Może będę bogatszy
Gdy zasponsoruję.

Muszę tamtemu dorównać
Pomyślał chłopina
A też chce być bogaty
Nic mnie nie zatrzyma.

Zarobione pieniądze
Oddam do kościoła
Może ksiądz mnie i moje imię
Z ambony w niedzielę wywoła.

A wiadomo że ksiądz z Bogiem
Prawie co dzień gada
Może w tej sprawie pomoże
I wywyższy dziada.

Nie trzeba było długo czekać
Na efekt w następną niedzielę
Ludzi się nazbierało
W ogromnym kościele.

I zagrzmiał ksiądz z ambony
Rolnika wychwalił
W intencji jego rodziny
Dwanaście świec zapalił.

I kadzidło rozdmuchał
Na kościelnej sali
Że wszyscy aż się dusili
Niektórzy kichali.

A organista zagrzmiał
Na organach decybeli trzysta
Z haru zabrzmiała pieśń
Wspaniała czysta.

Sto lat sto lat
Żyj nam dziś sponsorze
Pan Bóg to wszystko widzi
Pan Bóg wszystko może
Niechaj na twoim polu
Rożnie szybko zboże.

Ale z niedzieli na poniedziałek
Bardzo źle się dzieję
W nocy na dom rolnika
Napadli złodzieje.

I wszystko ukradli nawet teściową
Porwali żądając okupu
Został się tylko garnek
Gliniany z buraczaną zupą.

Stąd wynika więc morał
Nic nie wyjdzie z tego
Gdy chcesz przy sponsorować
Nie bierz ze swojego.

Ten bogaty co sponsorował
Wydawał nie swoje
A rolnik zrobił odwrotnie
I stąd te przeboje.

Trzeba zatem uważać
I myśleć tak sądzę
Używaj do sponsoringu
Nie swoje pieniądze.

Biznes

Choć mam tylko lewe ręce
Nie jest źle bo biznes kręcę
Niezłe ranczo nowe fury
Wypuszczają dymek z rury.

Gdy nastały nowc czasy
Nastąpiła demokracja
Wziąłem sprawy w swoje łapy
Polska wolna nowe mapy.

Pożyczałem z dziadka renty
Na bardzo duże procenty
Wyjechałem aż nad Birmę
I tam założyłem firmę
I myślałem wciąż o jednym
Pomagając ludziom biednym.

Niezły biznes kasa spora
Trzeba znikać przyszła pora
Długo tam nie wytrzymałem

Zwinąłem kasę i zwiałem.

Nie ma jak to wódka swojska
Raz chcieli przestraszyć gnojka
Chcieli się mi dobrać do d...
Batalię wygrałem panie
Leżę na złotym dywanie
Mam for person do obsługi
Cztery banki no i długi.

Płynie wóda wina strugi
Kawior i włoskie orzechy
Zabawiają mnie codziennie
Piękne panie dla pociechy.

Lwy się kręcą w moim parku
Wszystko płynie jak w zegarku
Drogie alkohole w barku
Dzień i nocą mój kochany
Jestem ciągle pilnowany.

Zimą wiosną czy też w lato
Tęsknię za mamą i tatą
Za słomianą wiejską strzechy
A obywam się pociechą
Za ogródkiem i słowikiem
Kozą krową i królikiem.

Cóż lecz mam związane ręce
Nie mam czasu biznes kręcę.

Ząb

Na dworze szaro plucha i ziąb
To wszystko przez ten piekielny ząb
Coś mi się stało i wierci w zębie
Że aż gorąco robi się w gębie.

Wiersze pierwsze

Jak ulżyć jak sobie pomóc
Oddalić ten ból wielki
Zakrętkę odkręciłem
Zajrzałem do butelki
I wykręciłem z musu
Dwie sety spirytusu.

Zęba to zadowoliło
Bo na chwilę mnie puściło
Ale coś się dzieje koleś
Teraz łeb mnie zaczął boleć.

I jest problem mam dwa bóle
Głową swą w poduszkę tulę
W pewnej chwili pomyślałem
I olśnienia doczekałem.

Myślę boli mnie ma gęba
Z powodu głupiego zęba
W mózgu huczy czuję swąd
Muszę wyrwać głupi ząb.

Forsy brak to oczywisty
Po co biegać do dentysty
Trzasnę zęba ciężkim spodkiem
Najlepiej wybiję młotkiem.

Więc znalazłem mały młotek
Otworzyłem swoją buzię
Zęby mam całkiem w porządku
Choć szczerbate chociaż duże.

Żeby więc się nie pomylić
Buzię mocno rozchyliłem
I w lusterku długopisem
Bolącego naznaczyłem.

Wziąłem młotek machłem ręką
Coś się stało z moją szczęką
Wszystkie nerwy mi wysiadły
A zęby do miski wpadły.

Chyba mnie zawiodła ręką
Wyleciała cała szczęką
Oprócz tego niedobrego
Bolącego przedtem zęba.

Więc jest sprawą oczywista
Zarobił jednak dentysta
I to nawet mi na rękę
Mam nowiutką sztuczną szczękę.

Znowu śmieję mi się gęba
Już bez bolącego zęba
Gdy coś takiego cię spotka
Proszę nie używaj młotka.

Rozmyślania pijaka

Obraziłem swoją duszę
Zaniedbałem swoje ciało
A dlatego tak się stało
Bo mi ciągle pić się chciało.

Gdy masz jeszcze życie młode
Zamiast wódki chlupaj wodę
Będziesz wolny i swawolny
Niczym silny konik polny.

Wypełniając alkoholizm
Będziesz inny nieprawdziwy
Zrobisz może się nerwowy
Agresywny oraz chciwy.

Trzymając się czasem płota
Ogarniała mnie tęsknota
I marzyłem o Dorocie
Przy niedzieli czy sobocie
Ona tak zawsze czekała
I na Felka wyglądała.

Mimo siły no i męstwa
I daleki od zwycięstwa
Moje drogie śliczne nogi
Odmówiły posłuszeństwa
I myślą o pięknej Dorocie
Zdrzemnąłem się na chwile przy płocie.

Dorota już nie czekała
I innego pokochała
I kiedy w końcu przybyłem
Zupę mi na łeb wylała
I rzekła kochany tygrysku
I jeszcze dostałem po pysku.

Chciałem się wyspowiadać
Ksiądz nie chciał już ze mną gadać
Gdy mu chuchnąłem przez kratki
Uciekł w popłochu bez czapki.

Cóż robić jak sucho jest w buzi
Że jestem jak głupi jak duży
Gdy nie masz w portfelu na kaca
Gdy nie obchodzi cię praca.

Dziś jakaś mnie trwoga napadła
To tak się wkurzyłem na diabła
Że chyba przestanę już pić
Nie może już tak dalej być.

A święty Antoni powiedział
Masz przestać bo znów będziesz siedział
Niech zaświta w twojej główce
Pomyśl więc o odwykówce.

Rzekł mój święty z nieba wzięty
Szanuj swoje życie młode
Zamiast tej gorzały wstrętnej
Nieustannie chlupaj wodę
Na leżąco na stojąco
Zimną i mocną gorącą
Wtedy ci choroba przejdzie
Bardzo szybko zło odejdzie
Przestań pić humenie mały
Bo ci wódka zniszczy życie
I skończysz w samym rozkwicie.

Więc anioła posłuchałem
Z diabłem na zawsze zerwałem.

Gdy człowieczy masz gatunek
Żonę mądrą bystrą młodą
To popijaj zawsze śledzia
Nie gorzałką tylko wodą.

Alkohol uwolniony butelki do likwidacji

Europa połączona
Unia stara się jak umie
Czasem może coś wyskoczy
I nie każdy to zrozumie.

Mamy piękne popołudnie
Jest niedziela pachnie cudnie
Relaksują się w niedzielę
Unijni obywatele.

Coś się stało popłoch wielki
Ludzie wyszli na ulicę
Niektórzy za widły łapią
I zakładają przyłbicę.

Ksiądz zapalił wszystkie świece
Organista dmie w organy
Co się dzieje co u licha
    Co o rany!

Więc popatrzcie na ekrany
I kamery eurowizyjne
Nagle wszyscy usłyszeli
Do wszystkich unijnych obywateli.

Czy to się komu podoba czy nie podoba
Dla rządzących wszystko jedno
To zwycięstwo nie żałoba
Ustalił komitet wielki
Likwidujemy butelki
W związki ze zwykłym wymusem
Alkohol będzie sprzedawany luzem.

Słuchajcie dalej rolnicy hutnicy
Badylarze i unijni lichwiarze
Dotyczy to handlu instytucji
Urzędów sklepów i Gusu
W ciągu jednego miesiąca
Mają zniknąć z półek butelki po alkoholu
Wina wódki spirytusu.

Na razie nie będziemy stosować
Bezpośredniego przymusu
Wino słodkie piwo duże bimber wódki
I koktajle od dzisiaj pijemy luzem.

Przez urzędy telewizję

Wojsko i policję
Ogłaszamy prohibicję
Wódka luzem nie do wiary
Co się w tej stolicy stało
Czy to może plan mafijny
Po pijaku walnął pałą
Gdzieś o murek czy o płotek
Niezłą zrobili głupotę.

Telefony ciągle dzwonią
Kogoś po ulicy gonią
Pełno klientów zamęt wielki
Znikają z półek butelki
I to wszystko wódka wino
Ale rozgorzało kino.

Do przesady już troszeczkę
Ktoś tam toczy szklaną beczkę
Prezes jakiś się wygłupił
Browar z butelkami kupił.

Nawet goście z zagranicy
Politycy i najemnicy
Turyści i separatyści
Z dalekiego aż Luthasu
Cap po flaszce i do lasu.

Z polską wódką to się tańczy
A jeszcze przyjemniej walczy
Alarm w nocy plac zielony
Soldierami zapełniony.

Tanki proce samoloty
Noże sierpy kosy młoty
Wszystko czeka na odloty.

A na placu trwa narada

Misiek do komnaty wpada
Zły przerwano mu wakacje
Ogłosił mobilizację.

Przy okazji cwaniak stary
Kupił w Polsce trzy browary
I fabrykę spirytusu
Przypadkowo dla luksusu.

W gotowości stoi armia
Magdzie aż opadły cycki
Włączył się do całej akcji
Cały zespół atlantycki.

Akcja trwała całą dobę
Gdy tak sytuację śledzić
Znikło szkło i alkohole
Buteleczki nie pośledzisz
Chcesz więc popić kupisz w beczce
I polewasz po troszeczkę.

A wiecie jak to się stało
Na szczycie górskim zagrzmiało
A piorun uderzył z taką siłą
Że się urzędnikom coś pomyliło
Chodziło o jakieś mebelki
A stworzyły się butelki.

I manewry zakończone
Dobrze że się nic nie stało
Mogła być już trzecia wojna
Jakby drugiej było mało.

Takie to działania próbne
Mogą okazać się zgubne
I dla tego świata którejś słonecznej niedzieli
Wszystko by diabli wzięli.

Stanisław Pysek Prusiński

Spis wierszy

Tradycja	16
Dusza	16
Ojczyzna	17
Odmiana Pyska	18
Prawda Tereska pułkownik	20
Światy	22
Kościana Prawda	24
Cnota niecnota	25
Ładek spadek	27
H2O to jest to	30
Gwiazdy	32
Honor	33
Na urodziny Asi	35
Specjalnie dla Państwa młodych	36
Wspomnienia emigranta	38
Po co Teresko Tobie	40
Wiza	42
Rozmyślania	44
Zdarzenie	46
Zrozumieć życie	47
Wybierajmy	49
Demokracja	52
Skuszony	56
Żebrak	58
Troska	60
Zazdrość	61
Coś o kobietach	62
Palenie szkodzi	63

Unia europejska	65
Nadzieja	69
Przy sobocie	70
Ksero	74
Machloja	77
Samotnik	78
Cham	83
Narzekanie	86
Kasa	92
Po sześćdziesiątce	94
Straty wspomnienia	95
Zniknięcie	97
Pomysł na życie	100
Krowa z Zambrowa	109
Zamurowało mnie	112
Sedes kontra Mercedes	114
List do nieba	121
Kontrola urzędowa	124
Za mało	127
Boks	128
Prawda nieprawda	131
Rdzawy czas	134
Tak musi być	135
Hymn trzeźwości	137
Dłonie ręce palce	138
Na opak	140
Maska	143
Strach	144
Zero	146

Wiersze pierwsze

Adopcja	147
Duch dobry duch zły	150
Kogut	151
Trud	154
Skradzione serce	155
Skutki chaosu	156
Amnezja	158
Czy wiesz że	161
Przestroga	164
Sen	167
Poemat na wrony	169
Nic mi to	171
Baran kontra wilk	172
Rewolucja Panicz	175
Polityka	178
Życiorys	182
Pijak w kosmosie	187
Ślub	188
Siła	190
Sejf	191
Strużek demon i żona szalona	192
Darmozjad	197
Portfelik	199
Biedny zięci	200
Na teściową	201
Rozmowa generała z doktorem	201
Ciekawość	202
Nic mi to	208
Kapucha	210

Tomasz nasz	212
Leniwy i pracowity	213
Leniwy	214
Pracowity do przesady	214
Leniwa Lena	215
Pracowity wół	215
Zając	216
Zakochany mąż	216
Pośpiech	217
Chora baba	217
Jan na polowaniu	218
Rozumy	219
Codzienność	224
Umiar wymiar	227
Lanie wody	230
Zrzędzenie marzenia	233
Wszystko się przyda	238
Dla Tomaszka na urodziny	240
Kura	240
Karaluch brzydal	242
Zagadka gagatka	247
Komornik potwornik	251
Dla Tereski	256
Bajer power	257
Dziadek i babcia	262
Gderanie	265
Śmiech	268
Przykro mi	277
Sprytny biały fartuszek	281

Wiersze pierwsze

Zadyma dym ma	282
Gdzie jest kierownik?	285
Sto a teraz co?	286
Problem problem	290
Wypadek Radek	293
Nuda	300
Chrypoteka	305
Nowe naszło zmiany	310
Marycha	316
Niegrzeczny Piotruś	317
Krzyk Donbas	319
Krzyk ciąg dalszy	320
Lilia i Kleofas emeryci	322
Ścigany czas	326
Co chcesz	333
Ciekawy autor wspomnienia	336
Chmiel	338
Skutki biurokracji	342
Kiecka	348
Pomyłka lekarska	356
Rodzaje piekieł	361
Piekło robotne	363
Przestrzeń	365
Pijak	366
Kłamstwo	368
Miłość zwycięża	374
Why?	377
Ogień i woda	383
Rok 3002	385

Ważne zero	391
Prośba	395
O tym jak Misiaczek strofował Pysiaczka	397
Moda	400
Zmiana zmienić zmienię zmieniłem	407
Różyczki Tereski	412
Rodzina Kowalska	413
Rozmowa z Szopenem	415
Koń i woźnica	419
Słonik Kai	421
Baba i piorun	424
Tereska żywicielka	426
Normalność	429
Uparty pracuś	430
Żądza	432
Szukam sponsora	434
Biznes	436
Ząb	438
Rozmyślania pijaka	439
Alkohol uwolniony butelki do likwidacji	442

Wiersze pierwsze

www.ingramcontent.com/pod-product-compliance
Lightning Source LLC
Chambersburg PA
CBHW070124080526
44586CB00015B/1543